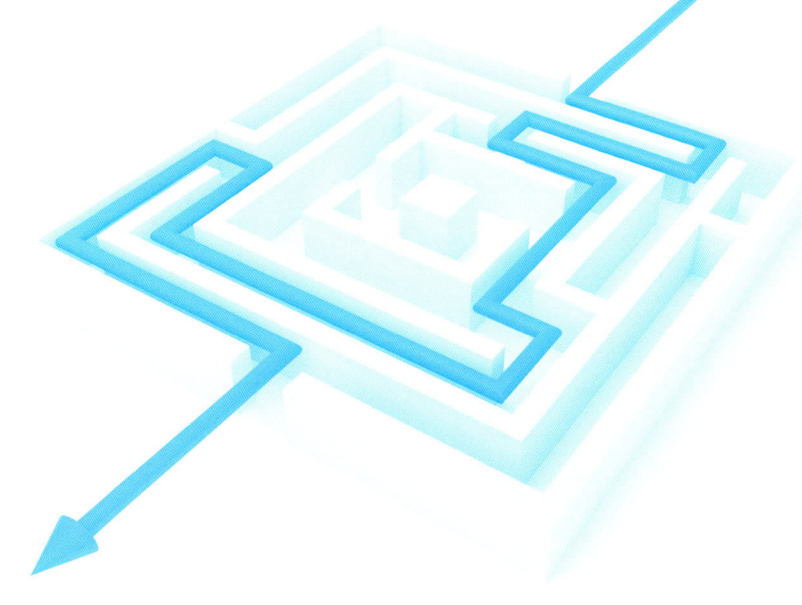

开放式创新环境下
企业研发外包模式与激励机制研究

王金妹 著

图书在版编目(CIP)数据

开放式创新环境下企业研发外包模式与激励机制研究/王金妹著.—厦门:厦门大学出版社,2018.12
ISBN 978-7-5615-6807-1

Ⅰ.①开… Ⅱ.①王… Ⅲ.①企业—技术开发—研究—中国 Ⅳ.①F279.23

中国版本图书馆 CIP 数据核字(2018)第 005877 号

出版人	郑文礼
责任编辑	甘世恒
封面设计	李嘉彬
技术编辑	许克华

出版发行 厦门大学出版社

社　　址 厦门市软件园二期望海路 39 号
邮政编码 361008
总编办 0592-2182177　0592-2181406(传真)
营销中心 0592-2184458　0592-2181365
网　　址 http://www.xmupress.com
邮　　箱 xmup@xmupress.com
印　　刷 厦门集大印刷厂

开本 720 mm×1 000 mm　1/16
印张 13.25
插页 2
字数 236 千字
版次 2018 年 12 月第 1 版
印次 2018 年 12 月第 1 次印刷
定价 62.00 元

本书如有印装质量问题请直接寄承印厂调换

厦门大学出版社
微信二维码

厦门大学出版社
微博二维码

内容简介

在"从全球生产网络(GPN)转向全球创新网络(GIN)"的开放式创新环境下,研发外包作为一种新型研发模式,在获取新技术和新知识的方面具有明显优势,正以一种开放的、动态的技术创新模式融入全球化经济链条,成为技术创新领域的研究热点。本书在对研发外包相关文献进行综合分析和评述的基础上,结合当前开放式创新环境,以外包商为参考点,通过分析研发外包的特殊性,从研发外包中技术知识及其界面的形成机理出发,系统分析完全外包、部分外包及合作外包三种研发外包模式下的创新风险与激励问题,分别建立了完全外包模式下考虑承包商信息泄露的单边道德风险模型、部分研发外包模式下综合考虑外包商隐藏信息的逆向选择问题及承包商隐藏努力程度和信息泄露的两类道德风险问题的连续型多阶段博弈的委托—代理模型以及合作研发外包模式下外包商隐藏信息的逆向选择问题和双边道德风险问题的研发外包合同模型,并运用博弈论和优化理论实现问题的求解,通过设计有效的外包合同和激励机制,以实现最优绩效。最后,结合研发外包的三大运作要素及其创新特质,提出相关的界面管理对策和政策激励措施。

本书的研究内容既丰富了研发外包的理论研究,为研发外包双方积极参与外包提供理论支持,为研发外包项目提供一套科学的理论方法和决策依据;也可以进一步优化外包商在研发外包执行中的参与决策,实现外包商与承包商的双赢,对提高研发外包项目产出绩效具有重要现实意义。本书适合经济学、管理学专业师生阅读,也可供相关政府部门和企业工作人员参阅。

前　言

当前,国际化和开放式创新已成为企业进行技术创新,获取持久竞争力的重要途径之一。内置的研发活动不再是企业唯一的技术来源,特别是在"从全球生产网络(GPN)转向全球创新网络(GIN)"的开放式创新环境下,越来越多的企业开始寻求获取外部技术的新途径。研发外包作为企业在开放式创新环境下获取新技术和新知识的一种新型研发模式,正以一种开放动态的技术创新模式融入全球化经济链条,成为技术创新领域的研究热点。

研发外包作为一种新型研发模式,在快速获取新技术、降低研发成本、提高研发速度等方面具有巨大作用,已成为提高企业获取外部创新能力、推动企业技术创新的重要手段之一。然而,由于研发外包具有明显的创新特性,作为创新关联特征的重要表现形式——知识的非独占性,对研发外包的模式及其相关机制的形成有着重要影响。特别是随着创新环境的改变,企业在研发外包的过程中还将面临着由外包合同的不完全性以及累积性创新的不完全替代性所导致的双边信息不对称性问题和由弱知识产权保护所引发的信息泄露问题(information leakage),使得企业研发外包仍未达到其相应的比重和规模,甚至引发研发外包项目运作失败,或使得研发外包成本上升,影响产出绩效。已有的关于信息不对称问题的研发外包合同研究通常没有同时考虑信息泄露问题,也未能结合当前开放式创新环境下不同研发外包模式下的创新风险的具体特征,这使得研发外包的机制设计与其创新特性不相匹配,未能为研发外包现实活动提供更有力的指导。对此,本书以外包商为参考点,在借鉴和吸收国内外已有研究成果的基础上,以提高研发外包的产出绩效为目标,探讨开放式创新环境下不同研发外包模式的激励机制设计,为企业研发外包项目提供参考和依据。

全书共七章,研究的主要内容如下:

第一章首先介绍了研究背景。结合当前创新环境,提出开放式创新的必要性;并对研发演化过程进行分析,提出开放式创新环境下的新型研发模式——研发外包。

第二章综述研发外包的理论基础和已有相关研究文献。从交易成本理论、资源基础理论、组织学习理论、委托—代理理论、机制设计理论等理论视角对研发外包的动机、道德风险、收益分配及激励机制等相关问题进行阐述分析。系统梳理国内外相关研究文献,从开放式创新与研发外包、研发外包的基本概念、研发外包的界面、研发外包的创新风险及研发外包的合同和机制设计等五个方面对文献进行综述。

第三章探讨研发外包中技术知识形成及其风险分析。结合开放式创新环境下研发外包的特征,在系统分析研发外包中技术知识界面与创新风险形成机理的基础上,研究完全研发外包、部分研发外包及合作研发外包三种模式下的创新风险与激励问题,为下文企业研发外包的激励机制设计提供理论框架。

第四章研究完全外包模式下企业研发外包的激励机制设计。针对完全研发外包模式下承包商隐藏努力程度和信息泄露两类道德风险,从知识产权权属分配视角,建立了考虑承包商信息泄露的单边道德风险模型,并运用优化理论实现模型的求解,进而提出相应的激励机制。

第五章研究部分研发外包模式下企业研发外包的激励机制设计。针对部分研发外包模式下外包商隐藏信息的逆向选择问题及承包商隐藏努力程度和信息泄露的两类道德风险问题,将承包商的信息泄露行为纳入研发外包合同设计的考虑范畴,建立了连续型多阶段博弈的委托—代理模型,并运用博弈论和优化理论实现模型的求解,进而提出了不同知识产权保护强度下的激励机制。

第六章研究合作研发外包模式下企业研发外包的激励机制设计。针对合作研发外包模式下外包商隐藏信息的逆向选择问题和双边道德风险问题,在将承包商的信息泄露行为纳入研发外包合同设计考虑范畴的同时,引入外包商的参与变量,建立相应的研发外包合同模型,并运用博弈论和优化理论实现问题的求解,从而得到完全分离、部分混合和完全混合合同方案。

第七章提出研发外包中激励机制设计的相关管理对策与政策激励。针对研发外包中普遍存在的内部创新风险及知识共享激励问题,在第三章内容的基础上,提出了基于集成管理的界面管理对策和企业研发外包的政策激励建议。

第八章是结论和研究展望。得出本书的研究结论,并对本书没有涉及或没有深入研究的有关问题进行讨论,提出今后进一步研究的方向。

本书在传统的研发外包合同的基础上,结合当前开放式创新环境,通过对研发外包中技术知识的形成机理与不同研发外包模式下创新风险的形成进行系统分析,针对研发外包中的信息不对称问题,同时考虑承包商的信息泄露对外包商成本和研发外包项目产出绩效的影响,设计不同研发外包模式下基于合同的激励机制。主要创新点如下:

(1)遵循实际—理论—实际的研究思路,针对开放式创新环境下研发外包的特征,运用集成管理理论,在企业的层面系统分析研发外包中技术知识及其界面的形成机理,并提出完全外包、部分外包及合作外包三种模式下企业研发外包的创新风险和相应的激励问题。

(2)系统分析研发外包的创新特性,指出信息泄露对于研发外包而言总是存在成本的,将信息泄露问题作为研发外包中信息内生不对称因素并按不同研发外包模式下的具体表现形式,作为一类道德风险问题,纳入研发外包合同或机制设计的量化分析中。

(3)在总结已有文献的基础上,以问题为导向,考虑信息泄露问题的同时,将创新专属程度变量引入完全外包模式下的合约模型中;并针对部分外包、合作外包模式下的不对称信息问题,提出了由于承包商的道德风险问题,同时存在外包商隐匿信息的逆向选择问题,从而建立了贴近实际环境的连续型不完全信息动态博弈模型。

(4)在传统委托—代理问题解决方法的基础上,考虑信息泄露在不同外包模式下的具体表现形式,分别从知识产权权属分配和知识产权保护强度视角,提出完全外包模式下承包商的两类道德风险问题可以通过将知识产权授权给承包商得以避免,部分外包模式下的不对称信息问题可以通过执行不同知识产权保护强度下的合同方案得以解决,合作外包模式下的不对称信息问题可以根据知识产权保护强度和外包商的努力程度对创新成果的影响大小,执行不同的合同方案得以规避。

本书的研究内容既丰富了研发外包的理论研究,为研发外包双方积极参与外包提供理论支持,为研发外包项目提供一套科学的理论方法和决策依据,对丰富研发外包的理论研究,拓宽其研究领域具有重要的理论意义,也可以进一步优化外包商在研发外包执行中的参与决策,实现外包商与承包商的双赢,对提高研发外包项目产出绩效具有重要现实意义。

本书是福建省科技厅软科学项目(编号:2017R0053)的研究成果。在此,感谢福建省科技厅软科学项目的大力资助。本书在研究和写作过程中,得到了福州大学和福州大学经济与管理学院相关领导的关心和支持。感谢福州大学经济与管理学院丛林研究员、黄敬前研究员、黄志刚教授等对本书的写作提出了很好的建议!感谢同事郑旭辉副教授、妹妹王雅静等的无私帮助!感谢我的学生尹显龙、李舒玲、林晓玲、王柯、张鹏飞、张溯源等为本书的撰写收集了许多资料!谨此一并致谢。

由于作者水平有限,书中缺点、错误在所难免,恳请读者不吝指正,在此谨致衷心谢意。

作者
2018 年 9 月

目 录

第1章 绪 论 ·· 1
　1.1 开放式创新的必要性 ··· 1
　1.2 开放式创新环境下的新型研发模式——研发外包 ······· 15
　1.3 本书的研究问题和研究思路 ······································· 28
第2章 理论基础与研究现状 ··· 34
　2.1 理论基础 ··· 34
　2.2 文献综述 ··· 50
　2.3 本章小结 ··· 109
第3章 研发外包中技术知识形成及其风险分析 ············· 110
　3.1 研发外包模式与信息不对称问题界定 ······················ 110
　3.2 研发外包中技术知识的形成机理 ····························· 112
　3.3 研发外包中技术知识界面的形成及其管理动因分析 ·· 115
　3.4 研发外包中的创新风险分析 ···································· 119
　3.5 本章小结 ··· 126
第4章 完全外包模式下企业研发外包的激励机制 ········· 127
　4.1 前言 ··· 127
　4.2 问题描述及模型假设 ··· 135
　4.3 完全外包模式下的企业研发外包合同 ······················ 137
　4.4 模型求解、合同性质分析及机制设计 ······················ 138
　4.5 本章小结 ··· 142
第5章 部分外包模式下企业研发外包的激励机制 ········· 143
　5.1 前言 ··· 143
　5.2 问题描述与模型假设 ··· 152
　5.3 部分外包模式下企业研发外包的基准模型 ··············· 155
　5.4 部分外包模式下的企业研发外包合同 ······················ 156
　5.5 模型求解、合同性质分析及机制设计 ······················ 158

5.6 本章小结 …………………………………………………………… 171

第6章 合作外包模式下企业研发外包的激励机制 …………………… 172
  6.1 前言 ………………………………………………………………… 172
  6.2 问题描述与模型假设 ……………………………………………… 180
  6.3 合作外包模式下研发外包的基准模型 …………………………… 183
  6.4 合作外包模式下考虑双边信息不对称的研发外包合同 ………… 184
  6.5 模型求解、合同性质分析及机制设计 …………………………… 186
  6.6 本章小结 …………………………………………………………… 192

第7章 研发外包中激励机制设计的相关管理对策 …………………… 193
  7.1 研发外包中技术知识的界面管理 ………………………………… 193
  7.2 企业研发外包的政策激励 ………………………………………… 196
  7.3 本章小结 …………………………………………………………… 198

第8章 研究结论与展望 ………………………………………………… 200
  8.1 本书的结论 ………………………………………………………… 200
  8.2 研究展望 …………………………………………………………… 202

绪 论

1.1 开放式创新的必要性

1.1.1 封闭式创新逐渐被开放式创新所取代

在全球化和科技高速发展的时代,创新已经成为一个企业层面上甚至是一个国家层面上所不可或缺的、有效提高综合竞争力的重要部分。创新可以说是决定成败的关键性因素。现如今科技呈现高速发展之态,技术与产品的生命周期日益变短。全球最著名的管理咨询公司麦肯锡公司的一项研究表明:在竞争激烈的当今环境中,超过开发预算而及时将新产品导入市场的项目要比未超出预算而延迟进入市场的项目获得更多的利益;新产品拖后6个月投放市场,5年内的累计收益将会减少17%~35%;如果开发投入超出了预算的50%以使新产品快速进入市场,那么收益仅仅减少4%[①]。产品的更新换代如此迅速,这就使得外界对创新速度和质量的要求更甚于对其他方面的要求。

2015年,我国所召开的16次国务院常务会议中,已有14次提及"创新"这一关键词。《关于深化体制机制改革加快实施创新驱动发展战略的若干意见》(以下简称《意见》)中提到:"我国提出'创新'频度之高为新世纪以来所罕见,足见政府对创新之重视,实施创新的力度之大。"可见,我国对于创新已经给予了极高的重视。

---

① 王圆圆.企业创新:从封闭到开放[J].理学家,2008(2):48-52.

创新绝对不是最近几年才引起重视的,但在20世纪80年代,人们更倾向于接受一种名为"封闭式创新"(the closed innovation)的模式。传统封闭式创新模式的基本假设是"行业中最聪明的员工聚集在本企业内部",相应的策略是"成功的创新需要控制",这意味着组织边界与创新流程是相对封闭的,技术创新在内部实施商业化,并防止外溢[①]。这种模式旨在通过企业自身研发技术生产、销售产品并提供售后服务和财务支持,从而达到对企业的全面、强有力的控制。在封闭式创新下,企业的内部资源不会外泄,机密资料也不会流失,可以保证技术保密、独享和垄断。但同时企业也不能很好地引入外部资源,将之与自己的资源相整合。"封闭式创新"就等于是在企业之间建筑了一道厚厚的屏障,企业无论是研发、销售还是服务阶段都与外界隔绝。

封闭式创新模式认为,企业要想实现技术保密、技术共享,并在技术上保持领先地位,则只能由企业自身去发现新的产品和服务。内部研发是企业的战略资产,只要技术和资金实力雄厚,就雇佣大量最具创造性和最聪明的科技人员,给予优厚的待遇和完备的研发设施,投入大量研发经费,进行大量的基础和应用研究,并通过自己的营销渠道进入市场,使之商业化,获得巨额利润。这种内部的封闭式创新模式强调线性推进,说明了在一定时期和条件下创新过程的特点。

封闭式创新模式过分强化和控制自我研究功能,这就意味着:①那些无力承担高额研发投入的企业将处于竞争劣势;②大量的技术因过度开发或者与市场需求相脱离而被束之高阁,不能获利;③企业内部不断有怀揣重要创新成果的骨干力量离职出走、另立门户;④企业无视外部众多优秀且廉价的同类创新成果而导致"闭门造车";⑤因局限于既有的组织资源、知识和能力,企业不能应付快速变化与新兴的市场[②]。

封闭式创新极其容易导致"硅谷悖论":最善于进行技术创新的企业往往也是最不善于从中赢利的企业。典型例子就是施乐的PARC,其建立初衷是为了避免破坏式创新对企业的伤害,其研究人员的大多数创新为整个社会尤其是计算机领域做出了巨大的贡献,但是并没有为施乐的复印机业务带来好处,施乐"副产品"的市场应用甚至超过了主营产品。封闭式创新模式下,创意从产生到最终成为进入市场的产品的过程如图1-1所示。

---

① 张永成,郝冬冬,王希.国外开放式创新理论研究11年:回顾、评述与展望[J].科学学与科学技术管理,2015,36(3):13-22.

② 王圆圆.企业创新:从封闭到开放[J].理学家,2008(2):48-52.

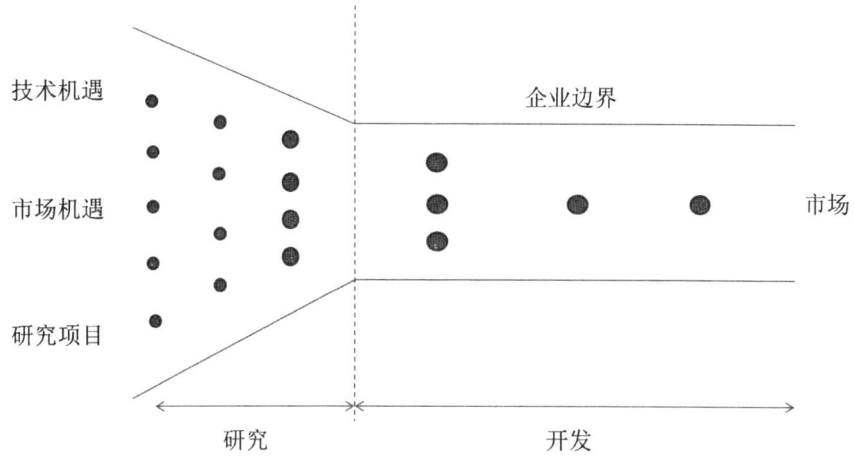

图 1-1 封闭式创新模式

然而,由于知识员工数量的骤增、高流动性和风险投资市场的兴起,外部思想的可用性、大学等机构研究能力的提高、供应商服务能力的不断增强,网络信息技术的变革等外部因素的变化,以及诸多行业和企业面临着创新复杂性提升、创新投入和风险增大、创新能力不足等现实困境,传统创新模式的有效性日益受到严重挑战[①]。

在如今的知识经济时代,随着研发成本的剧增,产品生命周期的缩短和竞争的日益全球化,传统的完全依靠企业自身资源进行创新的"封闭式"模式日益困难,人们意识到"封闭式创新"已经难以适应快速发展的市场需求以及日益激烈的企业竞争。首先,企业仅仅依靠内部的资源进行创新,其成本是非常高的,而那些无力承担高额研发投入的企业将处于竞争劣势;其次,封闭的创新模式建筑在企业间的高墙会使得企业过度开发现有的大量技术或者与市场需求相脱离的技术而被束之高阁,不能从中获利;再次,企业无视外部众多优秀且廉价的同类创新成果而导致"闭门造车";最后,因局限于既有的组织资源、知识和能力,企业不能应付快速变化与新兴的市场[②]。加上全球化在更大的广度和深度上塑造了创新要素的空间联系和相互作用,有利于企业在全球范围内有效获取所需资源,因此越来越多的企业通过合作研发、联盟、并购、外

---

① 张永成,郝冬冬,王希.国外开放式创新理论研究 11 年:回顾、评述与展望[J].科学学与科学技术管理,2015,36(3):13-22.

② 王圆圆.企业创新:从封闭到开放[J].理学家,2008(2):48-52.

包等方式获取来源广泛的知识、信息和人才等创新要素[①]。而对于一个社会或者国家,"封闭式创新"很难做到资源的整合,在一定程度上放缓了创新的速度,降低了创新的质量,可能会造成社会进步由于资源开发达到饱和而变缓。在这种背景下,一种新的名为"开放式创新"(the open innovation)的模式也被提出。

技术创新是一项高投入、高失败率、充满风险的经济活动。在竞争日益激烈的情况下,不创新,企业难以赢得持续竞争优势,甚至难以生存,而投入大量的人力物力财力实施创新,则面临着巨大风险,企业常常陷入困境,故如何创新就成为一个关键问题。Chesbrough教授提出的开放式创新模式为创新管理提供一种全新的思维模式。开放式创新模式意味着,有价值的创意可以从公司的外部和内部同时获得,其商业化路径可以从公司内部进行,也可以从公司外部进行。开放式创新模式是指企业在技术创新过程中,同时利用内部和外部相互补充的创新资源实现创新,企业内部技术的商业化可以从内部进行,也可以通过外部途径实现。开放式创新强调企业内部研发部门外其他部门员工的作用,强调与外部组织的研发合作,强调企业内外创新资源的整合,也强调新产品或新技术的外部营销渠道(见图1-2)[②]。

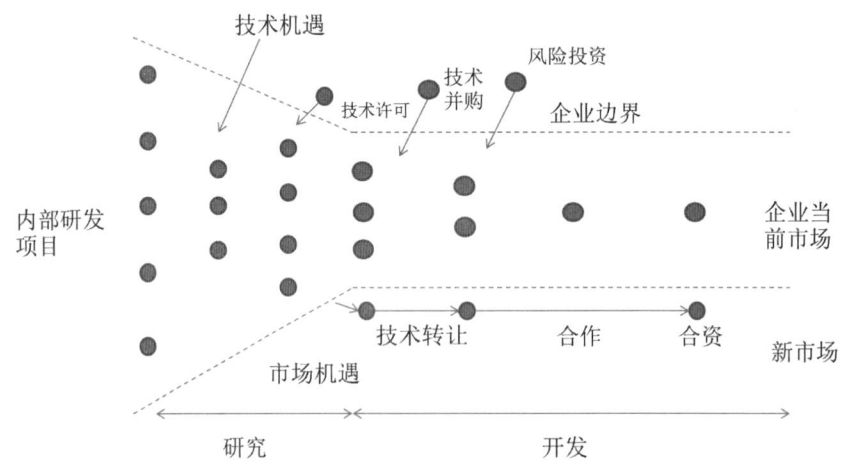

图1-2 开放式创新模式

---

① 何郁冰.国内外开放式创新研究动态与展望[J].科学学与科学技术管理,2015,36(3):3-12.

② 陈钰芬,陈劲.开放度对企业技术创新绩效的影响[J].科学学研究,2008,26(2):419-426.

开放式创新模式认为,企业内部的创新思想可能来源于企业内部的研发部门或其他部门,也可能来源于企业外部,企业的边界是模糊的。

因此,在开放式创新模式下,企业可以通过外部的途径使研究项目得以继续进行,或把不适合本企业当前经营业务的创新产品通过外部渠道进入新市场,使之商业化,从而减少技术创新市场的不确定性。开放式创新具有新思想自由流动的优势,开放式创新模式为企业提供从外部获取创新所需各种资源的良机,以促进技术创新能力,从而提升竞争力[①]。

开放式创新不再区分创新是来自于内部还是外部,把外部创意和外部市场化渠道的作用上升到和封闭式创新模式下的内部创意以及内部市场化渠道同样重要的地位,以最小的成本和最短的时间实现创新成果,并获得最大化的收益[②]。如今,越来越多的企业采取了开放式创新。资料显示,2005年至2015年我国技术市场成交额不断上升,其占GDP的比重也由0.85上升到了1.45(见图1-3)。且在2005年至2013年期间,全国技术市场成交金额在技术开发、技术转让和技术服务这三方面都呈现出上升态势(见图1-4)。这就表明,越来越多的企业开始采取研发外包或者说将研发外部化作为企业创新力

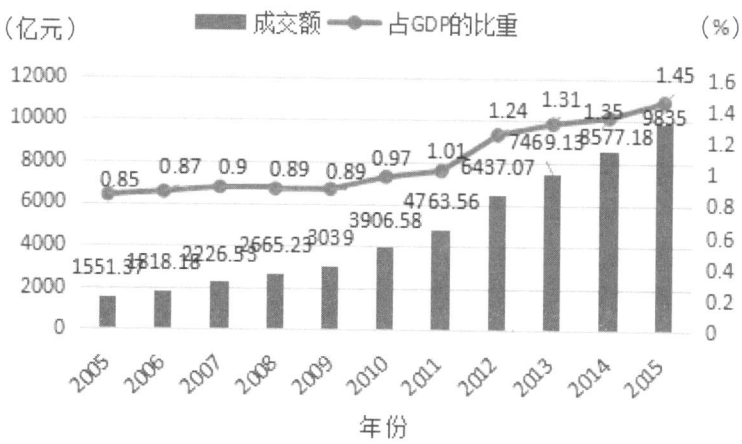

图1-3　2005—2015年全国技术市场成交额及其占GDP的比重

数据来源:2005—2015年全国技术市场统计年度报告。

---

①　黄庆波,范厚鸣,等.跨国公司研发方式的演变与中国企业的承接对策研究[J].科学学与科学技术管理,2008(12):29-32.

②　王圆圆.企业创新:从封闭到开放[J].理学家,2008(2):48-52.

量的源泉。企业开始协调内部和外部的资源进行创新,已经不仅仅是把创新的目标寄托在传统的产品经营和产品研发上,还积极寻找技术特许、委外研究、技术合伙、战略联盟等合适的商业模式,从而达到企业产品创新、技术创新,获取更多的绩效和利润。

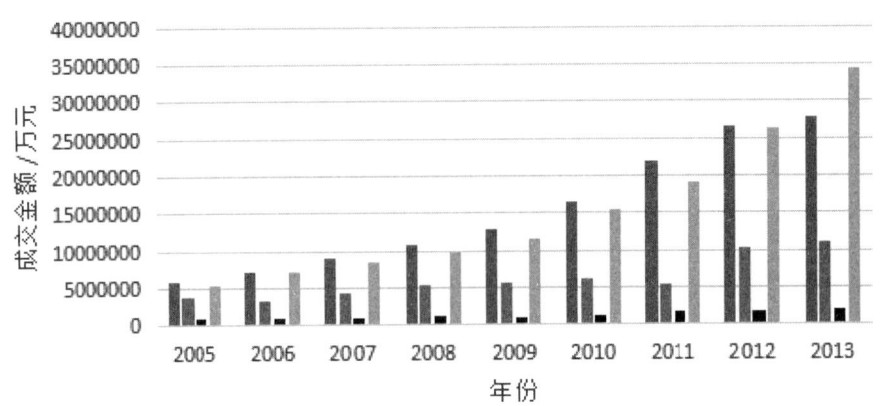

图1-4 2005—2013年全国技术市场成交金额

数据来源:2005—2013年全国技术市场统计年度报告。

开放式创新的最终目标是以更快的速度、更低的成本,获得更多的收益与更强的竞争力。开放式创新模式下,创意从产生到最终成为进入市场的过程,企业不仅自己创新,也充分利用外界的创新;不仅充分实现自己的创新价值,也充分实现自己创新的"副产品"的价值,这主要是通过渗出机制和途径实现的。与图1-1相比,图1-2还有一个细节,就是在封闭式创新模式下,企业对市场机遇与技术机遇的认识都是从内部出发的,这很可能出现供给与需求的偏差;而在开放式创新模式下,企业对市场机遇与技术机遇的认识都是从外部出发的,这使得"有效供给"更为可能[1]。

开放式创新是相对于封闭式创新而言,它的思维逻辑是建立在拥有广泛的知识技术基础之上的,而后者主要关注于企业内部,两者的创新来源和商业化路径均有不同的组织原则[2]。

---

[1] 王圆圆.企业创新:从封闭到开放[J].理学家,2008(2):48-52.
[2] 高良谋,马文甲.开放式创新:内涵、框架与中国情境[J].管理世界,2014(6):157-169.

1.1.2 开放式创新对国家创新体系的意义

第一,开放式创新使得一个国家广泛地利用国际资源,取长补短,促进各国的协同创新。

在过去 30 年中,由于电子科技的进步,各种创新成果正在爆炸式地涌现,加上人类对于创新的看法和认识发生了深刻的变化,人们开始通过"众包"和开放式创新平台等方式参与集体创造,而这种合作创新也为人类开辟了新机遇。创新领域当前正处于转型期,其中一个特点即是转向更为开放的创新体系①。有数据显示,22%的科研论文通过国际合作完成。我国在 2004 年到 2013 年的国内外合作项目和往来国际间研究人员的数量也呈现增长的态势(见图 1-5)。《意见》中谈到,我国要"坚持引进来与走出去相结合,以更加主动的姿态融入全球创新网络,以更加开阔的胸怀吸纳全球创新资源,以更加积极的策略推动技术和标准输出,在更高层次上构建开放创新机制",同时还指

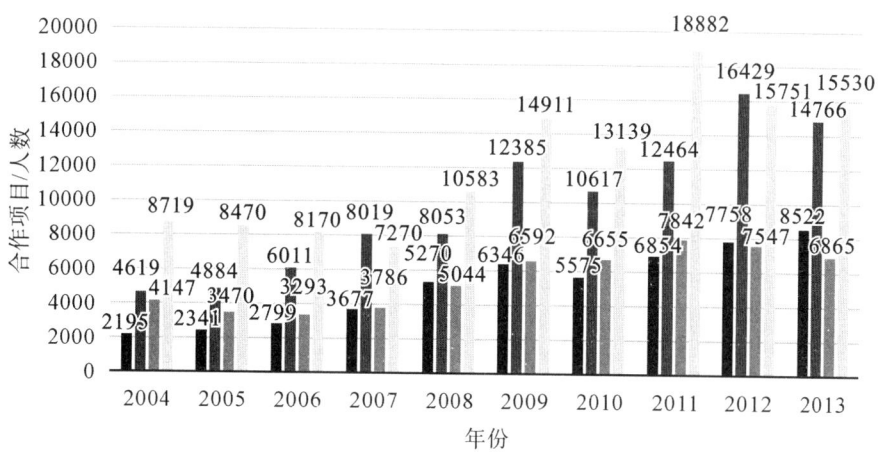

图 1-5 2004—2013 年国内外研发合作的情况

数据来源:2004—2013 年全国技术市场统计年度报告。

---

① 崔新健,郭子枫,常燕.开放式国家创新体系及其发展路径[J].经济社会体制比较,2014(5):168-179.

出要"推动形成深度融合的开放创新局面"。由此可以看出,随着国际竞争的日益激烈、技术创新商业化相联系的风险逐渐增大以及一个国家对发展的需求,创新正在打破地域限制,比以往任何时候都更加国际化,各国开始以资源共享和优势互补为前提,参与到开放创新活动中,从而共担风险、共享成果、取长补短。

在用户需求不断变化,产品生命周期不断缩短以及技术和知识在全球层面的流动不断加快的背景下,如果充分发挥创新的开放性、连通性,在很大限度上可以激发更快的创新频率。国际上的开放式创新,使得各国可以优势互补,促进创新事业的共同发展。一家来自美国波音公司的飞机的生产是由40多个国家和地区联合完成的。它的机翼在日本完成生产,碳复合材料在意大利和美国进行加工,起落架来自法国,最终的组装则在美国完成。这样一架飞机融合了来自各国最先进的技术,自然会比只在美国完成一系列生产加工流程的飞机更为可靠,并且成本更为低廉。创新也是同样的道理,来自不同国家先进的技术和创新思想,经过交流与碰撞,可以使得参与其中的每一方的利益在其中得以实现。目前开放式创新在各个领域都发挥着巨大的潜能,如在国内外健康研究、气候变化、电影制作和博物馆设计等产业以及人类基因组计划等领域都得以广泛应用。通过快速数据共享和交叉许可等方式,各个参与国最大限度地贡献自己的优势技术与先进硬件,相关信息也可以较为容易地广泛获取,项目合作方冲破了该领域此前遭遇的创新障碍。开放式创新简单来说就是一个以头脑风暴的方式使得更多的人参与到创新之中的过程,使得创新资源的配置在更大范围内进行。

在资源的相互交流中,开放式创新也给我国的自主创新能力带来了极大的提升。中国电子信息产业发展研究院数据显示,我国规模以上工业企业技术引进经费从2000年的304.9亿元上升到2014年的9254.3亿元[①]。对国外创新先进成果的消化吸收,支撑了我国的技术发展,大大提升了我国的自主创新能力。

第二,开放式创新可以促进一个社会或者一个国家建成一个完善的创新制度。国家中来自不同地方的技术资源融会贯通,可以产生更长远的效益,从内部促进整个国家自主创新能力的提升。

---

① 国家中长期科学和技术发展规划纲要(2006—2020年)[Z].2009-07-27.
实现"万众创业"关键在大公司的开放式创新[EB/OL].(2015-04-08).http://tech.163.com/15/0408/13/AMMBJCUI00094OE0.html.

在2015年两会的政府工作报告中,李克强总理指出,要把"大众创业、万众创新"打造成推动中国经济继续前行的"双引擎"之一,同时,国务院还设立了400亿元人民币的"国家新兴产业创业投资引导基金"来支持创业,这些政府层面的鲜明信号更加激发了全民创业的热潮。我国《国家中长期科学和技术发展规划纲要(2006—2020年)》指出:深化科技体制改革的目标是推进和完善国家创新体系建设。国家创新体系是以政府为主导、充分发挥市场配置资源的基础性作用、各类科技创新主体紧密联系和有效互动的社会系统。目前而言我们国家创新机制所存在的问题主要在以下三点:一是我国还未形成一个以企业为主体、产学研结合的技术创新体系。而这一体系是我们国家提高竞争力和创新可持续发展的基础。只有以企业为主体,才能坚持技术创新的市场导向,有效整合产学研的力量,切实增强国家竞争力。二是我国各方面科技力量自成体系、分散重复,整体运行效率不高,社会公益领域科技创新能力尤其薄弱。三是科技宏观管理各自为政,科技资源配置方式还无法做到非常开放,创新制度不能适应科技发展新形势。事实也确实如此,"万众创新"口号带动了全民创新的热潮,随后产生的问题便是短时间内大量涌现创新成果,以及企业在未来应该如何发挥创新的持续作用而不只是昙花一现,或者应该如何创建一个完善的创新机制来促使创新又好又快地发展。对此,2015年达沃斯论坛上,李克强总理讲道:"面对多变的经济形势,我们主张要大力推动开放创新,也就是说,要激发开放创新的活力。"此外,根据国外经验,90%的创业项目退出和创新成果转化都要依靠大公司的开放式创新活动来实现。很多人会质疑,我国跨入新世纪以来一直提倡的就是自主创新,而自主创新是与后来提出的开放式创新相悖的。其实不然,在2006年出台的《国家中长期科学和技术发展规划纲要(2006—2020年)》中对于自主创新做出了合理的解释。所谓的自主创新本来就包含原始创新、引进消化吸收再创新和集成创新等不同形式。自主创新并不意味着闭门造车,更多的是强调把握技术发展的主导权。虽然开放式创新和引进消化吸收再创新不完全等同,但在现阶段有类似之处。我国的高铁行业的发展就是典型的自主创新、引进消化吸收再创新的典范。

在2015年,国务院总理李克强在应时任俄罗斯总理梅德韦杰夫邀请举行中俄总理第十九次定期会晤期间,同梅德韦杰夫总理共同出席"开放式创新"国际论坛开幕式并发表了演讲。李总理提到,开放式创新不仅是指贸易领域,而是整个国民经济体系的提升。从这个意义上来说,"开放式创新"不是简单的贸易战略问题,而是国家未来经济发展战略当中的核心理念。服务业发展"十二五"规划也明确指出,坚持改革开放,加强外引内联,创新合作机制,引导生产要素合理流动,积极承接产业转移,实现优势互补、共同发展。所以,想要牢牢把握创新热潮对于一个社会或者一个国家更为长远的影响,或者说,我国想要在科技发展的当今社会建立健全自己的创新机制,就应该采取一种较为开放的创新模式,国家这一个整体中的各个组成部分能够充分利用外部的资源,引进技术,或者研发外包,使得内部的创新力量可以更好地融合,以此来保证创新思想的源源不断。以我国的京津冀地区为例,天津作为我国的重要城市之一,若想要打造成为一个创新主体集聚区、产业发展先导区、开放创新示范区,不可能只是局限在挖掘本城市的潜在创新能力和技术资源,而应该与各个城市的资源相互共享,形成开放式创新新格局。利用北京作为全国科技创新中心,以及河北作为现代商贸物流的重要基地的作用,与天津自身作为全国先进制造研发基地相结合,打造京津冀协同创新共同体,形成开放式创新发展的新格局,以此来提升城市的经济水平。

第三,开放式创新可以节约社会或者国家在创新资金上的投入。

一个创新整体的各个组成部分若是封闭的,那么他们之间的信息就不能很好地流通。简单来说,如果社会中的每一个企业都采用封闭创新,在自己与其他企业之间建筑厚厚的隔墙,那么他们的创新研发更像是一个自给自足、封闭造车的过程:投入资金、创新研发、生产加工、投入市场。等到企业研发成功之后会发现其他企业也在从事着相同或者相似的研发,或者市场上早已出现此类创新成果可以供企业直接利用。那么这时,投入的资本对于整个社会来说无疑就是一种浪费。而通过开放式创新,企业可以及时了解其他企业的创新资讯,对于已有的成果可以直接引入或借鉴,避免重复研发而造成的资金浪费。统计表明,我国科技成果转化率仅为10%,远低于发达国家40%的水平[1]。造成这样支出与收入不成正比的低产出率的原因,有一部分就在于社会中广泛存在的重复研发,造成了社会投入两倍三倍重复的资本,最后所得出的成果却是差异无几。

1.1.3 开放式创新对企业创新的意义

开放式创新不仅在宏观层面可以发挥作用,对企业而言,开放式创新也同样有其存在的必要性。开放式创新是企业提升综合竞争力所必不可少的。

---

[1] 实现"万众创业"关键在大公司的开放式创新[EB/OL].(2015-04-08).http://tech.163.com/15/0408/13/AMMBJCUI00094OE0.html.

第一,开放式创新可以缓解企业内部核心创新力的匮乏,弥补企业能力的不足之处。

知识的分布特性决定了知识并不是仅仅集中在相应的专业企业研究部门和科研单位中,而是广泛存在于产品价值网络的各个节点中①。由于创新的本质实际上是知识的创造性使用,所以一个企业往往很难具有完成研发和创新的所有能力,而开放式创新是以创新为目的的知识汇集②。企业要进行创新研发,必须从更为广泛的开放性渠道中获取资源,而不是仅仅局限于企业内部。如果企业只是局限于利用自己内部的资源,有时很难满足自身的创新需求,就会造成创新的停滞不前。因此,企业往往需要通过到外部市场中寻找互补性的研发和技术能力来满足自己的需要。企业之间通过整合各自优势资源的方式,共同组建一个研发联盟进行技术创新,其重要目的是通过开放式创新的平台来完成企业之间技术、知识还有其他资源的转移,实现合作组织的知识共享、资源整合。企业之间通过资源整合产生"1+1>2"的集成效应。就比如在人才资源方面,随着现如今的技术人才流动性增大,越来越多的技术人才选择带着自己的创新思路,走向市场,希望通过市场竞争、企业风险投资等渠道来取得更高的回报。这就造成了能够给企业带来适合企业自身创新成果的人或团队,往往不在企业之中,而位于资源丰富的市场中,那么企业就需要到市场中寻找这样的技术人才来为己所用。如果企业摒弃到市场中采购或者研发外包,而寄希望于内部创新,那么在创新过程中如果出现了瓶颈,企业就会一筹莫展,研发也可能因此中断。即使企业最终完成了研发,结果往往也可能不尽如人意。再者,因为企业商业环境的高度复杂和不确定性,给企业带来了很大的研发风险。有时,这个风险依靠企业现有的能力是无法承担的,那么大部分的企业就希望通过研发外包来分散研发过程中的风险。

在2000年左右,市场中同类产品的大量涌现使得宝洁公司的发展出现了放缓的趋势,对于多变的市场需求也有些力不从心。因此,宝洁公司开始转型自己的创新模式,希望朝着开放与发展的方向前行。2001年,宝洁公司开始与Nine-Sigma公司合作,这家公司主要的工作就是将全球几十万的研究人员

---

① 马淑文.我国企业实现开放式创新对策思考[J].经济纵横,2006(11):53-55.
② Chesbrough H W.Open Innovation:the New Imperative for Creating and Profiting from Technology[M].Harvard Business School Press,2003,45(3):33-58.
Chesbrough H.W. And M. M. Appleyard.Open Innovation and Strategy[J].California Management Review,2007,50(1).

与宝洁公司的创意研究部联系起来。当这些研究人员有某些创新时,会通过这一家公司优先卖给宝洁。这家公司为宝洁搭建了一个开放的网络平台,在这个平台中,宝洁公司会将自己在技术方面的问题挂出,这些研究人员就会根据宝洁公司所提出的问题给出一套合理的解决方案。如果宝洁觉得某个方案合适,就会向方案提出者买下这份方案。网上还有各种技术专业社区,供人们讨论。公司分散在全球各地的研发、设计、市场研究、采购等方面的人员可以通过该网络进行交流。实行开放式创新以来,宝洁降低了研发费用和失败的概率,也缩短了从发现市场机会到获得收益的时间。在开放式创新之初,宝洁大约有20%的创意、产品和技术来自外部,而现在这一比例已提高到大约55%。通过开放式创新,公司的研发能力提高了近60%,创新成功率提高两倍多,而创新成本却下降了20%[①]。可见,即使全球99.9%最聪明的人都不是公司的员工,或者说宝洁公司本身无法掌握全部的创新能力和技术,但是企业所缺少的技术和人才完全可以通过一个开放式创新的平台为企业所用,创造利益。

第二,开放式创新能够有效地降低企业的创新成本,使得企业在竞争中保有优势。

在原先的封闭式创新模式下,企业通过R&D获取知识产权的目的是获得垄断地位和相应的垄断利润,并对其他企业形成进入壁垒[②]。企业重视对知识产权的保护,并对外部技术保持一定的谨慎态度。封闭式创新模式下企业创新成本主要是知识产权的研发成本、监督控制成本。但其实在很多时候,企业的封闭创新想要取得成果,往往需要投入很多的时间以及人力物力,用于不断地研发试验,并且要从中发现问题并改进。而在这其中,企业可能需要处理自身所不擅长的问题,会有许多碰壁和无用功,企业的创新成本较高。此外,也有可能出现企业的创新成果其实并不适用于自己的企业而无法带来盈利的现象,但事实上企业可以通过出售它带来利润。而在开放式创新模式下,企业知识产权管理的重点是应用其他企业或机构的专利而获益,为此,企业需要提高综合运用知识产权的能力,积极购买或出售专利。创新理念的不同,决定了企业知识产权管理成本的差异。开放式创新模式下企业知识产权管理的成本则主要包括对外部知识产权的评估、选择购买、合作共享以及风险控制等

---

① 易明.开放式创新模式与企业知识产权管理变革[J].当代经济,2013(5):24-25.
② 易明.开放式创新模式与企业知识产权管理变革[J].当代经济,2013(5):24-25.

方面①。在如今多元化也较完善的市场中,外部技术资源的丰富性和多样性大大提高,企业根据自己的产品定位和目标,可以直接在已有的市场中搜寻、购买阶段性产品。这一做法有点像"拿来主义",是比较便捷的。这样的做法在很大限度上避免了产品前期开发所存在的风险,相应地就减少了需要在这其中投入的成本。此外,企业在一个开放的创新平台上,可以试试关注市场导向的变化,并且对自己的研发作出相应的调整,这样也就避免了企业因为创新成果不适用于市场需求而造成浪费。

第三,开放式创新可以缩短企业创新周期,提高企业创新效率。

在当今激烈的市场竞争中,产品的更新换代加快,人们对于创新成功的认知已经不仅仅局限在创新的质量上,而开始要求创新的速度。一个好的创新成果如果太晚面世,那么它就会失效。企业采用开放式创新的模式,最大限度地利用外部资源,一定程度上就可以通过提升创新速度或者缩短创新周期来提升自己的竞争力。企业内部的资源如人力物力等往往是有限的,而为了适应市场发展、顾客多元化的需求,或者企业想要提升竞争力就必须要有尽可能多的研发成果。当企业将有限的人力物力投入到较多的创新研发时,很难完美地兼顾所有的研发项目。资源的限制会使得企业顾此失彼,如果企业想要拓宽创新的宽度,那么相应地就会放缓整体的创新进度。但是如果企业阶段性地从外部引入需要的技术,那么就会减少企业研发的工作量,缩短创新的周期。或者说如果企业将一部分的项目外包给第三方公司,那么企业对于外包的项目只需要进行监管,同时可以将大部分精力投入到自己擅长的项目中。这就使得在相同的时间内,企业就可以获得更多的创新成果,提升了创新的效率。

从20世纪开始,英特尔赞助了500多家大学,并且将其开放性合作实验室放置在相关领域领的大学周围。这样的实验室中一般会有英特尔公司的研究人员,还有在校的大学生作为研究院,并且这二者的人数是差不多的。这种实验室的大部分项目都是公开的,研究环境相当开放,也吸引了许多在校大学生在其中工作。在开放其创新平台的过程中,英特尔不断汲取大学生群体的力量,也不断学习创新,为自己的公司注入新的血液,获得大量的新想法并获得了知识产权。在这些实验室中的大学生研究院与英特尔公司并不是直接的雇佣关系,而更多的是一种合作关系,大学生们参与研究的同时,也同样在完成自己的专业课题。英特尔在过去十年内大幅增加研发投入,每年发布的专

---

① 马淑文.我国企业实现开放式创新对策思考[J].经济纵横,2006(11):53-55.

利数量都在增长,这单单依靠公司的内部资源是不可能达成的,很大一部分成功是来自于这些大学生。在我国,类似的情况也存在,紫光股份有限公司就坐落在清华大学校区的周围,作为一家电子科技公司,紫光的研发创新项目有很大一部分是依靠清华大学雄厚的科研力量,还有优秀的人才资源。清华紫光是我国520户重点企业、国家重点高新技术企业、国家863计划成果产业化基地、全国电子信息"百强"企业。依靠这样一种开放式创新模式,越来越多的企业可以与包括用户、上游供应商、竞争对手、科研院所、大学、中介服务机构以及政府等外部创新源建立协同创新关联,让企业尝到了甜头,在相同的时间、相同的财力物力基础上获得了更多的并且高质量的创新成果,取得了从未有过的创新盛况。

第四,开放式创新可以让企业的创意通过外部渠道实现市场化,摆脱企业当前业务范围的束缚,以此获得超额利润。

企业通常会投入大量的资金研发,但是他们的研发成果有时并不适用于自己的企业,就如自己企业可能在本项目生产技术中有短板,而这个短板很大限度上加大了经营风险甚至造成项目停滞,或者这个研发成果与自己的业务不相适应,企业中还缺少接受生产实施该项目的人员和场地。还可能出现一些中小型企业成功研发项目之后,发现自己并没有足够的人力和物力开展后续的生产和销售活动,那么研发之后只能搁置这个项目。这些研发成果占用了研发成本却很难带来营业收入,搁置在企业中无法马上着手生产投入市场,那么这些成果最终会随着整个产品市场的更新换代和新技术的出现被淹没,变得毫无价值。它们留在企业中算是一种浪费同时也是一种负担。在这种情况下,外部市场无疑就是一个快捷的吸金渠道,企业可以通过外部市场,将自己的研发成果售卖或者租用给有意愿接手的企业,从中取得相应的利润。一些大企业已经开始偏好大幅度消减内部研发经费,转而通过资助、购买技术或收购中小企业的方式,在中小企业研究成果的基础上进行再创新。外部市场中有许多的企业有购进技术的需求,那些小企业也可以拼接着这些需求,利用开放式创新平台向这些企业导入自主研发的技术,达到双赢。利用开放式商务模式创新不但降低了企业内部开发成本,而且增加了企业新的利润来源,如通过出售资产、许可证、让产易股等获得比封闭的商务模式更多的收益[1]。

万国商业机器公司(IBM公司)是全球最大的信息技术和业务解决方案

---

[1] Chesbrough H. Why companies should have open businessmodels[J]. MIT Sloan Management Review,2007,48:22-28.

公司。为了获取更大的利润,IBM改变了传统的知识产权管理方式,不再坚持将知识产权固封在公司内部,开始向其他公司出售一些自己所不需要的技术和专利的使用权。在这其中,IBM公司获得了很大的利润。在2014年IBM公司共有专利7534项,排名世界第一(数据来源:美国商业专利数据库),年度获利为120.22亿美元(数据来源:IBM公司2014年全年财报)。对外出售本企业研发成果会缓解企业的资金压力,若是企业在这项业务中成就了一定的规模,那么是很有可能给企业带来丰厚利润的。

总而言之,开放式创新无论是在宏观层面,还是微观层面都存在着必要性,也是整个市场发展的大势所趋。对宏观环境而言,封闭式创新国家无法很好地整合国际环境中的资源,造成大量的资金浪费,长此以往会造成国家创新事业一筹莫展的困顿局面。想要取得发展就必须实行开放式创新,充分发挥它的作用。国家的开放式创新归根结底就来自于每个企业的开放式创新。对于企业而言,依靠开放式创新可以获取外部资源为己用来弥补企业创新能力上的空洞和短板,通过技术流通来吸入资金。企业还可以依靠市场上已有的高质量的创新成果降低企业创新成本,缩短创新周期,保有企业的竞争优势,让企业在积累的市场竞争中脱颖而出。因此,开放式创新是一个国家、一个企业想要发展所必不可少的。

1.2 开放式创新环境下的新型研发模式——研发外包

1.2.1 研发的外部化

研发是技术创新的核心和灵魂,正日益成为现代企业适应竞争性的经营环境,扩大市场份额的强有力手段之一。研发活动是智力资本和物质资本相结合产生创造性成果的过程,研发人员的智力资本是最关键的要素投入,研发活动本身的复杂性和专业性决定了在研发过程中,因受到专业知识、组织协调能力的限制,部分资产所有者需要将研究与开发工作委托给其他的组织或个人来承担。

21世纪以来,经济全球化进入以服务为主导的"全球价值链"时代,并经历了从贸易全球化到生产全球化、金融全球化、研发全球化和服务全球化五个发展阶段[①]。而在科技迅猛发展的今天,研发和创新已成为全球关注的焦点问题,研发全球化正逐渐发展成为一种常态。当前,单纯依靠单个企业的传统研发模式的缺陷日益凸显,许多国家试图通过研发的网络化、虚拟化及国际化等手段来实现国际研发资源的获取。因此,企业的研发模式也就相应地由原先的内部研发模式逐渐扩展到合作研发和研发外部化等模式。

在20世纪80年代以前,大部分企业的研发和技术获取主要依赖于内部研发,随着技术复杂程度的提高,内部研发的深入和加强,资本密集型的大企业成为制造业最主要的研发力量,促进世界技术进步和经济增长[②]。在此期间,虽然政府对基础科研提供一定的资金,但是大多数的研究工作是在名牌大学的实验里进行,而且在这些研究中,多数成果的商业用途并不明朗,无法直接应用于企业。因此,企业向其内部的研发实验室投入更多的人力、物力资源,这时企业承担创新思想的产生、开发、制造和营销等任务。而这种内部实验室研发的背后逻辑实际是封闭式的、高度集权的模式,即封闭式创新[③]。

20世纪80年代以后,随着技术复杂性的提高,单个企业很难能够满足创新中的资金和技术要求,加上企业为争夺主导技术,需要与具有技术优势的企业、大学和研究机构进行合作。企业的研发活动越来越外部化,内部的研发活动不再是企业唯一的技术来源,研发活动也不再完全依赖自己的力量。企业不断寻找外部技术源,与企业以外的研发力量(大学、研发机构及其他企业等)进行各种形式的技术合作、战略联盟、技术并购等,从而提升自身的核心竞争力[④]。进入20世纪90年代,一些跨国公司推行全球化战略,统一组织国内外的研发活动,并将其置于公司的全球化发展战略之中,从而使企业研发活动进入一个全球化的新时代。美国麻省理工学院(MIT)的罗伯兹教授在1999年所进行"技术战略管理的全球杠杆"的研究中,对北美、日本和欧洲年研发超出1亿美元的244家公司进行调查,结果显示越来越多的企业倾向于向外部寻

---

① 王晓红,李蕊,刘英奎.融入全球价值链:推动服务外包转型升级[J].全球化,2014(3):97-107.
② 刘建兵,柳卸林.企业研究与开发的外部化及对中国的启示[J].科学学究,2005,23(3):366-371.
③ 高良谋,马文甲.开放式创新:内涵、框架与中国情境[J].管理世界,2014(6):157-169.
④ 程源,高建.企业外部技术获取:机理与案例分析[J].科学学与科学技术管理,2005(1):43-47.

找技术的来源①。

在发达国家,研发向国外地点的外包正在增长,如制药业中已经十分普遍②。根据欧洲委员会报告(European Commission,2005),1997—2002年,经济合作与发展组织(OECD)各成员国研发外包以12%的速度增长(图1-6)③。波兰,丹麦、美国和瑞士等国家研发服务外包的增长率达到30%,美国有接近40%的业务研发是在服务性产业中完成;从1997年开始欧洲服务行业的业务研发比率也在逐年上升(从1997年的11.5%上升到2002年的15%)。根据2006年美国国家自然科学基金会的报道,2003年美国的研发外包合同达到10.2亿美元,和内部研发相比,其平均增长幅度是1999年的2倍(从4.9%增长上升到9.4%)④。世界银行数据库的数据也表明,自2000年到2012年以来,从各个国家的研究与开发经费支出占国内生产总值的比重可以看出,各国对科研的投入强度有了很大的提升,占国民生产总值的比例不断加大(见图1-7)。

从全球化到本土化再到反向创新,正成为企业全球研发战略的一种新思路,而开放式创新已成为企业产品研发新的策略和模式。开放式创新强调创新源来自一切可能的方向,这意味着企业创新模式从线性范式向网络范式转化,产品研发突破了纯粹的企业内部范畴,转向基于企业(供应商、顾客、竞争对手)、研究组织(大学、其他公共和私人研究机构)和公共机构(技术转移中心、开发机构)等经济体网络化的交互学习和知识流动,企业可以通过合同外包、合作研究、技术转让等方式取得所要的知识和技术⑤。

根据2016年我国国家统计局的统计数据,通过对中大型企业技术获取情况进行分析,发现从2004年到2013年企业从外部获取技术(引进技术、吸收

---

① 刘建兵,柳卸林.企业研究与开发的外部化及对中国的启示[J].科学学研究,2005,23(3):366-371.

程源,雷家骕.企业技术源的延化趋势与战略意义[J].科学学与科学技术管理,2004(9):74-77.

② 黄庆波,范厚鸣,等.跨国公司研发方式的演变与中国企业的承接对策研究[J].科学学与科学技术管理,2008(12):29-32.

③ European Commission.Key Brussels,DG Research[M].Commission of the European Communities,2005.

④ Howells,J.D.New directions in R&D:current and prospective challenges[J].R&D Management,2008b,38(3):241-252.

⑤ 黄亮,邱枫.从软件外包到研发服务:班加罗尔的案例研究[J].世界地理研究,2016,25(3):21-29.

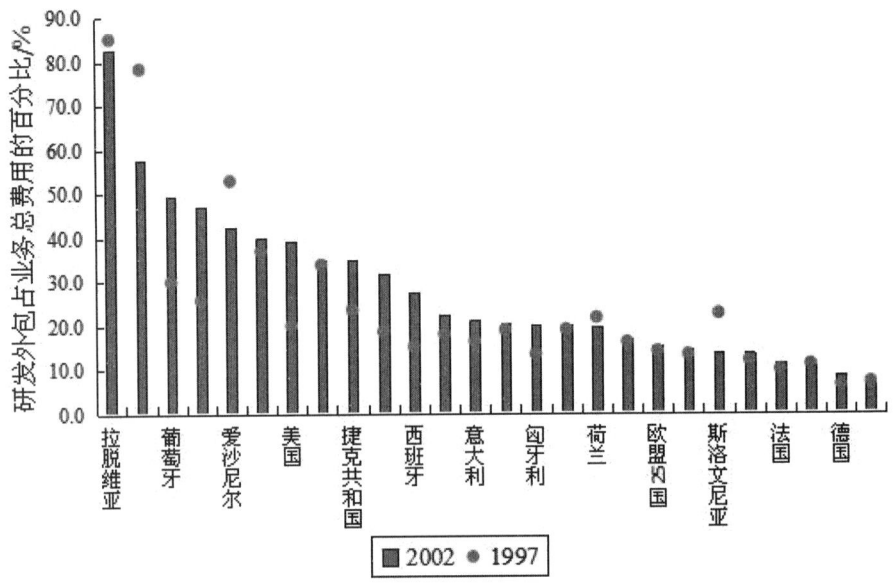

图1-6 1997—2002年各国年研发外包情况

数据来源:Howells, J.D.New directions in R&D: current and prospective challenges.R&D Management, 2008b.38(3), 241-252.

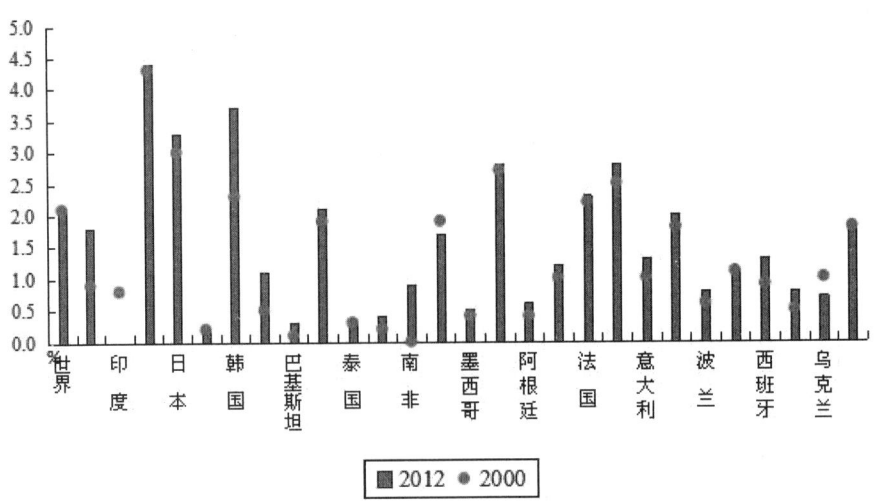

图1-7 各国研究与开发经费支出占国内生产总值的比重

数据来源:世界银行WDI数据库。

消化、技术购买)的比率在逐年增加(图1-8),企业从外部获取技术的趋势越来越明显。2005年到2015年R&D经费支出金额和占国内生产总值的比重(图1-9)表明,我国的R&D经费支出持续上涨,这与世界发展趋势是一致的;同时我国的R&D经费投入强度也是逐年上升,2015年全年R&D经费支出14 220亿元,比上年增长11%,其中基础研究经费671亿元,国内有效发明专利547.8万件,是2006年的10倍。从2006—2015年全国技术市场成交额和合同额(图1-10)可以看出,成交额增长率也在不断提高。可见,研发已突破原有的企业边界,不断向外部渗透和扩展。

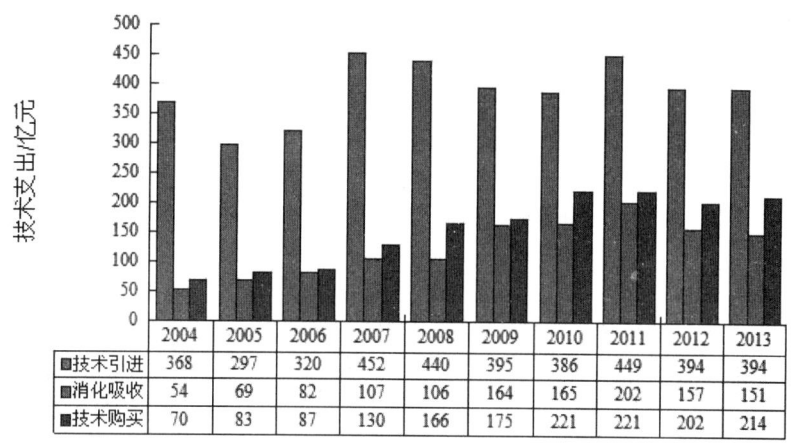

图1-8 大中型企业技术获取情况

数据来源:中华人民共和国国家统计统计局.2016.专题统计数据.——大中型工业企业自主创新统计数据(2004—2013)http://www.stats.gov.cn.

1.2.2 开放式研发的崛起

随着经济和外部环境的不断变化,研发模式也不断变化。Nobelius在其研究中指出,研发已经开始向第六代演进:从第一代的直觉研发(20世纪50年代至60年代中期)、第二代的系统研发(20世纪60年代中期至70年代早期)、第三代的战略研发(20世纪70年代中期至80年代中期)、第四代的综合研发(20世纪80年代早期至90年代中期)、第五代的网络研发(20世纪90年代中期至后期),发展到第六代开放式研发管理模式(2003年至今),而开放式

图 1-9　2005—2015 年 R&D 经费支出金额和占国内生产总值的比重

资料来源:中华人民共和国国家统计统计局年度数据——科技活动基本情况。

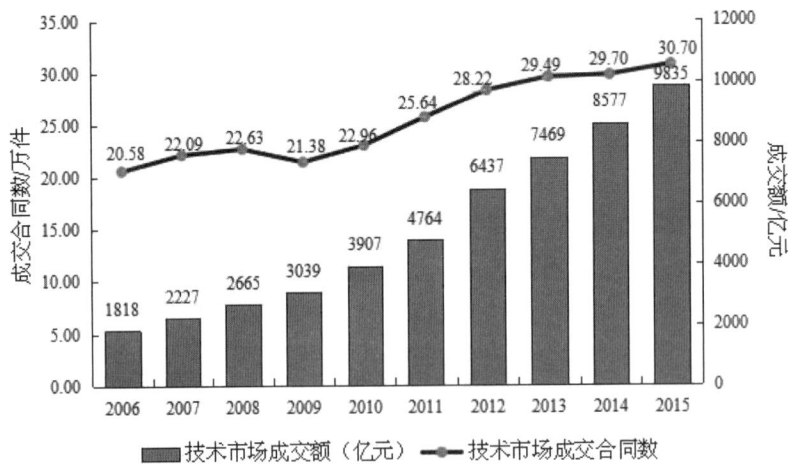

图 1-10　2006-2015 年全国技术市场成交额和合同额

资料来源:中华人民共和国国家统计统计局年度数据——科技活动基本情况。

研发的具体表现形式之一为研发外包[①]。六代研发的演进如图 1-11 所示[②]。

---

　　① Nobelius D.Towards the sixth generation of R&D management[J].Inter-national Journal of Project Management,2004,22(5):369-375.
　　② 伍蓓,陈劲.研发外包模式、机理及动态演化[M].科学出版社,2011.

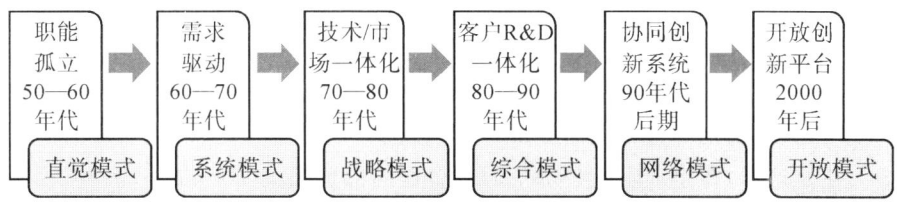

图 1-11 研发的演化过程

文献来源:陈劲.研究与开发管理[M].北京:清华大学出版社,2009.

第一代研发在研发部门进行,主要依靠技术推动和研发人员的研发直觉,其研发主要是靠技术推动,与战略没有什么联系,集中于科学突破。第二代研发为市场驱动型,研发部门与营销部门紧密结合,是跨部门研发,由市场需求决定研发目标,受项目管理和内部消费者观念影响。第一代、第二代研发模式是一种封闭式的创新模式,在这种模式下,企业设立自己规模庞大的研发机构,不仅进行应用研究和开发,而且进行基础研究。企业负责创新思想的产生、开发、制造和营销,并提供服务和资金支持等。在20世纪70年代以前,几乎所有的欧美企业,特别是大企业都是采用这种模式,典型代表如施乐的PARC和AT&T的贝尔实验室[①]。第三代研发注重研发项目管理,研发目标与企业战略相吻合,超越部门本位的限制,由公司高层来直接领导重大的研发活动。这时的研发是一种组合,与商业与公司战略均有联系,在投资中使用风险—价值等方法。第四代研发更注重与客户之间的交流,与企业纵向利益相关者(如主流客户、领先客户、供应商)一起研发,研发是整合活动,从消费者身上学习,研发活动由小组执行。第三代、第四代研发仍然是一种封闭的创新模式,合作的各方之间在一定范围内实现了共享,但对外界来说,仍然是封闭的,有一个清晰的边界。研发管理和创新管理的重点仍然是内部资源的整合,只不过需要整合的资源的范围加大,研发管理的难度加大,增加了不同企业之间文化上的差异,以及知识产权分配和保护的内容。第五代研发是一种网络活动,由竞争者、供应者、销售者等组成,其中的参与者不仅包括纵向利益相关者,还包括横向利益相关者(如竞争者、合作伙伴),而且包括门研发机构(如大学、科研所、技术中介、知识产权机构),共同形成企业研发的共生网络。第五代研发实现了与外部的动态交流,这时内部研发不再是企业创新唯一的来源,

---

[①] 刘建兵,柳卸林.企业研究与开发的外部化及对中国的启示[J].科学学究,2005,23(3):366-371.

企业重要的技术来源还包括技术许可、技术并购等途径。内部的研发成果可以通过采取企业内部风险投资的形式,来实现成果的转化,并在市场前景明朗时回购作为新的利润增长点;企业还可以将自身不需要的研究成果和技术通过技术许可、转让等形式流向外部,甚至流向竞争对手,以实现其研发收益的最大化。这样,在企业吸收外部资源和企业内部资源流向外部的过程中,企业实现了与外部的动态联系,研发主体的边界也开始变得模糊起来,从而使其具有一定的开放性,具有"网络式创新模式"的特征。第六代研发是完全开放的研发平台,政府、社区、非相关企业的介入促进研发的多元性、开放性、综合性,其开放的表现就是研发外包。第六代研发模式与之前的研发模式相比,有着本质上的区别,它是完全开放式的,没有一个明确的边界。这种创新模式的代表是软件领域的开放源代码软件或自由软件(open source software,OSS)的开发模式,如 Linux 和 Java 软件平台的开发[1]。

可见,从全球层面看,随着科技竞争的加剧,产品更新速度的加快,以及出于分担研发风险、降低研发成本、缩短研发周期的需要,世界范围内的大规模研发外包愈发普遍,出现了沿着价值链高端上行的全新态势[2]。由于企业通过研发外包可以接触到更多具有前瞻性的技术资源,来进一步填补企业技术知识和技术机会的空白,实现企业竞争资源的互补,带动整个产业链的提升和发展,因此无论是技术先导者还是技术追随者,采取研发外包模式,均可充分利用研发的外部力量,达到技术与知识的互补,满足企业获取新技术和技术供给的需求。在开放式创新环境下,研发外包是企业整合全球创新资源,提升技术创新能力的重要路径之一。

1.2.3 研发外包的兴起

随着经济全球化、技术进步以及价值链的改变,单个企业的传统研发模式已经不适用于现代企业发展,研发也已经由仅属于企业内部的活动逐步演变为网络化的开放式平台。在技术迅猛发展的今天,要保持企业的持续增长绩效就必须整合外部资源和实施开放式创新。研发外包具有附加值高、技术含

---

[1] 刘建兵,柳卸林.企业研究与开发的外部化及对中国的启示[J].科学学究,2005,23(3):366-371.

[2] 黄亮,邱枫.从软件外包到研发服务:班加罗尔的案例研究.世界地理研究,2016,25(3):21-29.

量高、国际化水平高、资源消耗低等特点,是开放式创新背景下的研发新模式①。

《哈佛商业评论》将外包称为过去75年来产生的最重要的管理思想之一。近年来,随着外包在全球范围内的迅速崛起,学术界和实业界都对外包产生了浓厚的兴趣,外包因此成为大家关注的焦点问题。研发机构分别从管理、组织和战略的角度剖析了外包的动因、影响因素、合作伙伴、控制机制等问题(Teece,1986;Manzini,1998)②,其中外包中的技术合作与联盟(technological collaboration)特别受到关注,而这种技术合作恰恰是研发外包的雏形③。

当前,以服务业外包和高科技、高附加值的高端制造及研发环节转移为主要特征的新一轮全球产业结构调整正在兴起。全球服务外包市场正以每年10%的速度递增,企业间竞争的焦点也逐渐转移到创新能力上,创新能力的高低直接决定了企业核心竞争力的强弱。研发外包是服务外包中附加值最高、最为独特的一种外包形式。近年来,全球金融危机促使越来越多的跨国公司开始关注研发外包现象,并积极通过研发外包来提升企业的创新能力和发展能力,形成了全球范围内的研发外包浪潮。目前全球研发外包的年市场规模已超过1亿美元,平均年增长率达到30%～40%④。

在一个"开放的创新体系"中,知识的来源与使用可以超出企业自身的范围,研发外包也使得各种专业化的知识分散在各个企业当中,内部研发的比重大幅度降低。产品创新和技术研发外包已经成产业界R&D的重要途径,特别是软件业和零部件创新。DELL是国际知名的计算机集成商,它虚拟外包了所有的零部件、软件和非装配生产流程的设计和创新,重点投资它的核心能力:理解客户需求、物流管理和部件集成,发现核心能力的任何增值机会。通过外包策略,避免了零部件生产设备、人力资源和仓储等巨大投资,也避免了R&D投资和风险,向供应商(如Intel)公开技术需求和生产计划,获得了最新产品的创新周期。

---

① 姜灵敏,邝丽敏,钟瑞琼.企业研发外包模式研究——基于制造、医药、软件和服务业案例研究[J].中国高新企业杂志,2013(22).
② 国家中长期科学和技术发展规划纲要(2006—2020年)[Z].2009-07-27.
③ Manzini,V.C.Organizing for technological collaborations:a managerial perspective[J].R&D Management,1998,28(3):359-381.
Teece,D.J.Profiting from technological innovation:implications for integration,collaboration,licensing,and public policy[J].Research Policy,1986(15):285-305.
④ 邓铭.研发外包:企业创新的途径[J].思想战线,2012,38(5):143-144.

根据我国 2004 年至 2013 年科技统计数据(图 1-12、图 1-13),技术开发、技术转让、技术咨询、技术服务的成交的合同数量和成交金额都在逐年增加,这意味着研发外包逐渐成为我国企业技术获取的重要手段。

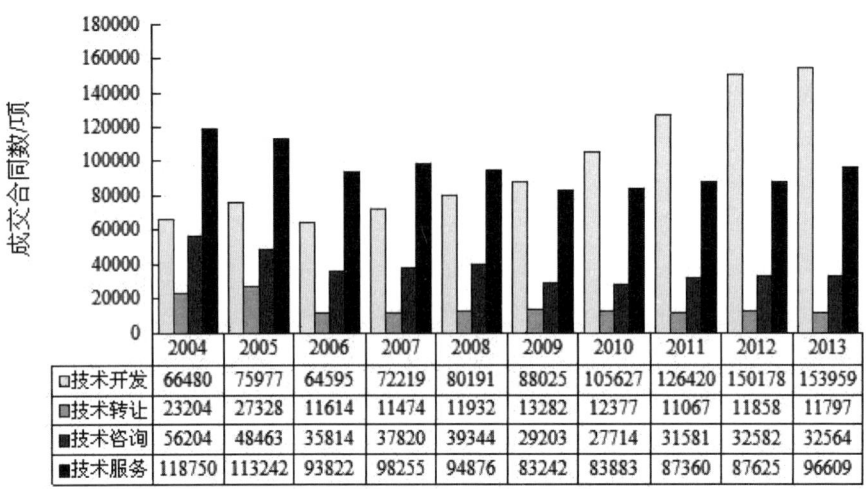

图 1-12　2004—2013 年全国技术市场成交合同数

数据来源:中华人民共和国国家统计统计局专题统计数据——历年科技统计数据。

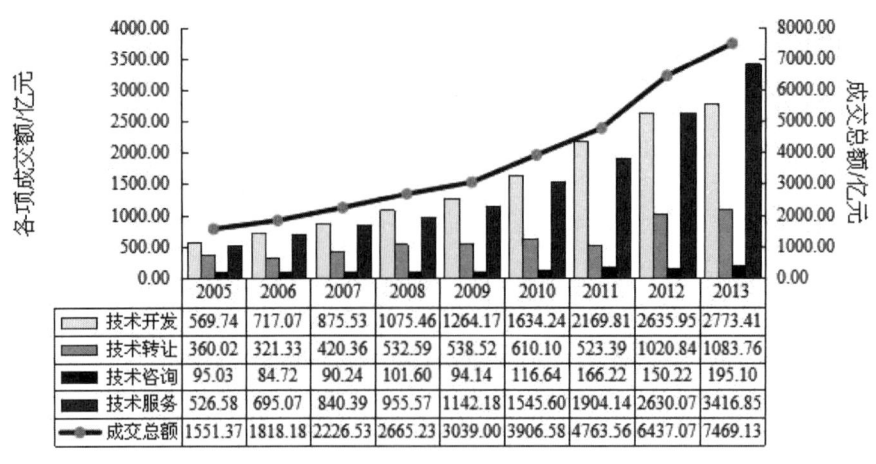

图 1-13　2005—2013 年全国技术市场成交金额数及每年的成交总额

数据来源:中华人民共和国国家统计统计局专题统计数据——历年科技统计数据。

国内外合作研发趋势也逐渐增强,规模型工业创新企业对外研发合作形式也多种多样,包括与科研院校、其他企业、国外研究机构进行交流合作(图1-14)。

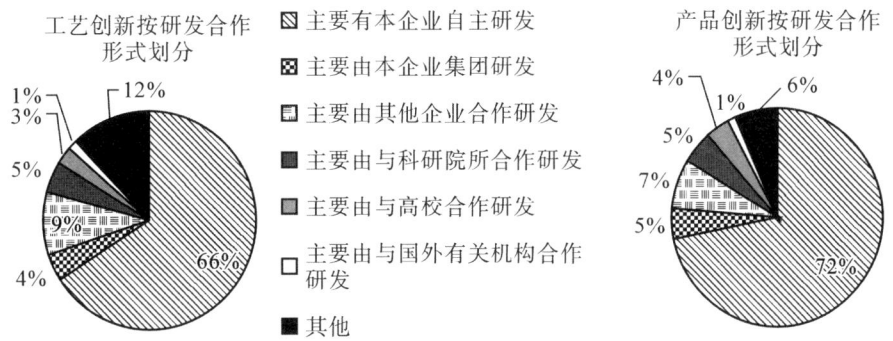

图1-14 按合作研发划分规模型工业企业创新占产品创新企业数的比重

资料来源:中华人民共和国国家统计统计局专题统计数据——2016年全国工业企业创新调查统计数据,http://www.stats.gov.cn.

根据国务院发展研究中心信息网(简称国研网)最新统计,跨国制药企业越来越多地将研发交给符合他们标准的本土研发外包机构(CRO),开展以研发为主的研发外包工作。研发外包的市场规模自2000年以来一直稳步增长,并以14%的年增长率不断扩张。2006年我国CRO市场规模只有30亿元,2013年达到220亿元左右,2006—2013年CAGR达到30%以上。2014年我国CRO市场约282亿元,近几年我国CRO市场规模图1-15所示。

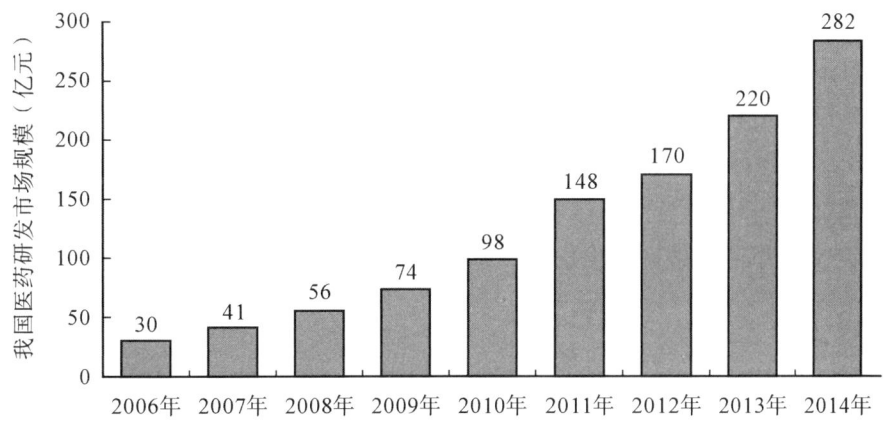

图1-15 2006—2014年我国医药研发外包市场规模情况

数据来源:公开资料,艾凯咨询网整理。

根据预测数据,全球药物研发外包市场在2013年至2018年将可能以年均复合增长率约11.5%的速度增长,其市场大小可能在2018年达到近250亿美元,届时,药物外包研究发现的全行业总体平均渗透率将有可能达到49%。到2018年,在全球市场中,小分子药物发现外包将有可能占3/4,达到近190亿美元,生物药物研发外包将可能占到1/4左右,也将会超过60亿美元[①]。

新一轮全球产业布局调整的大潮,赋予了中国研发外包服务市场高速成长的强大推进力。近几年,研发外包服务正在迅速向亚洲等地区转移,而我国已成为研发外包的最大承接国。在高科技行业中,鉴于合同研究结构(CRO)为研发外包服务的一个最为普遍的表现形式,该行业已成为我国的一个新兴的高技术服务业,并成为化学药和生物医药产业的重要组成部分。目前我国本土CRO集中在北京、上海、南京、苏州、无锡、成都、广州、深圳等城市,其中上海拥有完善的生物医药创新体系和产业集群,是国内生物医药领域研发机构最集中、创新实力最强、新药创制成果最突出的基地。例如,葛兰素史克公司与中国科学院上海药物研究所签订了10年的合作计划。强生公司已与无锡药明康德新药开发有限公司建立合作关系以进行非临床安全测试。药明康德方面向强生公司提供毒理学和其他服务,而强生公司则提供实验室规范(GLP)系统和能力培训[②]。

开放式创新模式认为,并不是所有聪明的人都为我们工作,我们需要和企业内部、外部的所有聪明人通力合作;外部研发工作可以创造巨大的价值,内部研发工作可以创造其中一部分价值,我们不是非要自己进行研究才能从中获利;建立一个更好的企业模式要比将产品争先推向市场更为重要;我们应该从别人对我们的知识产权的使用中获利,同时只要能提升或改进本企业模式,那么我们通常也应当购买别人的知识产权。可见,在开放式创新模式中,对研发过程中关于工作人员、价值获取、产品观念、成果转化的认识上,明显体现出研发外包已成为开放式创新的重要路径。

因此,研发不仅仅是企业内部的单纯活动,它是一个研发协同与交互网络,具有高效信息搜索能力、研发网络的学习能力和技术外包的集合体[③]。在

---

① 李勇.全球药物研发外包蓄势待发[N].医药经济报,2014-11-7(4).
② 李靖.推进研发外包服务,打造全球科创中心[N].中国社会科学报,2015-4-15(B04).
③ Howells,J.D.,Gagliardi D,Malik K.The growth and management of R&D outsourcing:evidence from UK pharmaceuticals[J].R&D Management,2008,38(2):205-219.

技术迅猛发展的今天,企业不仅仅依靠自己进行独立研究和开发,要保持企业的持续增长绩效就必须整合外部资源和实施开放式创新①。企业在技术创新过程中,可利用内部和外部相互补充的创新资源实现创新,企业的技术创新路径是创新链的各个阶段与多种合作伙伴多角度的动态合作的一类创新模式②。由于研发外包能够分担风险、节约成本、降低研发活动复杂性和缩短研发周期,并能够带来诸多积极效应,故研发外包越来越成为开放式创新实施的一个有效途径,通过研发外包,可以实现企业内部和外部创新思想的有机结合③。张中元提出研发外包活动可以增加新的中间投入产品,进而促进企业产品创新,其研究结果表明,企业研发外包会显著提高该企业引入新产品的概率,企业研发外包可使得该企业引入新产品的概率提 5.6 倍④。Jeroen P.J.De Jong 在研究荷兰 605 家中小企业开放式创新实施过程中,发现 288 家制造业型企业中有 59% 的企业采取研发外包,317 家服务型企业中有 43% 采取研发外包,年递增率达 22%⑤。研发外包是外包的高端领域,其含义为一方提供资金、以契约方式委托另一方如外部研究机构提供"技术"成果,包括新产品、新工艺或新思路⑥。目前,研发外包已成为提高企业创新能力和建立外部知识产权网络的重要手段之一,并日益受到实业界和理论界的广泛重视。

在开放式创新范式下,企业边界是可渗透的,创新思想主要来源于企业内部的研发部门,但也可能来源于企业外部。开放式创新有别于传统创新模式的突出特点是充分利用包括技术和市场信息在内的外部创新资源。将企业的研发项目通过外部组织开放,从外部获取创新支持。在开放式创新环境下,创新不再是以传统方式进行,而是发展成为一种全局性的活动,开放式研发将吸

---

① Chesbrough H W.Open Innovation:the New Imperative for Creating and Profiting from Technology[M].Harvard Business School Press,2003,45(3):33-58.
② 陈钰芬.开放式创新的机理与动态模式研究[D].杭州:浙江大学,2007.
③ Chesbrough H W.Open Innovation:the New Imperative for Creating and Profiting from Technology[M].Harvard Business School Press,2003,45(3):33-58.
④ 张中元.企业技术研发外包对引入新产品的影响[J].国际贸易问题,2015(7):67-76.
⑤ Jong.J. P. J. D., vanhaverbeke. W., vrande, V. V. d. open innovation in SMEs:trends,motives and management chanllenges[C].Paper presented at the proceedings of the fifth international symposium on management of technology-managing total innovation and open innovation in the 21st century,2007:257-261.
⑥ 王安宇,司春林,骆品亮.研发外包中的关系契约[J].科研管理,2006,27(6):102-108.

纳更多的创新要素,形成以创新利益相关者为基准的多主体创新模式。

从外部引进创意和技术可以加强企业自身的创新基础,获取和使用外部有价值的创意和丰富的技术资源是创造价值的有效途径,充分利用别人的新技术,可以节省内部研发所需要的时间和资金,减少产品开发的时间,加快创新速度。通过合作,不同的组织共担创新风险和成本,共享双方互补的创新资源,能缩短创新周期,提高创新效率。合作还具有协同效应,不同知识领域的结合常常能够产生全新的技术,获得技术突破。企业在密集的内部研发活动的基础上,密切监视和跟踪外部技术,根据自有的创新资源和核心能力优势,通过与多个合作伙伴多角度的动态合作,充分吸收并利用外部资源以弥补内部创新资源的不足,将减少技术的不确定性,提高创新效率。

可见,研发外包越来越成为开放式创新实施的一个有效途径,通过研发外包,实现企业内部和外部创新思想的有机结合。

1.3 本书的研究问题和研究思路

1.3.1 研究问题

自20世纪末以来,随着全球经济一体化和信息技术的快速发展,世界产业结构呈现出由"工业型经济"向"服务型经济"转变的趋势,随之产生的是,创新活动也越来越国际化和开放。当前,国际化和开放式创新已成为企业进行技术创新,获取持久竞争力的重要途径之一。显然,传统的创新模式已无法适应其发展,创新的架构和方法必须由封闭式转向开放的平台和资源,从在企业组织内部独立完成转向企业内外部协同合作完成,实现创新活动的外部化[1]。

随着科学技术的迅猛发展,企业研发活动的复杂性和不确定程度不断提高,对人力、设备和资金方面的要求也相应提高,风险也因而大增。因此,企业

---

① Oliver G,Ellen E,Henry C.The future of open innovation[J].R&D Manangement,2010,40(3):213-221.

与外部的研发合作日益频繁,越来越多的企业开始寻求获取外部技术的新途径[①]。在"从全球生产网络(GPN)转向全球创新网络(GIN)"的开放式创新背景下,研发外包作为一种新型研发模式,在获取新技术和新知识的方面具有明显优势,正以一种开放的、动态的技术创新模式融入全球化经济链条,成为技术创新领域的研究热点[②]。

根据国际战略咨询公司博思艾伦的预测,到2020年,全球研发支出将从2004年的7500亿美元增加到11000亿美元。其中,全球离岸研发外包市场规模目前为100亿至150亿美元,至2020年将增加到2250亿美元[③]。2012年12月1日,国务院颁发了《服务业发展"十二五"规划》,明确指出:要加大力度发展研发服务外包,积极开展合同研发服务,努力培育专业化的第三方研发机构,有效促进研发服务的集群发展和技术市场的机制创新,实现技术创新的国际化、信息化和网络化。2012年12月14日,商务部、发展改革委员会联合印发的《中国国际服务外包产业发展规划纲要(2011—2015)》,进一步指出,我国国际服务外包业务要逐步由低端服务向价值链高端延伸,提升产业咨询、软件与信息系统架构设计、服务外包研发等高附加值、高技术含量的业务比重。因此研究研发外包具有重要的现实意义。

研发外包作为外包的高端领域,由于其在新技术的获取、研发成本的降低、研发速度的提高等方面有明显的优势,正对传统封闭式研发的创新模式形成有力挑战,已经成为企业有效获取外部创新能力,推动技术创新的重要手段之一。Jeroen P.J.De Jong对荷兰605家实施开放式创新的中小企业的研究也表明,研发外包是企业实施开放式创新的一个有效的途径;数据同时显示,288家制造型企业中有59%的企业进行研发外包,317家服务型企业中有

---

① 朱新财,银路,肖凡平.基于委托代理机制的研发外包边界[J].系统工程,2009(3):99-103.
② 黄庆波,范厚鸣,等.跨国公司研发方式的演变与中国企业的承接对策研究[J].科学学与科学技术管理,2008(12):29-32.
③ 王辉,薛求知,尹尊声.企业离岸研发外包动因分析:不同理论视角的比较与整合[J].研究与发展管理,2011(4):83-89.

43%的企业进行研发外包,且年递增率达到22%[①]。

研发外包是企业采用一定的合作方式(如合同或股权等),通过与其他企业、大学或科研院所进行技术知识共享,促进各方资源的有效整合,从而实现技术知识的整合和创新,达到降低企业创新风险、提高创新收益的目的。从本质上看,研发外包更多的是一个技术知识的传递、创造和获取的过程,学习和创新是其核心内容。在这个过程中,技术知识共享是研发外包的关键,也是技术知识管理的核心和焦点。理论和实践都表明,研发外包中良好的、有效的技术知识共享能有效地提高研发外包的效率。

然而,由于研发外包具有明显的创新特性,作为创新关联特征的重要表现形式——知识的非独占性,对研发外包的相关机制的形成有着重要的影响,特别是由此所引发的知识外溢(信息泄露)问题,使得企业研发外包作为一种逐渐发展的外包形式仍未达到企业生产外包和其他非研发类服务外包的比重和规模[②]。在研发外包过程中,研发外包双方常常会通过签订非披露性条款来防止各自所拥有的信息被泄漏到研发外包关系之外的其他地方。然而,由于研发活动中多方信息交流是必需的,研发外包双方很难做到有效保护自身所不愿意披露的信息。在现实中,往往很难通过商业秘密法来防止对对方知识的私占;而且,一旦出现违反非披露性条款规定的问题时,法庭对这类诉讼的处理往往不及时且不完善[③]。可见,知识外溢(信息泄露)很难通过非披露性条款或商业秘密法得以执行。显然,从效率意义上看,无信息泄露的研发外包不太可能发生,即信息泄漏对研发外包而言总是有成本的。

由于创新环境的改变,加上研发外包的创新特性(研发外包实质上是技术知识的传递、创造和获取的过程,是一个学习和创新的过程,信息共享是研发外包所必需的),企业在研发外包项目的实施过程中常常会面临着由知识的非

[①] Jong. J. P. J. D., vanhaverbeke. W., vrande, V. V. d. open innovation in SMEs: trends, motives and management chanllenges[C]. Paper presented at the proceedings of the fifth international symposium on management of technology-managing total innovation and open innovation in the 21st century, 2007:257-261.

伍蓓,陈劲,吴增源.研发外包的内涵、动因及模式研究[J].中国科技论坛,2008(4):30-33.

[②] Lai E L-C, Riezman R, Wang P. Outsourcing of innovation[J]. Econ Theory, 2009, 38(3):485-515.

[③] 费方域,李靖,郑育家,等.企业的研发外包:一个综述[J].经济学(季刊),2009,4(3):1107-1161.

独占性、合同的不完全性,以及累积性创新的不完全替代性所导致的不对称性信息和文化冲突问题,使得企业研发外包项目运作失败,或使得研发外包成本上升,影响产出绩效。

研发外包合同是研发外包项目实施的重要基础和保障,不但规定了外包商和承包商的权利和义务,还是外包双方的联系纽带[①]。已有的关于研发外包合同设计的研究虽然也关注了不对称信息问题,但在合同设计时通常不将外包商事先隐匿信息的逆向选择问题纳入考虑范畴,也较少考虑信息泄露问题,外包合同没有体现不同研发外包模式下的创新风险特征,使得现有的研发外包合同与研发的创新特性不匹配,为研发外包项目的执行埋下了较大的隐患。现实中,在多数情况下,研发外包是由外包商驱动的,研发外包合同也往往由外包商制定的。而一个好的研发外包合同(机制设计)不但能有效规避研发外包中的不对称信息风险,还能激励双方的最优化参与,实现效益的最大化。

因此,不对称信息下如何基于合同制定有效的研发激励机制已成为制约研发外包的关键因素。特别在"从全球生产网络(GPN)转向全球创新网络(GIN)"的开放式创新背景下,随着研发外包活动的高速发展,如何有效解决研发外包中存在的双方信息不对称问题,科学设计符合研发外包双方利益的激励机制,对于进一步提高研发外包的成功率,降低研发成本、增加企业研发外包绩效,加快我国研发外包产业的发展具有十分重要的理论和现实意义。

1.3.2 研究内容

在对研发外包相关文献进行综合分析和评述的基础上,本书以外包商为参考点,通过分析研发外包的特殊性,从研发外包中技术知识及其界面的形成机理出发,系统分析完全外包、部分外包及合作外包三种研发外包模式下的创新风险与激励,通过设计有效的外包合同和激励机制,以实现最优绩效。

1.3.3 研究方法

本书在系统梳理国内外相关研究成果的基础上,以交易成本理论、资源基

---

① 但斌,宋寒,张旭梅.合作创新下考虑双边道德风险的研发外包合同[J].研究与发展管理,2010,22(2):89-95.

础理论、组织学习理论、委托—代理理论和机制设计理论为依据,综合运用信息经济学、委托代理理论、合同设计、博弈论以及优化理论与方法,探讨不对称信息下企业研发外包的激励机制设计,为企业研发外包项目提供参考和依据。本文所使用的具体研究方法如下:

(1)系统分析法。系统阅读已有相关研究文献,找出已有研究中存在的不足,提出研究方向,确立研究目标;遵循实际—理论—实际的研究思路,运用系统分析的方法,在企业层面系统分析研发外包中技术知识及其界面的形成机理,并以此为基础,提出完全研发外包、部分研发外包及合作研发外包三种模式下的创新风险的形成与激励。

(2)信息经济学、委托—代理理论和合同设计。科学分析当前创新环境下三种研发外包的原始问题,运用信息经济学、委托—代理理论、博弈论和合同设计等方法,建立不对称信息下三种研发外包模式的合约数理模型。

三种研发外包模式的合约数理模型是:①完全研发外包模式下,在传统的仅考虑承包商隐藏努力程度的单边道德风险模型中,引入创新专属程度变量和知识产权所有权变量,建立了考虑承包商信息泄露问题的单边道德风险合同模型;②部分研发外包模式下,结合研发外包的创新特性,提出由于承包商可能出现的隐藏努力程度和信息泄露两类道德风险问题,外包商也可能事先隐藏创新思想和价值信息,从而引发外包商隐匿信息的逆向选择问题。由此相应地,与已有的离散模型不同,本部分建立了更为贴近实际问题的连续型博弈模型。③合作研发外包模式下,在部分研发外包模型的基础上,引入承包商的参与变量,从而建立双边信息不对称的委托代理模型。

(3)博弈论、优化理论与方法。运用博弈论及优化理论与方法对所建立的各数理模型进行求解,并运用机制设计理论对合约性质进行分析,从而提出相应的激励机制。

具体体现在:①完全外包模式下,通过分析模型中两种不同的知识产权所有权归属问题,从知识产权权属分配的视角建立了能够激励承包商最优努力水平同时降低其信息泄露问题的有效机制;②部分研发外包模式下,运用博弈论及优化理论的相关方法,提出了不同的知识产权保护强度下的合同方案;③合作研发外包模式下,由于外包商参与投入资源的有限性,在考虑不同知识保护强度的同时,运用博弈论和优化理论的相关方法,得到了完全分离合同、部分混合合同和完全混合合同方案。

1.3.4 技术路线

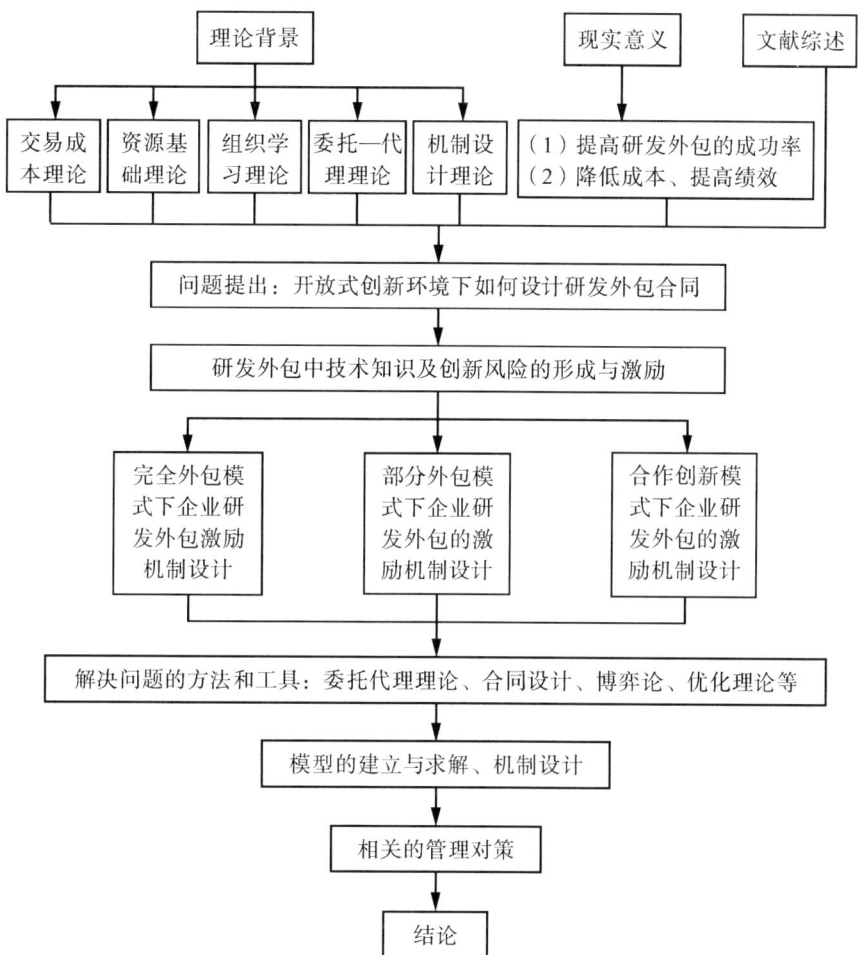

图 1-16 本书研究的技术路线图

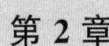

第 2 章

理论基础与研究现状

2.1 理论基础

2.1.1 交易成本理论

交易成本理论是1937年由英国经济学家科斯在其《企业的性质》一书中第一次提出的,并引入交易成本(交易费用)的概念。科斯将交易成本描述为"为完成一项市场交易"所需要的成本,是用来解释外包较早的理论之一。之后,埃罗(Arrow)于1969年首次使用了交易成本这一术语[①]。由于交易成本能够对企业存在的合理性进行有效的解释,所以在经济、管理和社会活动各个相关领域的应用越来越广泛,其影响程度也在不断增强。

科斯提出,企业在资源配置机制方面与市场存在较高程度的相互替代性。现实交易中为了有效节约交易成本,降低由有限理性、信息不对称、不确定性与机会主义等原因引发的市场交易费用高昂,产生了市场代替性的新型交易形式——企业。交易费用较好地解释了企业存在的合理性,企业采取不同的组织方式的最终目的也是进一步降低交易费用。总体上看,交易成本涵盖以下两部分的内容:(1)交易中获取和处理市场信息的成本,即相对价格成本;(2)市场交易中用于讨价还价、订立合同、执行合同等所支付的谈判和监督履

---

① Arrow K J. Economic welfare and the allocation of resources for innovation. In: Nelson R R Ed. The Rate and Direction of Inventive Activity[M]. Princeton University Press, 1962:609-626.

约的成本。

然而由于上述交易成本的概念过于抽象,在实际操作中很难度量。威廉姆森(Williamson,1996)又进一步发展了交易成本理论,他认为交易成本主要包含以下六项内容:(1)收集商品信息和交易对象信息所产生的成本;(2)获取交易对象的相关信息和相关信息交换所产生的成本;(3)对合同、价格和品质进行讨价还价所产生的议价成本;(4)相关决策和签订合同所产生的内部决策成本;(5)对交易对象是否依照合同内容交易进行监督所产生的成本;(6)违约所产生的事后成本。威廉姆森认为交易成本主要是由人性因素与交易环境因素交互影响下所引发的市场失灵,从而使得交易变得更加困难而产生相应的交易成本;且进一步指出有限理性、复杂性、交易少数性、不确定性及信息不对称性等因素是产生以上各项交易成本的主要原因[1]。

Hart 和 Moore 则指出由于合同不确定性的客观存在,致使产生了相应的交易成本[2]。威廉姆森提出交易成本理论的两个假设基础分别是人的有限理性和机会主义倾向,他认为在实际中,人在阐明和解决复杂问题的能力方面是有限的,人也会做出虚假陈述且不惜利用一切手段去获取私利[3]。如果进一步地将交易活动的内容进行分类处理,那么交易成本主要包含搜寻与转化信息成本、协商与决策成本、谈判与监督成本以及合同制定与执行成本等。

在科斯和威廉姆森的基础上,张五常进一步解释了企业存在的原因[4],主要包含以下三个方面:(1)信息费用。张五常认为在现实的市场交易中,信息的搜寻费用是交易费用的第一组成部分,也是企业存在的基本原因,因而信息费用需要从交易费用中单独提炼出来。(2)考核费用。张五常提出可以通过聘请代理人,让代理人独立承担中间产品在市场中盈亏,来进一步降低考核成本。(3)贡献的分解费用。张五常认为,当贡献的分解界定成本较低时,不需要通过企业,市场就可以直接定价;而当贡献的分解界定成本较高时,市场无法直接定价,这时企业可以通过事先核定工资来降低贡献的分解成本,从而实现交易费用的进一步降低。

根据以上观点,可见外包能够降低交易成本的根本原因就在于外包这种

---

[1] 威廉姆森.经济组织的逻辑[M].上海:上海人民出版社,1996,247-271.
[2] Hart O,Moore J.Property rights and the nature of the firm[J].Journal of Political Economy 1990,98(6):1119-1158.
[3] 威廉姆森.经济组织的逻辑[M].上海:上海人民出版社,1996,247-271.
[4] 张五常.企业的契约性质(盛洪.现代制度经济学:上册)[M].北京:北京大学出版社,2003,132-134.

企业活动的重复性、长期性和合作性，主要体现在：(1)外包很好地降低了由于理性限制而引起的交易费用(如一次合同中的疏忽欠妥之处)；(2)有效治理了外包合作双方的机会主义行为；(3)外包降低了对专用资产的投资风险，对很多承包商而言，由于建立了相互间的依赖性，虽然承担了特殊化资产投资的风险，同时也减轻了长期的风险。

交易成本理论也为研发外包合作中企业间隐性知识的转移提供了有利的理论支撑。当企业间结成外包合作关系，且共同为某个特定的研发目标而努力时，如果外包合作所创造的价值较高，且能实现有效合理的收益分配，则研发外包合作就会成功。而与直接竞争对手结成的研发联盟，由于保护企业核心能力及技术诀窍(know-how)比较困难，外包成员的机会主义风险将更大，且会随着识别和获得对方核心能力和技术知识的提高和进一步增强，因此合作关系内的信任和合作程度都会受到严重影响，从而使得研发外包失败率较高。当然，可以通过设计完备的合同、加强研发外包中的过程监督，实现研发外包中最优权控制来降低或避免机会主义行为带来的不利影响，但这些措施会增加交易成本，而当交易成本的增加小于外包合作所带来的收益时，研发外包将面临失败[1]。

交易成本理论认为，尽管R&D外包具有研发项目的合理程度、不确定性的程度、承包商的机会主义倾向、R&D沉淀成本、附属资产成本等与其他非研发类的服务外包相似的交易成本结构，还具有一些自身的特点，如技术不确定性对创新性解决方案的需求和商业价值的影响较大，信息泄露对研发的影响更明显等。在信息产业等R&D驱动产业中，企业往往会通过将部分R&D工作外包给其他研发机构来获取外部创新知识或技术，但同时，由于控制失败、管理不适应和信息泄露同样会产生额外的交易费用。

按照交易成本理论的分析框架，企业在进行研发决策时，需要综合比较研发内制和研发外包两种模式的交易成本和收益大小。从交易成本的角度分析，随着信息技术的全球化和网络化程度不断加强，企业与企业之间的通讯与协作费用将不断减少，企业间可以选择的协作方法、采用的合作手段和开展的具体合作内容将日益增多，因而研发外包的具体形式和具体内容将呈现出更加多样化的特征。如Love和Ropper应用英国500多家工厂的实证数据，对影响企业交易成本和收益大小的相关主要因素进行统计分析。研究结果显

---

[1] Gulati R.Does familiarity breed trust? The implications of repeated ties for contractual choice in alliances[J].Academy of management journal,1995,38(1):85-112.

示,企业规模大小和市场结构对企业研发模式的选择有着十分重要的影响,选择独立研发模式的企业其规模和市场份额明显高于那些完全依赖合作研发的企业,研究还进一步表明企业规模对企业的单位研发成本有着明显的非线性影响关系[①]。

2.1.2 资源基础理论

资源基础理论(Resource-based view,RBV)最早是在1984年由Wernerfelt在其经典论文《企业资源基础论》中提出的,随后企业资源观的影响愈来愈大[②]。如Penrose提出一个企业所拥有的资源和能力是企业获得经济效益的基础和重要保证,从本质上说,企业就是一个资源集合体,该观点为企业资源观的形成奠定了重要理论基础[③]。随后一大批专注于研究企业资源的管理学家形成了企业资源学派,该学派也认为企业是一个资源集合体,其他企业在获取相同资源方面的困难程度及付出的代价大小直接决定了企业保持竞争优势的时间长短。

资源基础理论的基本假设是任何一个企业都拥有自己独特的有形和无形资源,这些资源是企业持久保持其竞争优势的源泉,且通常在企业间具有不可流动性和不可复制性。资源基础理论可以用来有效地解释企业的可持续性及企业间的差异性,其基本思想是企业本身就是资源的集合体,保持资源特性和占领战略要素市场是企业实现其经济效益的主要目标之一。然而,尽管企业是各种资源的集合体,但由于每个企业所拥有的资源各不相同,加上一些客观存在的因素,企业间的资源存在较强的异质性,由此产生了不同企业之间竞争力水平上的差异。概括地讲,资源基础理论主要包含以下三方面内容:(1)企业的特殊异质资源(竞争优势资源)。资源基础理论认为,企业的资源具有多方面的用途,其中以货币资金的特征最为明显,因而企业经营决策过程中就是要合理地确定各种资源的具体用途,并按此决策内容安排下一步的具体实施。然而,资源的开发与利用可能会使得企业的部分灵活性受到影响,通常先前所

---

① Love,Roper S.Internal versus external R&D:A study of R&D choice with sample selection[J].International Journal of the Economics of Business,2002,9(2):239-255.

② Wernerfelt B.A resource-based view of the firm[J].Strategic Management Journal,1984,5(2):171-180.

③ Penrose E..The theory of the growth of the firm[J].New York:Wiley,1995:59-68.

留下的资源储备,往往会限制和影响企业后续的决策。(2)资源的不可模仿性(竞争优势的持续性)。通常企业的特殊资源会形成企业的竞争优势,且给企业带来经济租金的也正是这些特殊资源;而企业的竞争优势和经济租金意味着企业的优势特殊资源可能会被其他企业所模仿。现实中,在经济利益的驱使下那些没有经济租金的企业往往会去模仿其他拥有优势资源的企业,结果产生了租金消散和企业趋同的局面。为此,资源基础理论的众多研究学者广泛地探讨和研究了该问题,得出因果关系含糊、路径依赖性、模仿成本等三大因素能有效阻碍企业之间的模仿。(3)特殊资源的培育与管理(培育和获取优势特殊资源)。可见,资源基础理论还进一步为企业的长远战略发展指明了理论方向。然而,由于企业的决策过程中存在众多的不确定性和复杂性问题,加上资源基础理论目前仍处于发展的初级阶段,因此资源基础理论还无法为企业获取特殊优势资源提供一整套详尽的、可操作性强的方法体系,只能为企业提供一些方向性的建议参考。

Barney 提出人力资本资源、实物资本资源和组织资本资源共同组成了企业的资本资源池,而企业的竞争优势资源应该是稀有的、有价值的、不具有模仿性和替代性的[1]。Collis 也进一步指出经济障碍、物质的唯一性、因果模糊性及路径依赖性等共同决定了企业资源的最核心价值是资源的不可模仿性。当某项资源不能轻易被购买时,该资源就具有不可完全流动性,这时通过购买占有资源无法实现资源效用的最大化,这时合作将具有一定的可行性[2]。企业资源包括涵盖设施、设备等的有形资源,涵盖品牌、专利、经验、诀窍等的无形资源以及财务资源三个方面。当只有少数竞争企业拥有该资源,资源供给无弹性且复制成本高,或企业能通过这些资源获取机会或减少威胁时,这些资源可能就是企业获取竞争优势的来源。在企业资源中,知识是企业获得持久竞争优势的重要源泉,也是最具有战略意义的资源之一。德鲁克曾经指出,知识是经济来源的关键因素,是竞争优势唯一的主要来源。此外,只有当该资源不存在可被轻易模仿和转移的代替品,且能为资源拥有者提供长期租金时,企业才能保持其持久的竞争优势。

在资源基础理论中,刘立认为企业研发投资行为与内部资源之间存在一

---

[1] Barney J.Firm resources and sustained competitive advantage[J].Journal of Management Studies,1991,17(1):99-120.

[2] Collis D. J., Cynthia A., Montgomery. Creating corporate advantage. Harvard Business Review,1998,76(3):70-83.

定的函数关系。企业资源涵盖金融和物质等有形资源及人力和商业等无形资源[①]。由于企业金融资源会影响到企业的研发活动,当企业内部金融资源充足时,现金流会促进企业研发活动的开展;而当企业的金融资源出现不良的资本结构特征时,企业的研发活动将会受到抑制。此外,已有的实证结果表明尽管企业的规模大小对研发活动及研发强度的影响程度和影响方向不同,但均存在重要影响。无形资源是企业最核心的资源,也是企业获取特殊竞争优势的重要保障。其中,人力资源是企业开展研发创新的必要资源和重要保证,通常是由高素质的科学家及工程师组成的,主要包括个体经验、知识、智慧以及风险倾向等内容;研发活动中商业资源的获得不但可以获取更多的市场收益,还可以有效扩大企业的市场规模,通常所说的商业资源主要指是企业所具备的对国际市场的开拓能力。资源基础理论能够为企业研发外包的动机提供理论解释,但由于企业资源的差异性较大,无法在市场上实现完全的流通。因而,当企业间不存在直接利益的冲突且资源具有明显互补性特征时,研发外包就更容易得以实现。

资源基础理论认为,企业生存的必要条件是企业所拥有的资源和能力。战略性外包通过不断调整外包业务的实施策略和企业边界而影响企业的绩效。企业的外包决策不仅受企业研发技术水平和基础资源配置的影响,还受到资产专用性、技术技能水平、项目产出的不确定性程度等外包控制能力的共同影响。

研发外包的资源基础是专用资源和互补资源。其中专用资源能结合已有的内部知识基础,通过获取外界先进的技术与信息,从而创造出新的技术与信息,实现知识的储备、积累和扩散。通常认为,专用资源是企业所独立拥有的设备、技术、专利或技能的集合体。在研发外包过程中,当资产专用性程度越高,企业的研发水平就会越高,控制外包的能力和水平也会越强,外包的可能性就越大,外包所产生的绩效也会越显著。互补资源一般是指稀缺的、有价值的和不易被模仿的资源,亦指合作对方所拥有的、潜在可用的资源。通常意义上,互补资源的获取能进一步提高企业和产品的认知度,也会加深研发外包双方的沟通和理解,激励双方共同挖掘市场潜力和合作研发,进而提高新产品的研发速度和研发效率。可见,研发外包的互补资源越高,其外包成功率越高,外包的效果也越显著。

[①] 刘立.企业 R&D 投入的影响因素:基于资源观的理论分析[J].中国科技论坛,2003(6):75-78.

随着技术创新日益成为企业竞争的关键影响因素,企业研发项目的产出对企业绩效的影响也日益凸显。如果企业仅仅出于保密和技术专用性的考虑,则可能大多数的企业会更愿意选择研发内制模式,但随着企业外部资源可获得性的不断加大,企业内制研发模式已经不再适合当前开放式创新范式的发展。已有研究结果显示,企业 60% 以上的竞争力是来自于外部技术资源和合作伙伴,越来越多的企业倾向于能够成为行业内的技术领先者,而不仅仅是技术的跟随者和推动者。基于这样的背景,企业完全可以有规划性地将研发这个环节完全或部分外包给其他高质量的承包商,以实现快速获取外部优势资源的目的。可见,研发外包已经成为有效提高企业技术创新能力的重要途径。

2.1.3 组织学习理论

众所周知,学习是个人成长的要素,然而学习又是一个动态的概念,当前学习活动的关注重点已经转移到组织学习了,而不是简单意义上的个人学习。在组织的成长过程中,学习有着非常重要的作用和意义。因而,作为个人集合体的组织在面对不断变化的内外部环境时,就必须拥有一种适合自身的组织学习方式和流程。1978 年,Chris Argyris 和 Donald Schön 认为组织学习(orginazation learning,OL)就是对组织错误的诊断和改正。1985 年,Fiol 和 Lyles 提出了更为准确的"学习"定义:对所吸收的知识进行进一步理解,并实现行动最优化的过程。1993 年,Dodgson 则提出组织学习是组织通过有效利用内部员工的技能和知识,实现组织效能有机发展的一种方式,主要体现在企业以日常活动为基础,结合企业文化,所构建的知识技能和知识体系。

组织学习理论提出了单循环学习(single-loop learning)、双循环学习(double-loop learning)和第二次学习(deutero-learning)等三种组织学习的类型。其中单循环学习是指组织在实现原来既定目标并保持当前政策的情况下,发现错误并改正的过程。按照 Dodgson 的观点,单循环学习可以理解成是组织在不改变其具体形态特征的基础上,对所需的技能、规则及知识的吸收和消化的过程。在该层面上,单循环学习又被称为"复制式学习"、"低层次学习"或"适应性学习"。双循环学习是指,组织能针对现有的规范细则、具体流程、组织目标及相关政策等存在的错误进行快速识别和有效修正的过程。一般地,双循环学习主要是对组织的日常规章制度、组织学习基础和其他特殊能力等方面进行识别和修正。因而,双循环学习亦被其他学者称为"创造性学习"、"高层次学习"或"拓展型学习"。而当单循环学习和双循环学习的必要性为组织所认知时,组织的第二次学习就开始了。学习的动机是建立在认知不足的基础上,只有当组织认识到真实业绩和期望目标值之间的差距时,才能有学习的动机,并主动创造合适的学习环境,采用合适的学习方式进一步促进组织学习的过程。

可见,组织学习是指组织针对外界环境的不断变化,为实现既定的目标,进一步提升自身的核心竞争力,所进行的知识学习和获取的过程。然而,组织学习不是简单意义上的个人学习行为的总和,组织的学习能力不会因组织成员的离开而受到影响。组织记忆(organizational memory)在组织学习的过程中起着十分重要的作用,通过组织学习所获得的经验、规则、历史和故事等组织记忆不但影响当前的组织成员,而且对未来成员也将发生影响。

现代企业认识到,为了更好地应对复杂多变的外界环境,企业必须建立一个开放的、动态的、高效的学习机制。组织学习可以在组织间和组织内部进行。在研发外包的过程中,外包双方必须构建有效的技术知识共享路径,外包商往往是通过获取外部知识,并进行消化而形成了自身的技术知识,再通过组织的内部学习实现进一步的开发和吸收,从而转化为自身的能力。可见,组织学习一直贯穿在研发外包的技术知识管理的整个过程。

企业的研发外包行为绝不可能成为企业内部研发能力的完全替代,也并不意味着企业就要放弃研发的过程。相反,在任何情况下,企业的研发外包仅仅是对企业内部研发能力的一种有效补充,企业的内部研发能力恰恰是其研发外包的前提和基础[1]。在研发外包过程中,外包商从承包商那获取的外部知识源和知识池,需要在企业内部进行进一步的扩散和开发,从而吸收为自身的创新知识要素[2]。可见,研发外包实际上更多的是技术知识的传递、创造和获取,是一个学习和创新的过程。

企业在研发外包过程中不但能从外包的合作伙伴那学习到显性知识,还能强化和固定相关技术创新的技术原理和技术规则,建立技术创新的标准体系,实现企业技术创新的顺利开展。而且还可以通过"干中学"获得他的隐性

---

[1] 宋保林,谈新敏.技术知识共享研究——基于企业技术创新视角[J].科学管理研究,2011,29(2):21-29.

Cohen W.M., Levinthal D.A.. Absorptive capacity: A new perspective on learning and innovation[J]. Administrative Science Quarterly, 1990, 35(2):128-152.

[2] 彭正龙,王海花,蒋旭灿.开放式创新模式下资源共享对创新绩效的影响:知识转移的中介效应[J].科学学与科学技术管理,2011,32(1):48-53.

知识,将技术创新所需要的技术诀窍、技能传承下来,并进行新知识的创造[1]。但是,企业能否通过外包的学习平台获得对方的知识和技能,在很大限度上取决于企业自身的学习能力和获得知识资源的难易程度。Moingeon 和 Edmondson(1996)指出,企业自身所拥有的知识和技能对获取新的知识和能力起着十分重要的意义[2]。

由于同行业内的知识架构和技术基础存在较高的相似性,因而,由同一行业内的直接竞争者所组成的研发外包联盟对组织学习平台的构建发挥着更有效的作用。当然,竞争对手间的学习过程,不会影响和阻碍企业自身所拥有的难以被他人所模仿的技能及专长,故若竞争者之间互补性资源和能力的差异比较大时,相互之间的学习空间和潜力也更大。值得注意的是,各竞争对手组成的学习型联盟与纵向联盟的形成不同,企业在学习和获取对方知识的同时,对方也在学习和转移其知识。这时,企业需要对与合作伙伴共享的知识进行界定和决策[3]。一旦被竞争性伙伴获得对企业生存至关重要的知识,企业的生存将受到极大的威胁。因此,组织学习理论认为合作伙伴的选择、合作模式的确定对开展有效的组织学习具有十分重要的意义,只有当企业通过组织学习实现了获取知识的高效性,联盟关系的确立才具有真正的价值。企业与竞争对手之间形成的学习型战略联盟实际上是一场"学习竞赛"[4]。

然而,不对称信息及企业投机行为的存在,市场要素中人员、技术和研究成果的投入、产出信息的不完美,使得这些要素的转移无法通过市场交易得以实现,也使得研发外包中的技术知识管理呈现出形形色色的界面问题,使得组织学习和创新的过程受到影响。Sakakibara 通过调研日本近 400 家研发外包企业,发现企业进行研发外包的最主要动机是通过外包获得互补性知识[5]。

---

[1] Terjesen S., Patel P.C., Covin J.G.. Alliance diversity, environmental context and the value of manufacturing capabilities among new high technology ventures[J]. Journal of Operations Management, 2010, 29(1):105-115.

[2] Moingeon B, Edmondson A. Organizational learning and competitive advantage[J]. London-age Publications, 1996:364-388.

[3] Lakhal S.Y., H'mida S. The governance of international technology transfer: Evidence from case-based analyses[J]. International Journal of Technology Management, 2009, 48(3):308-335.

[4] Yukl G. Leading organizational learning: Reflections on theory and research[J]. The Leadership Quarterly, 2009, 20(1):49-53.

[5] Sakakibara M. Evaluating government-sponsored R&D consortia in Japan: who benefits and how[J]. Research Policy, 1997, 26(4):447-473.

因此,组织学习理论对于研发外包过程中技术知识的转移、创造和获取具有十分重要的理论指导意义。

2.1.4 委托—代理理论

委托—代理理论是随着20世纪60年代末70年代初一些经济学家对企业内部不对称信息和激励问题的深入研究而不断发展起来的。因为牵涉人的利益冲突和不对称信息问题,被认为是现代经济学中最重要的、最基本的,也是最困难的问题之一。

在法律上,委托—代理关系产生于A授权B代表A从事某种活动时,普遍意义上,认为A为委托人,B为代理人。在经济学上,委托—代理关系产生于非对称信息的交易过程,其中代理人往往拥有较强的信息优势,而委托人处于信息劣势,通常私人信息会影响到另一方的利益,这样另一方不得不为拥有私人信息的一方承担风险。

在对称信息情况下,委托人可以根据观测到的代理人行为开展对应的奖惩工作,此时风险分担和努力水平的帕累托最优较容易实现;在不对称信息情况下,由于代理人的行动不能完全被观测,委托人只能根据外生随机变量和代理人的行动获得部分相关变量,从而产生了委托—代理问题。委托—代理问题主要是指由于交易中的不确定性、不对称信息,双方目标的不一致性,代理人采取不利于委托人利益的行为,导致市场收益受损、研发外包效率低下或委托—代理合同失效等问题。然而,由于委托人不能采用强制的方式迫使代理人选择委托人期望的行为,这时,激励兼容约束就发挥了作用。于是委托—代理问题就是通过设计同时满足参与约束和激励兼容约束的激励合同,从而实现委托人期望效用的最大化。

由于委托—代理关系的普遍存在性,因而委托—代理理论被用于解决社会经济中的各种问题。如股东与经理、经理与雇员、官员与选民、医生与病人、债权人与债务人、外包商和承包商都是典型的委托—代理关系。因此,系统分析影响激励合同的相关因素,建立有效的激励机制,对于解决社会生活的方方面面委托—代理问题具有十分广泛的现实意义。

企业由于专业知识的缺乏或其他因素的限制,往往需要将研究与开发的工作任务委托给其他的组织或个人来承担,这样在研发外包的过程中,任务的委托方和任务的承担方就形成了明显的委托—代理关系。在这样的委托—代理关系中,研发外包双方都具有自由选择其行为的权利,但由于现实交易中双方目标利益的差异性、信息隐匿性和行动的隐蔽性,往往较易发生不对称信息问题,而委托—代理理论正是可以有效解决不对称信息问题的工具之一。

研发活动的创新过程是物质资本与智力资本相互作用与结合形成的过程,特别是影响最大、最关键的要素——研发人员的智力资本起着不容忽视的作用,研发活动的高度复杂性和超强专业性会使外包商和承包商之间在信息来源和获取方面出现不对称问题。此外,由于研发活动是一个非常规、固定的创新过程,外包商也不能运用常规的尺度来衡量承包商的努力水平;同时,由于研发活动是由多角色参与、分工协作来共同完成的,研发收益又具有非独占性、不确定性和长期性的特点,这些都为承包商的各种道德风险问题提供了可能。总之,研发外包中委托—代理问题主要是由于研发外包双方或多方的目标收益函数的不同、双方间的不对称信息和创新风险,以及过高的监督成本等原因所引发的。

詹森和麦克林指出,委托—代理关系就是委托人通过制定一定的契约关系,委托代理人根据其期望利益从事某些活动所形成的交易关系[1]。企业研发外包过程中的委托—代理关系主要是由于决策层和操作层之间的研发投入要素与执行过程的分离而形成的,在委托—代理关系里,代理人受委托人的委托而完成科学技术研究活动,在这样的关系中,委托人(研发出资方)希望代理人(研发项目组)能够采取最优行动以实现其利益的最大化。而实际过程中,由于不确定性、交易费用、不对称信息以及目标函数不一致等因素,代理人的行动可能会损害委托人的利益,产生"代理问题"[2]。

(1)研发出资方(委托人)的"代理问题"

第一,在研发经费的预算方面,委托人通过利用自身所拥有的信息优势,随意夸大经费预算和支配空间,这种与实际不相符的谎报、夸大行为往往造成了经费的浪费。

第二,在研发资金的投入结构方面,出资方可能会选择短期内能出成果的研发项目,以获取其任职业绩或相应的物质和晋升等直接收益;可能会倾向于选择风险较小的常规性项目进行立项,以避免决策失误引起的个人损失,这些将导致研发项目的低水平重复运作、模仿和创新态势的盲目性较强,研发成果

---

[1] Jensenw C., Meckling W.H..Theory of the firm:Managerial behavior,agency costs and ownership structure[J].Journal of Financial Economic,1976,3(4):301-308.

[2] 让-雅克·拉丰,大卫·马赫蒂摩.激励理论:第一卷 委托代理模型[M].北京:中国人民大学出版社,2002,110-180.

不足或过量以及科技进步对区域经济的贡献率低等严重问题。

第三,在研发资金的管理方面,出资方未能结合实际需要合理配置研发资源,而是利用职权谋取私利、投机取巧,如项目承担者的选择按私人关系的远近或者直接以某私人集团的利益最大化作为依据,从而使得无效益立项和人情立项等寻租现象十分多见。

第四,在研发经费的使用方面,未能完全监督和管理项目的最终实施过程,对经费的使用支出未作严格管理,特别是没经过严格的、系统的技术经济论证和效益评估就对要求追加经费支持的项目进行增加财政投入,对严重偏离预期目标、经济效益差的项目继续拨款,由此出现研发经费的随意挪用、截留或变相使用等机会主义行为。

(2)项目组(代理人)的"代理问题"

第一,在研发经费的使用方面,项目组未按经费的预算合理使用研发经费,将研发经费用于一些在职消费的非科研活动中,并额外要求对研发经费的支出进行追加,在很大程度上引发了研发资金的浪费问题。

第二,在研发项目的研究方面,由于委托人和代理人的期望收益目标的不一致性,加上项目组的研发人员在技术知识方面的高度专业化和行为上的独立自主性,代理人往往会过多地考虑自身的利益和兴趣,从而与委托人之间产生一系列的冲突问题;同时,由于研发创新成果是项目组的众多成员集体智慧的结晶,在现实中往往也很难准确对个体的贡献率进行度量和界定,这些都为代理人的"偷懒"和"搭便车"等机会主义行为提供了可能,甚至会出现研发人员利用所积累的技术知识和相关信息,通过恶意信息外泄等不正当的途径谋取私利,追求个人利益的最大化[①]。

在多数的委托—代理关系中,代理人常常是处于拥有信息优势的一方,而委托人往往处于信息劣势。这样,委托人就会面临着代理人事前隐藏信息的逆向选择(adverse selection)和事后隐藏行动的败德行为(moral hazard)两个问题。逆向选择问题主要表现为代理人在签约前隐瞒对自身不利的信息获得代理权如夸大自身的能力等;败德行为是指由于代理人的努力无法实现契约化,容易使代理人产生偷懒行为。

委托—代理理论研究的主要问题是对于给定的交易活动,委托人如何激励代理人或自身信息的有效披露,或是激励代理人或自身减少和消除败德行

---

① 王宁,陈思.基于委托代理理论的企业研发活动研究[J].科学学与科学技术管理,2006(1):27-30.

为,使其行为更加符合委托人的利益。可见,逆向选择问题和败德行为的解决都可以通过设计有效的激励机制得以实现。然而,从更深的层面上理解,可以发现有时研发外包的合作关系确立的同时双方就已经相互成为对方的代理人,这样任何一方都有可能通过牺牲另一方的利益谋取私利。基于这样的分析,委托—代理理论对于分析研发外包合作的战略决策具有较强的适用性。

2.1.5 机制设计理论

机制设计理论作为微观经济领域的一个重要分支,在实际经济问题研究中具有十分广阔的应用空间。其最早的开创性工作起源于赫维茨1960年和1972年的研究成果,机制设计理论所研究的主要问题是,在满足不完全信息、自由选择及自愿交换等分散化决策条件,设计一个使得经济活动的各参与者的个人利益和设计者的目标相符合的经济机制,以实现既定的经济或社会目标①。在研究方法与研究路径方面,传统经济学以市场机制为已知条件,重点研究其配置的结果;而机制设计理论却将社会目标作为已知条件,试图通过建立一定的经济机制实现既定的社会目标。即机制设计理论是在充分满足各参与者条件约束的前提下,通过对博弈的具体形式进行科学设计,并诱导各参与者选择自利的行为策略,实现配置结果与期望目标的一致性。

激励相容和信息效率是机制设计中两个十分重要的问题。其中,激励相容(incentive compatibility)是赫维茨于1972年所提出的一个核心概念,激励相容机制指的是参与者的占优策略均衡是如实报告自己的私人信息的机制。在激励相容机制下,每个参与者所制定的任何个人目标实施的客观效果都是设计者所预期要实现的目标。信息效率(informational efficiency)则是关注机制运行的成本问题,即为实现社会期望目标,该经济机制需要多少的信息量问题。当一个机制需要的关于生产者、消费者以及其他参与者的信息越少,信息获取越低,那么该经济机制的信息效率就越高。由于经济机制的设计和执行过程都需要庞大信息的传递,且任一信息的传递过程都是存在成本的,对于机制设计者而言,信息空间的维数越小自然越好。

现代经济学的一个基本假定是个体均按照主观私利行事,且都倾向于追

---

① Hurwicz L. Optimality and informational efficiency in resource allocation processes.In:Arrow,Karlin and Suppes,eds.Mathematical Methods in the Social Sciences[M].Stanford University Press,1960.

求自身利益的最大化。在不完全信息下,机制设计理论进一步深化了该假定,认为一般情况下,参与者不会主动真实地显示个体经济特征方面的信息,除非能得到相应的好处。1972年,赫维茨提出著名的"真实显示偏好"不可能性定理也进一步证明了该结论,研究表明在新古典经济环境下,当经济社会的成员数量有限且满足参与约束(配置结果满足个人理性)时,任何满足帕累托最优配置并能激励每个人真实显示自我经济特征的任何分散性经济机制是不存在的。在不完全信息情况下或当经济信息无法直接掌控时,分散化决策往往是资源配置和进行相关经济决策的有效方式。所以,机制的设计者在缺乏了解所有个人信息的情况下,需要考虑所制定的激励机制要能让每个参与者实现其个人利益的最大化,从而实现所制定的目标,这即是机制设计理论的激励相容问题。具体来说,就是在满足一定的社会经济目标下,如社会福利的最大化、资源的帕累托最优配置或者是某个经济部门或企业所追求的特定目标,通过制定什么样的游戏规则或设计什么样的机制,让每个参与者采取满足个人自利的行为,从而进一步激励其他经济活动参与者(如企业、基层机构等)共同实现这个目标。

赫维茨还一般性地证明了在经济社会的成员数量有限且满足个人理性的参与约束时,任何满足帕累托最优配置并能激励每个人真实显示自我经济特征的任何分散性经济机制是不存在的,即不可能同时实现真实显示偏好和资源的帕累托最优配置。由此,在机制设计中,选择帕累托最优配置的机制,往往需要放弃占优均衡,这就是任何的机制设计要考虑激励问题的原因所在。因而,激励相容作为实际经济环境中机制设计的一个不可回避的重要问题,成为现代经济学的一个核心概念。

赫维茨在研究初期没有考虑激励问题,其关注的问题主要是机制的信息和成本计算;1970年,显示原理(revelation principle)的形成和实施理论(implementation theory)的发展进一步深化了机制设计理论的发展;1977年马斯金等提出的团队理论(theory of teams)又在更大程度上填补了激励问题的空白[1]。显示原理对机制设计理论问题的简化起了非常重要的作用。之后,迈尔森等在Gibbard的直接显示机制的基础上,将其拓展到更一般的贝叶斯纳什均衡(Bayesian Nash equilibrium)上,并对规制理论和拍卖理论的创新研究起了巨大的推动作

---

[1] Maskin E S.Nash equilibrium and welfare optimality.Review of Economic Studies [J].1977,66:23-38.

用①。马斯金针对显示原理缺乏多个均衡问题,引申出了实施理论。目前在社会选择、不完全合同等研究领域,实施理论发挥了不可替代的重要作用②。

在研究思路上机制设计理论与博弈论有着明显的不同。博弈论主要是为学者预测给定博弈结果提供一定的方法,而机制设计则是如何设计一个博弈获得想要的结果。机制设计的主要目的是,在满足参与约束和激励相容约束下实现委托人的期望效用的最大化。若博弈越复杂,要么得到均衡的机制设计就越困难。

虽然机制设计理论的发展历史不长,但却具有十分广泛的运用范围。近年来,机制设计理论广泛运用于社会选择理论③、拍卖理论④、货币政策⑤、最优规制政策⑥、金融系统⑦、合谋⑧及外包联盟⑨等领域的研究,对研发外包理论和实践也起到非常大的促进作用。

在研发外包委托—代理关系中,外包商希望能通过设计有效的合同以减

---

① Myerson R B.Perspectives on mechanism design in economic theory[J].American Economic Review,2008,98(3):586-603.

② Maskin E S.Nash equilibrium and welfare optimality.Review of Economic Studies[J].1977,66:23-38.

③ Yew S.L.,Zhang J.Optimal social security in a dynastic model with human capital externalities[J].fertility and endogenous growth.Journal of Public Economics,2009,93(3-4):605−619.

Kory K,Takeup K.Social multipliers and optimal social insurance[J].Journal of Public Economics,2008,92(3-4):722-737.

④ Porter D.,Rassenti S.,Shobe W.The design,testing and implementation of Virginia's NOx allowance auction[J].Journal of Economic Behavior & Organization,2009,69(2):190-200.

⑤ Feng H L.Green payments and dual policy goals[J].Working Paper,02-WP304,2007,3.

⑥ Flight R L,Henley J R,Robicheaux R A.A market-level model of relationship regulation[J].Journal of Business Research,2008,61(8):850-858.

⑦ 许香存,李平,曾勇.中国股票市场开放式集合竞价对波动性影响的实证研究[J].金融研究,2007(7):151-164.

⑧ Maskin E.S.,Tirole J.Public-private partnerships and government spending limits[J].International Journal of Industrial Organization,2008,26(2):412-420.

⑨ Koljatic M.,Silva M.Uncertainty reduction mechanisms in cross-sector alliances in Latin America[J].Journal of Business Research,2008,61(6):648−650.

刘文革,王立勇,王卉彤,等.中国承接离岸外包的运行因素:实证分析与比较研究[J].管理世界,2013(4):178-179.

少代理成本；通过设计适当的外包合同来激励承包商在满足自利的情况下采取对外包商最有利的行动，即通过设计有效的激励机制来降低承包商的代理成本和消除外包中的代理问题。然而，由于研发外包中外包商的期望效用是通过承包商得以实现，因而，外包商在设计合同时面临以下两个约束条件：一是参与（个人理性）约束，即承包商从接受邀约中得到的期望效用必须大于其机会成本。其中，机会成本亦称为保留效用，是指承包商不接受邀约时其面临的其他市场机会所能获得的最大期望效用。二是承包商的激励相容约束，由于承包商的行动和自然状态具有不可观测性，因而承包商可能会选择能实现自身的期望效用最大化的行动；而在任何激励机制下，外包商也期望能够通过承包商的最大效用来实现自身效用的最大化。通常地，把满足参与约束的机制称为可行机制，把满足激励相容约束的机制称为可实施机制，同时满足参与约束和激励相容约束的机制就是一个可行的可实施机制。可见，外包商设计研发外包合同的过程实质上就是建立一个可行的可实施机制从而获得最大化的期望效用的过程[1]。

在研发外包过程中，由于外包双方成员可能会故意隐瞒重要技术信息，采取降低资源投入等机会主义行为（不对称信息行为），往往使得研发外包项目失败或研发效率低下。因此，如何防范研发外包中的不对称信息问题，有效激励外包成员如实显示其私人信息并提高研发资源投入量是研发外包中亟需解决的关键问题。国内外学者从各方面对此进行了深入研究，包括优选伙伴[2]、改进制度[3]、

---

[1] 让-雅克.拉丰，大卫.马赫蒂摩.激励理论（第一卷）委托代理模型[M].北京：中国人民大学出版社，2002，110-180.

[2] Chang S.L., Wang R.C., Wang S.Y. Applying fuzzy linguistic quantifier to select supply chain partners at different phases of product life cycle[J]. International Journal of Production Economics, 2006, 100(2): 348−359.

Hacklin F., Marxt C., Fahrni F. Strategic venture partner selection for collaborative innovation in production systems: A decision support system-based approach[J]. International Journal of Production Economics, 2006, 104(1): 100-112.

[3] Levy R., Roux P., Wolff S. An analysis of science – industry collaborative patterns in a large European University[J]. The Journal of Technology Transfer, 2009, 34(1): 1-23.

强化控制[①]、政策激励[②]、完善契约[③]及机制设计[④]等,其中机制设计是解决信息不对称问题的最优方法之一。

2.2 文献综述

2.2.1 关于开放式创新与研发外包

(1)关于开放式创新

在国内经济与管理科学领域中,以"开放式创新"为篇名在中国知网

[①] Fulop L.,Couchman P.Facing up to the risks in commercially focused university-industry R&D partnerships[J].Higher Education Research & Development,2006,25(2):163-177.

Crama P.,Reyck B.D.,Degraeve Z.Milestone payments or royalties? Contract design for R&D licensing.Operations Research,2008,56(6):1539-1552.

[②] 苏中锋,谢恩,李垣.基于不同动机的联盟控制方式选择对联盟绩效的影响——中国企业联盟的实证分析[J].南开管理评论,2007,10(5):4-11.

Davis J.P.How do organizations manage collaborative innovation? A proposal to study the organization of inter-firm collaboration networks[J].Unpublished manuscript,Stanford University,2005.

[③] Olk P.,Xin K.Changing the policy on government-industry cooperative R&D arrangements:lessons from the US effort[J].International Journal of Technology Management,1997,13(7-8):710-728.

杨仕辉,熊艳,王红玲.吸收能力、研发合作创新激励与补贴政策[J].中国管理科学,2003,11(1):95-100.

[④] 马亚男.大学——企业基于知识共享的合作创新激励机制设计研究[J].管理工程学报,2008,22(4):36-39.

魏斌,江应洛.知识创新团队激励机制设计研究[J].管理工程学报,2002,16(3):113-115.

Michael B M.Intellectual property and its alternatives:incentives,innovation and ideology:[Doctor degree thesis][M].Canada:the university of western Ontario,2012.

Femminis G,Martini G.Irreversible investment and R&D spillovers in a dynamic duopoly[J].Journal of Economic Dynamics and Control,2011,35(7):1061-1090.

王良,刘益,王亚娟.任务不确定性与外部流程整合对项目绩效的作用机制研究——基于对中国离岸信息技术外包产业的实证分析[J].科学学与科学技术管理,2013,34(1):20-30.

(CNKI)对时间范围在2006—2016时间内的国内的研究文献进行检索。结果表明,截至目前,国内学者共发表664篇论文,其中2006年仅10篇,而在2011年达到76篇,研究论文及专著总量不断攀升至2015年为109篇,表明国内学者的研究热情在不断攀升。

当前的开放式创新研究涉及经济学、管理学、社会学、心理学、文化人类学等多个领域。从研究议题来看,国内学者比较关注开放式创新的影响因素、知识产权、作用机制和过程管理等问题。从研究内容来看,有从过程视角研究开放度影响技术创新绩效的机理①;有从空间视角研究创新全球化、集群创新、海外研发投资问题②;有从时间视角探讨开放式创新的时机选择和决策问题③;有从价值链角度分析企业新产品开发过程中的用户(尤其是领先用户)介入、供应商集成、企业间合作④;有从知识链角度探讨企业与大学和研究机构之间的知识溢出和交易问题⑤;有从制度视角探索组织文化、管理结构、知识产权制度对开放式创新的影响⑥;有从杠杆视角研究企业如何选择恰当的商业模式以使现有的研究能力和知识产权得到最大的商业回报⑦。研究对象日益多样化,从高技术产业到传统产业、从制造业到服务业、从大企业到中小企业、从研发的开放到价值链的开放,研究层面也从企业拓展到产业、科学界和区域,对开放式创新的认识和理解进一步深化。

① 开放式创新的内涵

2003年,Henry W.Chesbrough在《开放式创新:从技术中获利的新规则》

---

① 陈钰芬,陈劲.开放式创新:机理与模式[M].北京:科学出版社,2008.

② 陈劲.创新全球化:企业技术创新国际化范式[M].北京:科学出版社,2003.

③ Gassmann O., Enkel E., Chesbrough H. The future of open innovation [J]. R&D Management, 2010, 40(3):213-221.

④ Von Hippel E. Horizontal innovation networks-by and for users [J]. Industrial and Corporate Change, 2007, 16(2):293-315.

⑤ Perkmann M., Walsh K. iversity-industry relationships and open innovation: Towards a research agenda[J]. International Journal of Management Reviews, 2007, 9(4):259-280.

⑥ 陈衍泰,何流,司春林.开放式创新文化与企业创新绩效关系的研究:来自江浙沪闽四地的数据实证[J].科学学研究,2007,25(3):567-572.

Garriga H., Von Krogh G., Spaeth S. How constraints and knowledge impact open innovation[J]. Strategic Management Journal, 2013, 34(9):1134-1144.

⑦ Chesbrough H. Why companies should have open businessmodels[J]. MIT Sloan Management Review, 2007, 48:22-28.

(*Open Innovation：The New Imperative for Creating and Profiting from Technology*)一书中首次提出了"开放式创新"(Open Innovation)的概念，指的是当企业在发展新技术时，应同时将内部和外部的创意有机地结合起来，并同时利用内部和外部两条市场通道进行商业化推广[①]。在此基础上，Hastbacka 为强调内外资源和内外部市场的核心作用，认为开放式创新是企业综合利用内部、外部技术和创新思想，伴随投资、项目和生产的过程进入，同时可能通过市场将信息反馈给研发部门的过程[②]。类似，West 和 Gallagher 指出开放式创新是指企业系统地在内部和外部的广泛资源中鼓励和寻找创新资源，有意识地把企业的能力和资源与外部获得的资源整合起来，并通过多种渠道开发市场机会的一种创新模式。一些学者从企业实施开放式创新的流程视角对其作了解释，并将其视为一系列活动的集合体[③]。如 Lichtenthaler 则将开放式创新视为企业通过创新过程系统地进行内外部的知识开发、知识保持和知识利用的活动。

此外，由于开放式创新的概念是基于技术创新提出的，有些学者从技术层面对开放式创新进行解释[④]。随着开放式创新理论的发展，对开放式创新的认识已经超越技术层面，有学者将其视为一种哲学或认知模式。West 等认为开放式创新不仅是一些受益于创新的实践活动，也是一种创造、转化及研究这些实践的认知模式[⑤]。在封闭式创新下，企业一直存有对创新绝对控制的心态，这种心态促使企业高度地自力更生，"如果想要把一件事情做好，那必须亲自去做这件事"成为企业的信条[⑥]。而开放式创新需要企业以开放的心态对

---

① Chesbrough H W.Open Innovation：the New Imperative for Creating and Profiting from Technology[M].Harvard Business School Press,2003,45(3):33-58.

② Hastbackam.Openinnovation：what's mine is Mine … what if yours could be mine too[J].Technology Management Journal.2004(12):1-3.

③ West J., Gallagher S. Challenges of open innovation: The paradox of firm Investment in open-source software[J].R&D Management,2006,36(3):319-331.

④ Lichtenthaler U.Open Innovation：Past Research, Current debates and future directions，Academy of Management Perspectives.2011(2):75-93.

⑤ Chesbrough H., Vanhaverbeke W. and West J.Open Innovation：Researching a new Paradigm Oxford[M].Oxford University Press,2006.

⑥ Chesbrough H W.Open Innovation：the New Imperative for Creating and Profiting from Technology[M].Harvard Business School Press,2003,45(3):33-58.

多样化的开放式创新实践进行梳理,扩大它们的应用范围①。

哈佛大学 Chesbrough 教授通过十多年的研究发现,20 世纪末以来,以下两种现象的频繁出现,使一些以创新著称的老牌公司并未真正从创新中获益:一是企业内部的创新成果大量积压或随着核心员工的流失,不能及时通过商业化途径获利;二是企业无视组织外部同类的创新成果导致资源浪费。而一些行业的新进入者,如思科等公司,依靠着积极有效地利用外部创新资源和创新成果,发展迅速,直接威胁到老牌创新企业的领军地位。因此,Chesbrough 于 2003 年从区别于传统的封闭式创新模式的角度,引入了开放式创新的全新概念与运作模式。其本人 5 年间在此领域出版 3 部专著并在国际著名期刊上发表的 10 余篇高质量论文,为目前的创新研究寻找了新的突破点②。此后,Christian 等知名学者加入到此领域的研究行列。Frank Piller 和 Walcher 从消费者作为合作设计者的角度,Hastbacka 从实践模式战略的角度,West 和 Vanhaverbeke 从实践集群的角度,对开放式创新的概念作了界定与陈述。在国内,除陈劲等学者较早对此概念进行推介外,杨武、张毕西、纪圣森、袁泽沛等学者对开放式创新与合作创新、集成创新、网络组织等模式的异同点进行了比较研究③。

②开放式创新的类型

Chesbrough 和 Crowther 认为,按照知识流向,开放式创新包含了由外而内流程(outside-in process)、由内而外流程(inside-out process)和双向流程(coupled process)三种知识流程类型④。其中,由于能够给企业带来更多的实质性收益和更少的内部文化障碍,因此,学者们更多关注的是由外而内创新流程。然而,由于知识获取与释放的方式不同,因此,Dahlander 和 Gann 认为,开放式创新可以进一步细分为捕获(Capturing)、纯源(Sourcing)、销售

---

① 高良谋,马文甲.开放式创新:内涵、框架与中国情境[J].管理世界,2014(6):157-169.

② Chesbrough H W.Open Innovation:the New Imperative for Creating and Profiting from Technology[M].Harvard Business School Press,2003,45(3):33-58.

③ 高良谋,马文甲.开放式创新:内涵、框架与中国情境[J].管理世界,2014(6):157-169.

④ Chesbrough H.W.,Crowther A.K.Beyond high tech:Early adopters of open innovation in other industries[J].R&D Management,2006,36(3):229-236.

（Selling）和揭示（Revealing）等四种形式①。而Lichtenthaler则认为，开放式创新突破了封闭式创新下的本地发明和本地商业化的局限，它意味着技术的跨边界转移。因此，从技术转移视角来看，开放式创新包括技术的外部获取和技术的外部商业化应用两种类型②。在文献中开放式创新区分为两种类型：内向型开放式创新（inbound open innovation）和外向型开放式创新（outbound open innovation）。前者是指企业利用外部的知识资源，将外部有价值的创意、知识、技术整合到企业中来进行创新和商业化过程③；后者是指企业成为其他组织的知识源，将内部有价值的创意、知识、技术输出到组织外部，由其他组织来进行商业化过程④。Ye和Kankanhalli在分析开放式创新收益与挑战的基础上，认为开放式创新有内向许可、联盟、开放式网络、用户社群四种实现机制⑤。Felin和Zenger则依据跨组织沟通渠道、创新激励和知识产权归属，将开放式创新分为基于市场、基于伙伴、基于竞赛以及基于用户或社群创新等四种类型，并针对各种类型提出了相应的治理措施⑥。所以，不同类型的开放式创新，具有不同的分类依据或分析视角，且它们的理论意涵和实践特性也有所不同。

③开放式创新研究热点领域

夏恩君和宋剑锋的研究表明，开放式创新研究的四个热点领域是开放式创新模式与企业创新绩效的关系、基于创新网络的研发合作和技术交易、开放式创新知识治理和用户参与的开放式创新实践应用⑦。

一是开放式创新模式与企业创新绩效的关系研究。开放式创新最初作为一种企业获利的新模式提出后，开放度对于企业创新绩效的影响便成为该领

---

① Dahlander L.，Gann D.M.How open is innovation[J].Research Policy，2010，39(6):699-709.

② Lichtenthaler U.Technology exploitation in the context of open innovation:Finding the right job for your technology[J].Technovation,2010,30(7/8):429-435.

③ Chesbrough H.W.，Crowther A.K.Beyond high tech:Early adopters of open innovation in other industries[J].R&D Management,2006,36(3):229-236.

④ 陈劲，王鹏飞.选择性开放式创新[J].软科学,2011(2):112-115.

⑤ Ye J.，Kankanhalli A.Exploring innovation through open networks:A review and initial research questions[J].IIMB Management Review,2013,25(2):69-82.

⑥ Felin T.，Zenger T.R.Closed or open innovation Problem solving and the governance choice[J].Re-search Policy,2014,43(5):914-925.

⑦ 夏恩君，宋剑锋.开放式创新研究的演化路径和热点领域分析——基于科学知识图谱视角[J].科研管理,2015,36(7):28-37.

域研究的核心问题。在开放式创新范式下,企业的边界是可渗透的。创新思想主要来源于企业内部的研发部门或其他部门,但也可能来源于企业外部。开放式创新有别于传统创新模式的突出特点是充分利用包括技术和市场信息在内的外部创新资源,将企业的研发项目通过向外部组织开放,从外部获取创新支持[1]。通过与用户密切接触有利于准确把握市场需求信息,产生关键的创新思想,开发出更易被市场接受的新产品。用户尤其是领先用户参与创新,能为制造商提供很有价值的新产品设想和原型设计,对领先用户的需求和解决方案的分析能提高创新效率[2]。获取和使用外部有价值的创意和丰富的技术资源是创造价值的有效途径,充分利用企业外部技术资源,可以节省内部研发所需要的时间和资金,减少产品开发的时间,加快创新速度[3]。企业间合作创新为企业互补知识的转移和利用提供了一条有效的途径;通过合作共享双方互补的创新资源,共担创新风险和成本,能缩短创新周期,提高创新效率;合作还具有协同效应,不同知识领域的结合常常能够产生全新的技术,获得技术突破[4]。从外部引进创意和技术可以加强企业自身的创新基础[5]。在密集的内部研发活动的基础上,企业密切监视和跟踪外部技术,根据自有的创新资源和核心能力优势,通过与多个合作伙伴多角度的动态合作,充分吸收并利用外部知识以弥补内部创新资源的不足,整合内外知识以减少技术的不确定性,提供创新效率。开放式创新的另一重要特征是通过外部途径实现内部技术的商业化。促进新技术与外界的交流和交换,能形成一股强大的推动力,促使公司赶在别人面前对新技术进行开发[6]。通过产学研合作,企业获得研究专家的技术支持,了解技术发展趋势,获取前沿科技知识,促进技术创新所需的各种

---

[1] 陈钰芬,陈劲.开放式创新:机理与模式[M].北京:科学出版社.2008.

[2] Herstatt C., von Hippel E.1992.From Experience:Development New Product Concept Via the Lead User Method:A Case Study in a "low" Field[J].The Joural of Product Innovation Management,9(3):213-221.

[3] Kessler E. H., Chakrabarti A. K.1996.Innovation speed:A conceptual model of context,antecedents,and outcomes[J].Academy of Management Review,21(4):1143-1191.

[4] De Bondt R.1996.Spillovers and innovative activities[J].International Journal of Industrial Organisation,15(1):1-28.

[5] Rigby D.,Zook C.Open-Market Innovation[J].Harvard Business Review,2002,80(10):80-89.

[6] Chesbrough H W.Open Innovation:the New Imperative for Creating and Profiting from Technology[M].Harvard Business School Press,2003,45(3):33-58.

要素有效组合①。通过与创新用户的联系能获取新的技术能力,了解相关技术发展趋势,扩展技术联系网络,与领先技术研究结构建立密切的联系②。

开放式创新充分利用和整合企业内外知识和资源,吸纳更多的创新要素,构建创新的生态体系,减少企业技术创新在技术上和市场上的不确定性,从而促进技术创新的成功。自 Laursen 的实证研究之后③,Lee 等人的实证研究结果也都验证了企业开放度对企业创新绩效的正向促进作用④;Chen 等则将企业划分为科技驱动型企业(STI)和经验驱动型企业(DUI),实证测度了企业开放度对这两种企业创新绩效的影响,其中对 STI 的实证结果验证了 Laursen 和 Salter 的结论,而开放度与 DUI 的创新绩效则呈现正向的线性相关关系⑤,即开放式创新可以减少技术的不确定性和市场的不确定性,从而促进技术创新的成功。

但是,也有部分学者通过研究指出外部技术依赖可能造成的企业创新能力下降、企业开放所带来的技术溢出和信息泄露风险、企业开放所导致的协调成本和竞争成本都会对企业的创新绩效带来负面影响。如 Gales and Mansour-cole(1995)指出,在技术日益复杂、市场环境动荡变化的情况下,创新项目的不确定增加,为促使创新成功需要更多的信息,但与外部的联结会产生新的不确定性⑥。对外部创新资源过度的搜索和获取也会对创新绩效造成

---

① Faems D.,van Looy B,Debackere K.Interorganizational Collaboration and Innovation:Toward a Portfolio Approach[J].Journal of Product Innovation Management,2005,22(3):238-250.

② Lettl C.,Herstatt C.,Gemuenden H.G.Users' contributions to radical innovation: evidence from four cases in the field of medical equipment technology[J].R&D Management,2006,36(3):251-272.

③ Laursen K.,Salter A.Open for innovation:The role of openness in explaining innovation performance among UK manufacturing firms[J].Strategic Management Journal,2006,27(2):131-150.

④ Lee S.M.,Park G.,Yoon B.,et al.Open innovation in SMEs-An intermediated network model[J].Research Policy,2010,39(2):290-300.

⑤ Chen J.,Chen Y.,Vanhaverbeke W.The influence of scope,depth,and orientation of external technology sources on the innovative performance of Chinese firms[J].Technovation,2011,31(8):362-373.

⑥ Gales L.,Mansour-Cole D.User Involvement in Innovation Projects:Toward an Information Processing Model[J].Jouranl of Engineering and Technology Management,1995,12(1):77-109.

负面影响[1]。Johnsen and Ford[2]认为,过度地利用外部创新资源可能影响企业内部研发部门的战略地位,造成对外部技术的过度依赖,导致在关键技术上受合作伙伴的控制,甚至造成核心能力的丧失。对于以技术为基础的新公司,采取开放式创新模式的最大危险是关键知识的泄漏[3]。当与潜在竞争者合作的时候,信息泄露问题最为严重[4]。对于非竞争企业间的合作,这一问题也不可避免。敏感的商业信息和技术知识可能通过共同的供应商或用户泄漏给竞争者[5]。可见,开放式创新的实施需要付出外部创新资源的搜寻成本和组织间合作的交易成本,将引起从企业文化建设到组织结构的变革,将增加创新管理的复杂性,开放还可能造成企业对外部技术的过度依赖以及企业关键技术知识的泄漏,过度的开放可能会对创新绩效带来负面影响。

二是基于创新网络的研发合作和技术交易研究。开放式创新的一个核心思想就是将外部资源和外部合作者纳入到企业的创新网络中,因此如何构建内部创新网络推动企业的技术创新活动成为该领域研究的一个重要命题。Dittrich(2007)等通过对诺基亚的开放式创新网络进行研究,指出该网络提高了企业的创新速度并且提高了组织适应市场环境的能力[6]。Fichter构建了包括公司、价值链和框架连接三个维度的企业开放式创新网络,并通过案例研究证实了该网络有助于提高开放式创新的效率[7]。正因如此,开放式创新的应用已经由高新技术产业逐步扩散到一些传统和成熟的产业,而基于技术合作

---

[1] Koput K. W. A Chaotic model of Innovative Search: Some Answers, Many Question[J].Organization Science,1997,8(5):528-542.

[2] Johnsen T.E.,Ford I D.Managing Collaborative Innovation in Complex Networks: Findings from Exploratory Interviews[C].The 16th Annual IMP Conference,University of Bath,UK,2000.

[3] Laursen K.,Salter A.The Paradox of Openness:Appropriability and the Use of External Sources of Knowledge for Innovation[C].Paper presented at the Academy of management Conference,August 5-10.Honolulu,Hawaii,USA,2005.

[4] Tidd J.,Bessant J.,Pavitte K. Mnanaging Innovation: Integrating Technological, Market and Organisational Change[M].Chichester:John Wiley & Sons Ltd,1997.

[5] Belderbos R.,Carree M.,Diederen B.,et al. Heterogeneity in R&D cooperation strategies[J].International Journal of Industrial Organization,2004,22(8),1237-1263.

[6] Dittrich K.,Duysters G.Networking as a means to strategy change: The case of open innovation in mobile telephony[J].Journal of Product Innovation Management,2007, 24 (6):510-521.

[7] Fichter K.Innovation communities:The role of networks of promoters in Open Innovation [J].R&D Management,2009,39(4):357-371.

的研发联盟(R&D Alliance)和技术交易行为(Licence-in,Licence-out,Outsourcing等)也成为诸多企业规避风险和降低研发成本的有效手段[①]。

三是开放式创新知识治理研究。企业创新过程的开放也伴随着产品信息和核心知识泄露的风险,也正是这样的风险,使得部分企业对开放式创新望而却步。因此,企业知识产权管理和企业知识吸收能力逐步成为该领域的研究热点。Chesbrough 在提出开放式创新理论之初便强调知识产权管理的重要性[②]。Alexy 研究了不同知识分布广泛稀少和技术环境稳定多变下的企业开放式创新和知识产权管理战略[③];Lichtenthaler 则对开放式创新的知识管理进行了研究,提出了企业应该具备的六种核心知识能力:创造能力(Inventive Capacity)、吸收能力(Absorptive Capacity)、转化能力(Transformative Capacity)、连接能力(Connective Capacity)、创新能力(Innovative Capacity)、解吸能力(Desorptive capacity),之后他通过实证研究验证了企业的知识产权组合对于企业创新的开放程度有重要影响[④]。

四是用户参与的开放式创新实践研究。自20世纪70年代,Von Hippel 教授提出用户是创新者的观点后,用户一直被视为企业创新重要的外部资源。互联网时代的到来,为用户参与企业的开放式创新实践提供了重要契机,从最初涉足开源软件创新,到参与产品的设计和制造,用户在开放式创新中的作用日益凸显[⑤]。Laursen 指出用户和制造商的融合是开放式创新的重要驱动因素,并通过实证研究发现对于用户创意的使用强度和企业的开放式创新绩效之间呈现倒 U 形关系[⑥]。Von Hippel 认为开放式软件项目(OSS)是一种将

---

① Chesbrough H W.Open Innovation:the New Imperative for Creating and Profiting from Technology[M].Harvard Business School Press,2003,45(3):33-58.

② Chesbrough H W.Open Innovation:the New Imperative for Creating and Profiting from Technology[M].Harvard Business School Press,2003,45(3):33-58.

Chesbrough H.W.,Crowther A.K.Beyond high tech:Early adopters of open innovation in other industries[J].R&D Management,2006,36(3):229-236.

③ Alexy O.,Criscuolo P.,Salter A.Does IP sttrategy have to cripple open innovation [J].MIT Sloan Management Re-view,2009,51(1):71-77.

④ Lichtenthaler U.Intellectual property and open innovation:An empirical analysis [J].International Journal of Technology Management,2010,52(3):372-391.

⑤ Von Hippel E.,Krogh G.Open source software and the "private-collective" innovation model:Issues for organization science[J].Organization Science,2003,14 (2):209-223.

⑥ Laursen K.User-producer interaction as a driver of innovation:Costs and advantages in an open innovation model[J].Science and Public Policy,2011,38(9):713-723.

发挥个人才能和整合集体智慧有机结合的创新形式[①]，除此之外，基于互联网的创意竞赛，以及网络社区都是激发客户参与企业产品研发过程的有效途径。

④开放式创新领域的关键研究成果

2003 年，*Open Innovation：The New Imperative for Creating and Profiting from Technology* 成为开放式创新领域的开山之作。Chesbrough 教授在其中提出了开放式创新模式概念模型，并结合英特尔、IBM 以及朗讯公司的案例对该模式的应用进行了介绍，从而构建了开放式创新研究的框架，因此这部著作也成为开放式创新领域引用频次最高的文献[②]。

2004 年，Grant 和 Baden-Fuller 基于知识的视角对企业建立战略合作联盟的目的进行解读，他们认为企业之所以愿意一定程度地开放组织边界，是因为通过组织间的交流可以拓宽企业的知识网络，并且企业探索知识的动机较之直接获取知识的动机更强[③]。

2005 年，Christensen 首次从技术革新者的视角研究了开放式创新的实践，并提出在技术发展初期，行业的革新者面对行业在位者（垄断者/领先者）实施开放式创新时可能会产生更多的交易成本，因此企业是否采用开放式创新战略需要根据企业在行业中的地位和技术成熟程度进行决策[④]。

2006 年，Laursen 和 Salter 在开放式创新的实证研究方面做出了开创性工作，他们将开放度分成开放广度和开放深度两个维度，并应用英国创新调查数据验证了企业开放广度和开放深度都与企业创新绩效的提升存在倒 U 形关系，自此实证研究开始取代案例研究成为开放式创新研究的主流方法，他们关于企业开放度的测度方法依然是目前应用最广泛的一种，因此该文献也成为所有文献中中心性最高的文献[⑤]。

[①] Von Hippel E., Krogh G. Open source software and the "private-collective" innovation model：Issues for organization science[J]. Organization Science, 2003, 14（2）：209-223.

[②] 马淑文.我国企业实现开放式创新对策思考[J].经济纵横，2006(11)：53-55.

[③] Grant R.M., Baden-Fuller C. A knowledge accessing theory of strategic Alliances[J]. Journal of management studies, 2004, 41(1)：61-84.

[④] Christensen J.F., Olesen M.H., Kjær J.S. The industrial dynamics of Open Innovation-Evidence from the transformation of consumer electronics[J]. Research Policy, 2005, 34(10)：1533-1549.

[⑤] Laursen K., Salter A. Open for innovation：The role of openness in explaining innovation performance among UK manufacturing firms[J]. Strategic Management Journal, 2006, 27(2)：131-150.

Lichtenthaler 作为开放式创新领域发文数量最多的知名学者,在 2008 年发表的论文 *Openinnovation in practice：An analysis of strategic approaches to technology transactions* 为该领域的研究作出了重要贡献,他根据外部知识吸收和外部知识开发程度的不同,聚类识别出六种类型的创新者,并通过实证研究证实了采用开放式创新战略的企业更容易实现产品多样化和激进式创新[①]。此后,在 2009 年 Lichtenthaler 首次通过实证研究的方法证实了外向型开放式创新对企业绩效存在显著的正效应,并且技术的成熟程度、技术市场竞争激烈程度和交易成功率都与这种正效应存在显著的正相关关系[②]。

2010 年,Dahlander 等基于开放程度的不同和是否存在交易行为对内向型开放式创新(In-bound open innovation)和外向型开放式创新(Out-bound open innovation)进行了分类,前者分为搜索和吸收两类,后者分为溢出和出售两类,并通过文献计量对这四种模式的特征和优缺点进行了详细归纳[③]。

此外,Reed 等探讨了基于社区的开放式创新获利方式,指出在这种模式下基于财产权的收益已经消失、由规模经济和资本需求所带的收益正在减少,企业获利的主要途径是通过交易知识产权和免费发明的所有权[④]。Lee 等研究了发达国家公共部门的开放式创新发展现状,指出美国、澳大利亚、新加坡从国家层面推动开放式创新,形成了全国范围内良好的创新环境,并且内向型开放式创新模式已经被广泛接受,而外向型开放式创新处于刚刚兴起的阶段[⑤]。

开放式创新的研究演进路径可以概括为：研究对象从高新技术产业逐步拓展到各个行业,从微观的企业层面逐步扩展到宏观的国家层面；研究方法从案例研究和理论研究为主逐步演变为以实证研究为主；研究热点逐步由企业

---

① Lichtenthaler U.Open innovation in practice：An analysis of strategic approaches to technology transactions[J].IEEE Transactions on Engineering Management,2008,55(1)：148-157.

② Lichtenthaler U.Outbound open innovation and its effect on firm performance：Examining environmental influences[J].R&D Management,2009,39(4)：317-330.

③ Dahlander L.,Gann D.M. How open is innovation[J].Research Policy,2010,39(6)：699-709.

④ Reed R.,Storrud-Barnes S.,Jessup L.How open innovation affects the drivers of competitive advantage：Trading the benefits of IP creation and ownership for free invention[J].Management Decision,2012,50(1)：58-73.

⑤ Lee S.M.,Hwang T.,Choi D.Open innovation in the public sector of leading countries [J].Management Decision,2012,50(1)：147-162.

线下的技术交易以及研发合作行为转变为线上创新社区的知识交互行为。

(2)关于开放式创新与研发外包的关系

随着改革开放和全球经济一体化的不断发展,企业面临的竞争压力越来越大,特别是在资本、信息、技术暗潮涌动的今天,企业只有通过不断创新才能驱动自身业务的持续增长。然而传统的"封闭式创新"模式已经很难适应风云诡谲的市场变化,它一方面牢牢拖住了企业研发的时间进程,另一方面又带来了高额的研发成本和更多的风险,让企业无力应对日益激烈的市场竞争。研发外包——这种"开放式创新"背景下的新型创新模式应运而生。

在科技迅猛发展的今天,创新和研发已成为全球广泛关注的焦点问题。Chesbrough(2006)教授提出了开放式创新(open innovation)理念,即企业在技术创新过程中,可利用内部和外部相互补充的创新资源实现创新,企业的技术创新路径是创新链的各个阶段与多种合作伙伴多角度的动态合作的一类创新模式[1]。此后,众多学者对开放式创新理论基础、开放作用和地位、开放度、开放式创新模式等方面进行了深入探讨。

研发外包作为开放式创新过程中一种获取外部创新资源的方式,与技术特许、技术合伙、战略联盟等一系列其他的开放式创新模式成为企业将创新思想转变为创新行为并最终转化为利润重要手段。

2.2.2 关于研发外包的基本概念

2.2.2.1 关于研发外包的概念

外包(outsourcing)是英文"Outside resource using"的缩写,直译为"外部寻源"[2]。该术语最早是由 Gary Hamel 和 C.K.Prahaoad 在 1990 年发表在《哈佛商业评论》上的一篇名为《企业的核心竞争力》(*The core competence of the corporation*)的文章中提出的。其基本思想是指企业内部的工作可以通

---

① 王圆圆.企业创新:从封闭到开放[J].理学家,2008(2):48-52.
② Quinn J.B., Hilmer F.G. Strategic Outsourcing[J]. Sloan Management Review, 1994,(Summer):43-55.
尹建华,王兆华,苏敬勤.资源外包理论的国内外研究述评[J].科研管理,2003(5):133-137.

过购买市场上第三方提供的产品或服务来完成①。目前理论界比较认可的关于外包(Outsourcing)的定义是:"为获取更大的竞争优势,在企业内部资源受到限制的情况下,企业仅仅保留其最核心、最具有竞争优势的资源,而其他的资源可以通过整合外部相关的专业化资源得以解决,以实现降低成本、提高绩效、提高企业核心竞争力和增强企业对环境应变能力的一种管理模式"②。

早期的外包活动主要是在企业的产业链下游,常见的外包形式有:活动外包(Activity outsourcing)、贴牌生产(OEM)、服务外包(Service outsourcing)、合包(Co-sourcing)及利益关系(Benefit-based relationship)等③。随着信息技术的迅猛发展,技术知识的分享和协同也得到了很大的发展,越来越多的社会经济活动表明,研发外包正在或已经成为一种发展趋势,外包战略实现了进一步的拓展,外包活动已经从产业链的下游向产业链的上游部分转型。如印度企业承包欧美大公司的软件设计开发项目、我国台湾地区的设计制造服务模式(Design manufacture service)和工程制造服务模式(Engineering manufacture service)等④。

"R&D"是目前国际上关于研发的通用术语,这个词最早出现于1934年美国贝尔实验室,在该实验室的文件中将"研究与发展部"称为"R&D部"。而事实上,自1919年开始在贝尔实验室就把"R"称为"基础研究",把"D"称为"基础研究的发展或应用研究",即"技术开发或创新"。后来,"R&D"就作为"基础研究及其发展"的简称而一直沿用下来。因此,从理论层面上看,R&D就是通过对科学研究产生的新构想进行进一步的研发,或对已有的技术进行进一步的组合,使其具有实际应用价值,从而实现经济效益和社会效益的一整套商业化全过程的相关活动⑤。

---

① Gonzalez R.,Gasco J.,Llopis J.Information Systems Outsourcing:A literature Analysis[J].Information & Management,2006,43(7):821-834.

王立明,刘丽文.外包的起源发展及研究现状综述[J].科学学与科学技术管理,2007,28(3):151-156.

② 尹建华,王兆华,苏敬勤.资源外包理论的国内外研究述评[J].科研管理,2003(5):133-137.

③ 查尔斯·盖伊,詹姆斯·艾辛格.企业外包模式[M].北京:机械工业出版社,2003.

④ 李靖,蒋士成,费方域.战略联盟与一体化:多渠道研发外包背景下的组织比较[J].研究与发展管理,2012,24(1):26-34.

⑤ Hamid B,Sugata M.Outsourcing:Volume and Composition of R&D[J].Review of International Economics,2012,20(4):828-840.

研发外包就是企业将技术创新活动或其中某一环节外包给承包商,实现进一步提高研发效率、降低研发成本并分散研发风险的过程。目前,国内外学者对研发外包的定义尚不统一①,主要从关系契约理论、资源基础理论、外包理论、合作研发等视角对研发外包的定义进行阐述,如表2-1所示。近年来印度官方提出了一种新的有关服务外包的概念——知识流程外包(KPO,Knowledge Process Outsourcing),它是指位于外包商流程价值链高端的、高知识含量的外包业务。其中研发外包属于知识流程外包的范畴,是高端层次的服务外包②。

表2-1 已有研究中关于研发外包的定义

视角	定义	代表性学者
关系契约理论	研发外包是外包商采用合同的方式,通过提供资金从外部研究机构获得技术创新成果的合同行为	Chiesa and Manzini(1998),方厚政(2005),王安宇、司春林(2006),楼高翔(2007),吴勇和陈通(2010)
资源基础理论	研发外包是企业内部研发和研究联盟的一种重要补充形式,是指在企业内部资源受限的情况下,仅保留其最核心、最具有竞争力的资源,而其他资源则通过整合外部相关资源获取,从而获得持久竞争优势和巨大协同效应的过程	陈劲(2004),方厚政(2006),Matthew and Rodriguez(2006),Andrea(2013)

---

① Herbert I. F., Camela S. H. Cooperative R&D for Competitiors [J]. Harvard Business Review,1985,(November-December):62-76.

方厚政.企业合作创新的模式选择和组织设计研究[D].上海:上海交通大学,2006.

王安宇,司春林,骆品亮.研发外包中的关系契约[J].科研管理,2006,27(6):102-108.

伍蓓,陈劲,吴增源.企业研发外包的模式、特征及流程探讨——基于X集团汽车制造案例研究[J].研究与发展管理,2009,6(2):56-63.

吴勇,陈通.多任务委托代理模型下研发外包的激励机制研究[J].西安电子科技大学学报(社会科学版),2010,6(6):11-14.

李靖.不完全合同视角企业研发外包的治理机制研究[D].上海:上海交通大学,2012.

Andrea M.N.,Esteban G.C., Mauro F.G. R&D Outsourcing and the Effectiveness of Intangible Investments: Is Proprietary Core Knowledge Walking out of the Door? [J]. Journal of Management Studies,2013,50(1):67-91.

② 汪应洛.服务外包概论[M].西安:西安交通大学出版社,2007.

续表

视角	定　义	代表性学者
外包理论	研发外包是指企业将相关研发任务外包给其他企业、大学或科研机构，以获得技术创新、技术改进或其他探索性研究成果的活动	Herbert and Camela（1985），Ulset（1996），Chesbrough（2003），Carpay F and Hang C C（2007）
合作研发理论	研发外包是外包商与外部技术源（专业的研发服务供应商、科研机构、产业联合会、联盟企业）之间形成的自然的、具有特定技术合作的关系	Stuart and Mecutecheon（2007），伍蓓（2009），李靖（2012）

注：笔者根据已有研究成果整理而得。

2.2.2.2 关于研发外包的特点

研发外包除了存在研发项目的合理性、研发沉没成本、研发过程与研发成果的不确定性、承包商的机会主义行为、研发成果专门化的资产配置等与其他服务外包的共性特点外[①]，由于研发和创新活动的内在关联，使得研发外包还具有一系列自身的特点[②]。具体表现如下：

(1)研发外包中的技术不确定性程度较高，通常外包商对创新性的解决方案的需求比较强烈，其研发创新成果的商业价值一般也比较大。

(2)在长期研发项目中，由于外包的承包商不知道其所出售的研发知识成果所具有的先验未来产出，而出现承包商对自己的知识成果质量把握不准。该特征可能引发后期不完全合同中的知识产权交换问题。

(3)研发外包需要制造商和外包商的参与。至少在某种程度上，属于知识的合作创新。由此，可能引发知识产权的分配问题。

(4)研发外包失败将在相当长时间内对企业的运营发展产生重大影响。

(5)研发外包过程中技术知识的共享和交换在本质上具有高度的隐藏性，

---

① 楼高翔，范体军.基于交易成本和产权理论的R&D外包模式选择[J].科技进步与对策，2007(5)：113-116.

② Jeremy H.，Dimitri G.，Khaleel M.The growth and management of R&D outsourcing：evidence from UK pararmaceuticals[J].R&D Management，2008(2)：205-219.

Huang Y.A.，Chung H.J.，and Lin C.R&D sourcing strategies：Determinants and consequences[J].Technovation，2009(29)：155-169.

Hsiao-lei C.Outsourcing Innovation in Product Cycles[J].ISRN Economics，2012，Volume 2012(2012)，Article ID 702974，8 pages.

使得很难通过合同实现控制和正式的监督。

(6)信息泄露对R&D的影响比对其他服务项目外包的影响更大。

2.2.2.3 关于研发外包的模式

研发外包模式研究是该领域的基础研究,模式界定的方式和标准决定了研发外包机理、创新业绩等相关研究的范围和指标[①]。目前研发外包模式的分类方法很多,按照不同的维度标准有不同的分类。

在单维度划分中,最典型的是根据研发外包业务在企业中的重要程度,将研发外包划分为核心业务的研发外包和边缘业务的研发外包两种模式[②];根据研发外包的业务内容与企业的核心竞争能力的内在关联关系,将研发外包划分为与核心业务密切相关的研发外包、核心业务研发外包、辅助性业务研发外包以及可抛弃性业务研发外包四种模式[③];按研发外包的程度,可分为完全研发外包和部分研发外包[④];从资源理论的视角,可以划分为核心型业务的研发外包、互补型业务的研发外包和其他非核心业务的研发外包三种研发外包模式[⑤];根据研发外包的内容及在整体战略中的重要性划分,医药研发外包可以划分为效率模式、能力模式及战略模式[⑥];根据技术的复杂程度,可分为技术基础型研发外包模式、技术发展型研发外包模式和前瞻型研发外包模式[⑦];根据企业产品研发特点的差异性,又可以划分为完全型研发外包、购进型研发

---

① 姜灵敏,邝丽敏,钟瑞琼.企业研发外包模式研究——基于制造、医药、软件和服务业案例研究[J].中国高新企业杂志,2013(22).

② Gilley K.M.,Rasheed A.Making more by doing less:An analysis of outsourcing and its effects on firm performance[J].Journal of Management,2000,26(2):763-790.

③ Arnold U.New dimensions of outsourcing:A combination of transaction cost economics and the core competencies concept[J].European Journal of Purchnsing&Supply Management,2000(6):23-29.

④ 林茵密.论企业的研发外包[J].科技创业,2004(10):44-45.

⑤ Tomas F.E.R.,Padron—Robaina V.A review of outsourcing from the resource,based on view of the firm[J].International Journal of Management Reviews,2006,8(1):49-70.

⑥ 邱家学,袁方.药品研发外包模式探讨[J].上海医药,2006,27(8):350-351.

⑦ 伍蓓,陈劲,吴增源.研发外包的内涵、动因及模式研究[J].中国科技论坛,2008(4):30-33.

外包和选择性研发外包三种模式①；按照研发外包合同所签订的时间长短，可以分为短期研发外包、中期研发外包和长期研发外包三种模式②。朱廷珺基于企业异质性的假设，将双向外包模型引入到经典的企业研发外包决策的分析框架，将研发外包明确划分为国内研发外包、国际研发外包和双向研发外包三种模式③。

在多维度划分中，按照对技术的熟悉程度、市场的新旧程度及创新的变革程度三个维度可将研发外包划分为九种细分模式④；按照供应商开发能力（知识、技术诀窍、经验）和开发风险两个维度，可以划分为常规研发、重大研发、短期研发和战略研发四种模式⑤；从企业资源整合程度和企业的发展战略两个角度，可以将研发外包划分为效率型、转变型和增强型三种模式⑥；从技术创新性的程度和对企业发展战略的影响两个维度，可以将研发外包分为创新型和效率型两种模式⑦；按照研发外包合同中产权排他性程度和管理控制权的归属不同，研发外包模式又可以分为高控制高产权的内制模式、低控制低产权的市场模式和具有一定程度的控制权和产权的混合模式三种⑧；综合研发项目维度和时间维度，在企业产品研发外包的实施中又存在企业产品研发外包的九种模式⑨。姜灵敏等（2013）从研发外包承包商的角度，基于研发内容和对象、与外包商的关系、合作风险程度、利益分配方式四个维度出发，将企业研

---

① 杜占河,廖貅武,魏泽龙.IT外包中控制策略组合的演化研究——基于对美国、日本外包项目的比较[J].科学学与科学技术管理,2013,34(1):105-113.

② 韦国松.企业产品研发外包策略研究[D].武汉:华中科技大学,2006.

③ 朱廷珺,张俊.异质性、双向外包与企业研发决策:理论模型与经验证据[J].南开经济研究,2012(3):39-51.

④ Balachandra R.,Friar H.J.Factors for success in R&D projects and new product innovation:A contextual framework[J].IEEE Transactions On Engineering Management,1997,44(3):276-287.

⑤ 邱家学,袁方.药品研发外包模式探讨[J].上海医药,2006,27(8):350-351.

⑥ 琳达·科恩,阿莉·扬.资源整合——超越外包新模式[M].北京:商务印书馆,2007.

⑦ 伍蓓,陈劲,吴增源.企业研发外包的模式、特征及流程探讨[J].研究与发展管理,2009,21(2):56-63.

⑧ 楼高翔,范体军.基于交易成本和产权理论的R&D外包模式选择[J].科技进步与对策,2007(5):113-116.

⑨ 韦国松.企业产品研发外包策略研究[D].武汉:华中科技大学,2006.

发外包划分为常规型、重大型、短期型和战略型四种模式[①]。岳中刚等(2014)从战略和资源角度出发,将研发外包划分为传统资源利用型和战略资产探索型[②]。

2.2.2.4 关于研发外包的运作过程分析

按照时间和逻辑的先后顺序,一般认为企业研发外包的运作实施过程涵盖以下六个阶段,即研发外包战略分析、研发外包决策规划、研发外包设计、研发外包实施、研发外包运作和研发外包合同完成,如图2-1所示[③]。对于这六个阶段,学者们从不同角度分别进行了深入研究。

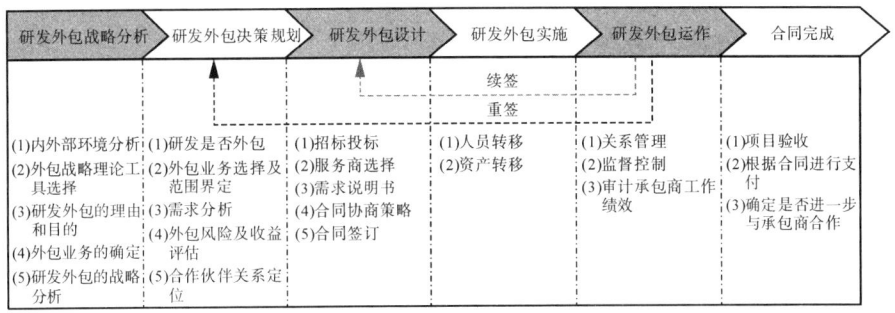

图 2-1 研发外包战略实施与运作过程总结

注:笔者根据已有研究成果整理而得。

由上图可知,宏观的战略分析是企业研发外包战略实施过程的起点,也是企业进行研发外包运作实施管理的基础。研究认为,该阶段主要是在对企业内外部环境和企业核心能力进行综合分析的基础上,选择有效的、适用的理论分析工具,进行宏观战略分析,并进一步明确企业研发外包的战略方向,确定

---

① 姜灵敏,邝丽敏,钟瑞琼.企业研发外包模式研究——基于制造、医药、软件和服务业案例研究[J].中国高新企业杂志,2013(22).

② 岳中刚,吴昌耀,朱苏兰.汽车企业研发外包模式分析——基于战略资产寻求视角[J].南京邮电大学学报(社会科学版),2014,16(1):71-78.

③ 韦国松.企业产品研发外包策略研究[D].武汉:华中科技大学,2006.
杨治,张俊.企业研发外包的控制机制:信息泄露下的支付合同选择[J].管理学报,2012,9(6):863-869.
Wang F.,Chen J.,Wang Y.D.,et al.The effect of R&D novelty and openness decision on firms' catch-up performance:Empirical evidence from China[J].Technovation,2014,34(1):21-30.

研发外包的业务范围,明确企业研发外包理由和战略目的[①]。正确分析企业的内外部环境,明确企业竞争优势,识别企业核心能力是关键[②]。研究还指出,随着外部市场环境的快速变化,企业的内外部环境也处于动态变化之中,在新环境下,企业先前的竞争优势可能就会无从体现,甚至变成自身的劣势。因此,充分地收集与企业相关的信息,系统分析企业所处的内外部环境,明确自身的竞争优势,对研发外包的战略决策有着十分重要的意义[③]。关于研发外包的宏观战略分析,经济学、管理学及社会学中的交易成本理论(Transaction cost theory)、资源基础理论(Resource-based theory)、资源依存理论(Resource-dependent theory)、核心竞争力理论(Core competence theory)和产权理论(Property rights theory)等提供了一整套行之有效的基础分析理论[④]。然而,上述理论适用的范围和关注的重点不尽相同。例如,交易成本理论认为企业在进行研发外包决策时,成本是主要的考虑因素;而资源依存理论则认为企业实施研发外包战略的主要目的是能够从企业外部获取互补的资源和能力[⑤]。因此,有人研究指出,企业在战略分析时,需要结合企业实际,科学选择一种或几种适合的理论分析方法,对企业的内外部市场环境、企

---

① Shy O., Stenbacka R. Strategic outsourcing[J]. Journal of Economic Behavior & Organization, 2003, 50(2):203-224.
Hoecht A., Trott P. Innovation risks of strategic outsourcing[J]. Technovation, 2006, 26(5-6):672-681.
韦国松. 企业产品研发外包策略研究[D]. 武汉:华中科技大学, 2006.
Huang Y.A., Chung H.J., and Lin C. R&D sourcing strategies: Determinants and consequences[J]. Technovation, 2009(29):155-169.

② Dumont M. Foreign outsourcing, labour demand and the choice of functional form[J]. Journal of Applied Economics, 2006, 9(2):255-273.

③ Kumar S., Aquino E.C., Anderson E. Application of a process methodology and a strategic decision model for business process outsourcing[J]. Information Knowledge Systems Management, 2007, 6(4):323-342.

④ Mcivor R. What is the right outsourcing strategy for your process? [J]. European Management Journal, 2008, 26(1):24-34.

⑤ Aubert B.A., Rivard S., Patry M. A transaction cost model of IT outsourcing[J]. Information & Management, 2004, 41(7):921-932.
Lee J.N., Kim Y.G. Understanding outsourcing partnership: A comparison of three theoretical perspectives[J]. Ieee Transactions on Engineering Management, 2005, 52(1):43-58.

业的竞争优势进行综合分析[①]。

已有的相关研究认为,企业研发外包的决策和规划应该涵盖是否进行研发外包、外部业务选择及范围界定、需求分析、外包风险、收益评估及与合作伙伴关系定位等内容。Alewell(2009)指出企业需要充分利用已有的风险识别和评估的理论方法和工具,从战略、技术、财务和核心业务等方面对外包需求、外包风险、外包成本、外包范围及外包类型进行综合评价,以作出正确的外包决策[②]。然而,由于宏观的经济环境和企业环境在不断地发生变化,企业需要结合实际环境科学界定企业的核心能力,明确企业的核心能力与非核心能力的界限。可见,研发外包业务选择的基础保证是企业核心能力的确定。企业通过研发外包虽然可以获得相应的创新成果和产出绩效,但可能随之产生一些相应的风险,如企业的创新能力减弱或散失、业务管理控制性较差、信息技术外泄到外包关系之外的其他地方等风险[③]。因此,企业需要综合识别和评估研发外包可能产生的风险、各种风险的概率及风险的负面影响,科学权衡风险与收益的大小,明确企业对各种可能风险的承受能力,再进行研发外包的决策与规划[④]。

---

① 杜占河,廖貅武,魏泽龙.IT外包中控制策略组合的演化研究——基于对美国、日本外包项目的比较[J].科学学与科学技术管理,2013,34(1):105-113.

Lorena M.D.,Keld L.,Grazia D.S.The impact of R&D offshoring on the home knowledge production of OECD investing regions[J].Journal of Economic Geography,2013,13(1):145-175.

② Alewell D.,Hauff S.,Thommes K.,et al.Triggers of HR outsourcing decisions-an empirical analysis of German firms[J].International Journal of Human Resource Management,2009,20(7):1599-1617.

③ Beverakis G., Dick G. N., Cecez-Kecmanovic D. Taking Information Systems Business Process Outsourcing Offshore: The Conflict of Competition and Risk[J].Journal of Global Information Management,2009,17(1):32−48.

Lai E L-C,Riezman R,Wang P.Outsourcing of innovation[J].Econ Theory,2009,38(3):485−515.

Sun Y.F.What matters for industrial innovation in China:R&D,technology transfer or spillover impacts from foreign investment? [J].International Journal of Business and Systems Rsearch,2010,4(5-6):621-647.

④ Penningsa E.,Sereno L.Evaluating pharmaceutical R&D under technical and economic uncertainty[J].European Journal of Operational Research,2011,212(2):374-385.

Andrea M. N., Esteban G. C., Mauro F. G. International R&D service outsourcing by technology-intensive firms: Whether and where? [J].Journal of International Management,2012,18(1):18-37.

Olivier(2013)指出外包商在明确了需求分析之后,需要对潜在的研发承包商进行招标①。一般地,外包商可以结合自身需求,通过制定需求说明书和招标书,并综合考虑研发承包商的价格、技术能力、服务内容及信誉度等方面进行决策评价,从而选择一个综合评价相对最优的承包商。宋寒(2010)进一步指出,可以通过采用成本分析法(Total cost of ownership models)、层次分析法(Analytic hierarchy process)、数学规划模型(Mathematical programming models)、数据包络分析法(Data envelopment analysis)等决策研究方法对研发承包商进行综合评价和决策选择②。此外,若外包商无法掌握承包商确切有效的信息或当外部市场出现不完全信息时,外包商还可以通过招标机制来有效选择研发外包的承包商③。由于研发外包合同规定了外包双方的权利和义务,是外包双方关系维系的基础,也是双方行动及绩效考核的重要依据。因此,外包商在选择研发承包商,明确定位与承包商的合作关系之后,需要与承包商协商研发外包合同的相关内容。朱廷珺等(2012)认为,一个科学有效的研发外包合同是研发外包战略成功的关键和基本保证,外包商需要和研发承包商进一步商谈研发外包合同的模式、合同的具体参数及支付方式等④。

由于研发外包涉及企业内部业务及其相关资源的外部化,黄伟(2012)研究指出,在研发外包业务正式运行前,研发外包商和承包商需要进行人员和资产的转换和整合⑤。Kess等(2012)进一步指出企业的外包战略实施还需要进行组织结构的架构⑥。可见,企业在系统分析所处的内外部环境的基础上,完成研发外包战略的选择之后,还需要重新选择一种适合的组织结构或相应地对企业原有的组织结构进行进一步的调整,从而保证企业研发外包战略能够得到科学而有效的实施。Chou(2007)认为,系统分析研发外包事项对组织结

---

① 宋寒.不对称信息下考虑客户企业参与的服务外包合同[D].重庆:重庆大学,2010.

② 刘立.企业R&D投入的影响因素:基于资源观的理论分析[J].中国科技论坛,2003(6):75-78.

③ De Fontenay C.C.,Gans J S.A bargaining perspective on strategic outsourcing and supply competition[J].Strategic Management Journal,2008,29(8):819-839.

④ 朱廷珺,张俊.异质性、双向外包与企业研发决策:理论模型与经验证据[J].南开经济研究,2012(3):39-51.

⑤ 黄伟,张卫国.基于投资溢出的多委托—多代理研发外包策略研究[J].软科学,2012,26(12):61-63.

⑥ Kess P.,Phusavat K.,orkko M.,et al.External knowledge:Sharing and transfer for outsourcing relationships[J].International Journal of Business and Systems Research,2008,2(2):196-213.

构、组织内部人员、组织文化、工作流程及资产等资源的需求,并与承包商进行资源的整合与统一,进而重新进行资源的配置、调整或转移,可以有效满足研发外包项目的具体需要,保证研发外包项目的顺利实施①。

Aron 等(2008)和 Tiwana(2008)研究发现,研发外包项目的计划、组织、管理和控制是研发外包项目运作过程中的重要内容,其中关系管理是核心问题,而有效的研发外包关系管理可以通过建立合理的沟通、监督和审计等相关机制得以实现②。众所周知,良好的研发外包关系可以有效地降低研发外包中的风险,也是研发外包实施成功的重要保障,外包商和承包商的关系应该是战略合作伙伴关系,而不只是简单的买卖关系③。因此,在研发外包的过程中外包商不仅仅是监督者,在外包结束后也不只是负责审计研发服务绩效,还应该能充分考虑承包商的利益,与承包商形成利益共同体,在充分了解研发外包的创新特点后,积极参与承包商的研发过程,努力构建与承包商的技术知识共享路径,并通过有效的沟通、信任和信息反馈机制共同促进研发外包项目的成功实施④。

此外,杜荣(2012)认为,当研发外包合同期满时,外包商和监控组织将对研发项目及承包商研发服务质量进行验收和综合评价,并根据合同具体规定和综合评价结果兑现给承包商相应的支付、合同激励措施和处罚措施;在有些

---

① Chou D. C. An investigation into IS outsourcing success: the role of quality and change management[J].International Journal of Information Systems and Change Management,2007,2(2):190-204.

② Aron R.,Bandyopadhyay S.,Jayanty S.,et al.Monitoring process quality in offshore outsourcing: A model and findings from multi-country survey [J]. Journal of Operations Management,2008,26(2):303-321.

Tiwana A..Does technological modularity substitute for control? A study of alliance performance in software outsourcing[J].Strategic Management Journal,2008,29(7):769-780.

③ Jahyun G.,Kishore R.,Rao H.R.,et al.The role of service level agreements in relational management of information technology outsourcing: an empirical Study[J]. MIS Quarterly,2009,33(1):119-145.

谢刚,梅姝娥,熊强.IT服务外包关系中的正式契约、关系契约及交互关系研究[J].华东经济管理,2013,27(3):115-118.

④ Verwaal E.,Verdua J.,Recter A.Transaction costs and organizational learning in strategic outsourcing relationships[J].International Journal of Technology Management,2008,41(1-2):38-54.

情况下,外包商可能还会结合评价结果对与该承包商的后续合作进行决策①。

2.2.3 关于研发外包的界面

研发活动的管理已从 20 世纪 50 年代以"黑洞需求"为主要内容的第一代 R&D 发展成以系统集成为主要内容的第五代 R&D②。纵观各种集成系统,无论是内部集成还是外部集成,集成系统的矛盾与冲突,多发生在两个集成单元的结合部,即界面(Interface)上③。研发外包由于自身的特殊性,在技术知识共享的过程,存在着企业间的共享技术知识的界面和外包商企业内部技术知识界面,技术知识界面的矛盾和冲突是研发活动管理中的关键难题。科学、有效的技术知识界面管理对于降低协调成本,提高研发外包效率,促进研发集成系统的和谐性,具有积极的重要意义。

当前,国内外学者对于研发创新过程中界面问题的研究,主要集中在企业创新过程的职能界面管理④、信息系统外包中的知识管理⑤、研发外包的关系

---

① 杜荣,曹卓琳,付桃红等.软件外包中社会资本对知识共享的影响研究[J].管理学报,2012,9(9):1338-1342.
② Nobelius D.Towards the sixth generation of R&D management[J].International Journal of Project Management,2004,22(7):369-375.
③ 吴秋明.集成管理论[M].北京:经济科学出版社,2004,135-158.
④ Joseph C.,Harrison H.,Jiang W.X.,et al.Outsourcing Mutual Fund Management:Firm Boundaries,Incentives,and Performance[J].The journal of finance,2013,68(2):523-558.
⑤ 陈通,吴勇.信任视角下研发外包知识转移策略[J].科学学与科学技术管理,2012,33(1):77-82.
王宁,陈思.基于委托代理理论的企业研发活动研究[J].科学学与科学技术管理,2006(1):27-30.
Thompson S.H.T.,Anol B.Knowledge transfer and utilization in IT outsourcing partnerships: A preliminary model of antecedents and outcomes [J]. Information & Management,2014,51(2):177-186.

治理①及边界确定②等方面(见表1-2)。如郭斌(2000)研究分析在企业创新管理中企业内部职能间界面的形成过程,并针对企业内部职能间界面管理存在的具体问题,提出相应的管理对策和方法③。Souder和Chakrabarti(1978)在其早期的界面问题研究中指出,企业的技术能力只有与用户的实际需求相结合,才能实现新产品的成功开发;在其后来的调查研究中又发现,当研发—市场营销的界面管理对研发外包项目的成功运行有着重要的影响,当界面管理失效时,研发项目的商业化过程中将会有68%的项目出现完全失败的情况,有21%的项目呈现部分失败的态势④。Song和Parry(1993)的研究表明,企业重要的跨职能活动涵盖研发部门和市场营销部门之间互动的培训以及相关信息的反馈交流等⑤。由于技术和知识市场的不完全性及企业边界的存在限制了企业研发效率。因此,企业通过研发外包的形式从外部获取知识并加以吸收和利用,可以填补技术知识的空白,带动企业创新效率和整个产业链的提升⑥。吴峰(2004)建立了基于知识管理的信息外包合同模型,并进一步指出了科学的知识界面管理可以有效提高信息外包的成功率,其中知识流动性、与供应商的合作关系以及外包环境的稳定性是影响信息外包成功率的重要因素⑦。Jae-Nam L.(2004)通过对影响信息系统外包成功率的相关因素进行统

---

① 朱廷珺,张俊.异质性、双向外包与企业研发决策:理论模型与经验证据[J].南开经济研究,2012(3):39-51.

谢刚,梅姝娥,熊强.IT服务外包关系中的正式契约、关系契约及交互关系研究[J].华东经济管理,2013,27(3):115-118.

梅姝娥,谢刚.信息技术外包关系的治理:创新意图的影响研究[J].科研管理,2013,34(8):130-138.

② Joseph C.,Harrison H.,Jiang W.X.,et al.Outsourcing Mutual Fund Management:Firm Boundaries,Incentives,and Performance[J].The journal of finance,2013,68(2):523-558.

③ 郭斌.企业创新过程中的职能界面管理[J].中国软科学,2000(3):83-86.

④ Souder W.E.,Chakrabarti A.K.The R&D marketing interface:Results from an empirical study of innovation projects[J].IEEE Transactions on Engineering Management,1978(11):88-93.

⑤ Song X.M.,Parry M.How the Japanese manage the R&D-marketing interface[J].R&D Management,1993(4):32-39.

⑥ 朱廷珺,张俊.异质性、双向外包与企业研发决策:理论模型与经验证据[J].南开经济研究,2012(3):39-51.

⑦ 吴峰,李怀祖.知识管理对信息技术和信息系统外包成功性的影响[J].科研管理,2004(2):82-87.

计分析研究,得出在众多影响因素中,知识共享程度是核心影响因素[①]。Nonka(1994)就已经认为,知识获取过程实质上就是企业通过与其他企业或机构进行合作或参与互动活动而取得知识的过程[②]。Bandyopadhyay等(2007)针对技术创造与创新过程中的知识共享问题构建了合作博弈模型,分析了研发外包第一阶段的知识共享与传递问题[③]。Hsuan等(2011)指出,研发外包中承包商掌握了大量与项目相关的核心知识,如果客户在技术成果转化过程中邀请承包商参与,将大大提高新产品开发的速度和成功率[④]。Thompson(2014)通过调研新加坡146家信息外包企业,并实证分析了信息外包关系中知识转换和利用的投入产出的效益问题[⑤]。杜荣(2012)建立了软件外包中结构资本、认知资本、关系资本与知识共享之间的概念关系模型,并进一步通过实证分析,得出结构资本与知识共享不存在显著关系;而认知资本与知识共享存在正相关关系,但并不显著;关系资本与知识共享也存在正相关关系,也不显著[⑥]。梅姝娥等(2013)则研究了外包中合约治理和关系机制与服务质量的关系,通过比较分析不同创新意图的外包企业的做法,构建了创新意图对合约治理、关系机制及服务质量之间的关系影响,以及创新意图对资产专用性和治理机制影响的研究模型[⑦]。谢庆华(2008)指出企业自身的知识基础可以划分为核心知识基础和边界知识基础,并进一步对研发外包关系治理中知识共享的路径构建问题进行了深入的研究,提出了相应的实施措施和具

---

① Jac-Nam L.The impact of knowledge sharing, organizational capability and partnership quality on IS outsourcing success[J].Information & Management,2004,38(5):323-335.

② Nonaka.A dynamic theory of organizational knowledge creation[J].Organization Science,1994(1):14-37.

③ Bandyopadhyay S., Pathak. P. Knowledge sharing and cooperation in outsourcing projects-a game theoretic analysis[J].Decision Support System.2007,42(2):349-358.

④ Hsuan J., Mahnke V.Outsourcing R&D:a review, model and research agenda[J]. R&D Management,2011,41(1):1-7.

⑤ Thompson S.H.T., Anol B.Knowledge transfer and utilization in IT outsourcing partnerships:A preliminary model of antecedents and outcomes[J].Information & Management,2014,51(2):177-186.

⑥ 杜荣,曹卓琳,付桃红等.软件外包中社会资本对知识共享的影响研究[J].管理学报,2012,9(9):1338-1342.

⑦ 梅姝娥,谢刚.信息技术外包关系的治理:创新意图的影响研究[J].科研管理,2013,34(8):130-138.

体途径,最后还得出在研发外包关系维护中信任机制和声誉机制的实用性和有效性①。宋寒等(2016)指出,由于研发外包中隐性知识价值难以验证,以及服务商的风险规避行为,导致正式契约无法有效激励服务商隐性知识共享。针对该问题,构建非正式的关系契约激励机制,分析了服务商风险规避度等外生变量对关系契约的影响。其研究结果表明,折现系数影响关系契约的可实施性,且临界折现系数是客户知识吸收能力的增函数,是服务商知识共享成本系数、服务商风险规避度、方差的减函数。外生变量对最优关系契约收益共享系数的影响是单调的,而对固定支付的影响是非单调的,且在一定条件下固定支付表现服务商的反向保证金支付②。朱新财(2009)则建立基于委托—代理理论的研发外包过程创新的选择模型,并应用博弈论的相关方法对问题进行了求解,得到无信息泄露情况下研发外包与内部研发的边界,信息泄露情况下研发外包与内部研发的边界以及无信息泄露情况下研发外包与信息泄露情况下研发外包的边界③。陈通和吴勇(2012)从信任的角度,针对研发外包契约的不完全性及由此可能产生的信息泄漏风险,探讨了研发外包中的知识转移问题④。

表 2-2 研发外包的界面问题研究总结

序号	研究内容	主要观点	代表性学者
1	职能界面管理	职能界面管理对研发外包项目的运行成败有着重要影响	Souder and Chakrabarti (1978),Nonka(1994),Song and Parry(1993)
2	知识管理	科学的知识管理可以有效提高研发外包的成功率和产出绩效	Jae-Nam L.(2004),杜荣(2012),陈通和吴勇(2012),Thompson(2014)
3	关系治理	外包双方的合作关系是影响研发外包成功率的重要因素;关系机制对服务质量影响显著	谢庆华(2008),朱廷珺等(2012),谢刚等(2013),梅姝娥等(2013),宋寒等(2016)

---

① 谢庆华,黄培清.R&D外包的决策模型、创新风险及关系治理[J].研究与发展管理,2008,20(4):89-95.

② 宋寒,代应,祝静.风险规避下研发外包中隐性知识共享的关系契约激励[J].系统管理学报,2016,25(3):415-421.

③ 朱新财,银路,肖凡平.基于委托代理机制的研发外包边界[J].系统工程,2009(3):99-103.

④ 陈通,吴勇.信任视角下研发外包知识转移策略[J].科学学与科学技术管理,2012,33(1):77-82.

续表

序号	研究内容	主要观点	代表性学者
4	边界确定	内部研发和研发外包之间存在明显边界;研发外包针对是否存在信息泄露问题也存在明显的边界	朱新财(2009),Joseph 等(2013)

注:笔者根据已有研究成果整理而得。

以上文献研究表明在企业的创新过程中界面管理具有十分重要的作用,这也为研发外包的界面问题研究进一步指明了方向。然而迄今为止,基于集成管理背景的研发外包界面管理研究尚为少见。

2.2.4 关于研发外包的创新风险

(1)研发外包的风险因素

企业进行研发外包的目的是降低研发成本、获取新技术以及进一步降低研发风险等,然而研发外包同时也隐藏着风险,其中最为突出的两个方面是可能造成企业对外部技术的严重依赖和企业自身核心技术的泄漏,因为与创新过程密切相关,因此统称为"创新风险"[①]。创新风险不仅仅是由传统风险因素引起的,还包含与研发活动和创新活动密切相关的创新特有风险因素。

研发外包不论是形式还是内容,都与生产、制造、人力资源等常见的各种企业外包大为不同,研发外包主要是传递、创造、获取各种对企业至关重要的技术信息,所以研发外包中,最为重要的成功因素之一就是促进知识和信息的流动和保护。所以,研发外包造成的风险主要体现在以下三个方面:一是研发外包造成技术失控。假如企业把所有的技术研发工作都外包给企业,则企业自身就会很容易失去核心技术的控制力和市场上的核心竞争力。如果企业过度地利用外部研发资源,会导致对外部研发资源的依赖,最终可能将会受到合作伙伴的控制。二是研发外包管理失控。由于外包供应商是企业外部独立的实体,双方都作为市场主体,是平等的合作关系,如果企业的管理人员没有办法对研发外包的内容以及进度进行控制和监督,就极有可能对研发项目整体失去控制。三是知识的流失。委托方企业在研发外包时面临的另一个重大的

---

① 谢庆华,黄培清.R&D 外包的决策模型、创新风险及关系治理[J].研究与发展管理,2008,20(4):89-95.

负面效应是企业研发的部分信息,如技术路线、研发战略等可能被外包商掌握。这样当研发外包供应商掌握企业的核心技术后,就有可能转为自主开发或者是直接向竞争对手出售,进而给企业带来很大损失①。

利用项目管理的生命周期理论,可将研发外包全过程分为四个阶段:战略分析、外包建立阶段、研发外包管理、研发外包收尾。这个过程中充满着各种风险,按照在研发外包中表现的载体不同可分成三大类:项目风险、合同风险与外包管理风险。研发外包是一把"双刃剑",在帮助企业提高创新绩效的同时,也给企业带来了众多风险。由于研发外包涉及企业最核心的知识技术资源,并在创造、保存、转移和运用的各个环节中极易产生泄露风险,从而损害企业长远利益,因此识别并治理研发外包活动中知识泄露风险成为学界和业界广泛关注的问题②。佟笑和陈玉文(2015)分析了新药研发外包各阶段可能存在主要的风险及危害,并提出可以通过建立科学的外包服务商选择评估体系,制定严谨、灵活的合作合同,建立利益共享、风险共担机制,建立有效的信息反馈、绩效测评机制等措施对研发外包风险进行控制和防范③。研发外包对创新绩效的负面影响,主要表现在管理失控、信息流失、关键技术流失三个方面。发包方要求接包方保护它的知识产权和敏感信息,也就是说发包企业对转移到接包方的知识产权和敏感信息失去了直接的控制权,而信息保护的责任全部落到了接包方。发包方只能通过合同或保密协议来间接控制。此外,研发外包项目的进度控制和质量管理问题,是发包方和接包方共同关注的难题。任何企业都有商业秘密,如何保证企业的商业秘密文件不被泄露出去是一个关键因素。内部员工或者外包人员为了某种不可告人的目的故意泄露重要或敏感信息,会造成信息外泄。如软件研发后期的测试阶段,测试系统的数据有时是真实数据,如果处理不当会造成数据的快速流失。再如著名的印度外包公司 Lexis Nexis 旗下的 Seisint 数据库遭遇入侵事件,几十万条美国个人信息外泄。因此,发包方的数据,如果没有进行很好的控制,重要的商业秘密就会随外包流失,并可能将企业的关键战略信息和知识传递给竞争者,会影响发包方后续的创新活动。

---

① 熊涛,袁莉.研发外包风险控制策略研究.经济管理者[J].2010(2):55.
② 杨治,刘雯雯.企业研发外包中知识泄露风险的案例研究[J].管理学报,2015,12(8):1109-1117.
③ 佟笑,陈玉文.新药研发外包中的风险控制[J].沈阳药科大学学报,2015,32(11):887-891.

(2)研发外包创新风险产生的原因及应对策略

一般而言,外包中的风险主要包括过度依赖外包商、各类隐性成本、外包商服务质量的低下、know-how 的丧失以及社会风险等[①]。研发外包也包含这些风险,然而,在创新背景下,研发外包中还存在一些与创新活动密切相关的创新特有风险。研发外包实质上是一个知识共享过程,而知识的流动是隐性和难以掌控的,因而,企业通过研发外包获取外部创新资源的同时,也面临着自身创新潜能丧失的风险。正如 Hamel(1991)所言:核心能力可以从外部吸收进入企业内部,也可能在这一过程中丧失而转移至竞争对手处[②]。谢庆华、黄培清(2008)从吸收能力、知识外溢等方面分析了研发外包的风险,指出吸收能力不足的企业采取研发外包策略会面临"空心化"危险,而企业的核心机密则有可能在研发外包实施和交流过程中被外包商泄漏给竞争对手[③]。李小卯和司春林(2000)较早关注研发外包中的双边道德风险问题,认为在研发外包合同中只考虑接包方单边道德风险,而忽视合作创新中的双边道德风险会给合同执行埋下隐患[④]。由此可见,研发合作中,签订双边道德风险下的研发外包合同,有利于提升研发外包项目的成功率。Chen(2005)从知识扩散和传递的角度分析了研发外包中的双边道德风险,在比较不同研发模式的基础上,提出了有利于双方知识共享的研发外包组织框架[⑤]。

为了规避技术外包中存在的种种风险,最根本的做法就是理解技术外包风险产生的原因。姜灵敏和程一芳(2016)针对研发外包的特点,从成本、进度、质量、信息和竞争五个维度识别企业研发外包过程中所面临的风险因素,结合集成产品开发理论提出研发外包风险的管理流程,从研发项目的各个阶段对风险进行识别和调控[⑥]。从实质上来看,技术外包体现的是一种供应链

---

① Quelin B.,Duhamel F.Bringing together strategic outsourcing and corporate Strategy:OutSourcing motives and risks[J].European Management Journal,2003(5):647-661.

② Hamel G. Competition for competence and interpartner learning within international strategic alliances[J].Strategic Management Journal,1991,12(4):83-103.

③ 谢庆华,黄培清.R&D 外包的决策模型、创新风险及关系治理[J].研究与发展管理,2008,20(4):89-95.

④ 李小卯,司春林.资源外包与 R&D 管理[J].研究与发展管理,2000,12(6):6-11.

⑤ Chen S.Task partitioning in new product development teams:A Knowledge and learning perspective [J].Journal of Engineering and Technology Management,2005,22(4):291-314.

⑥ 姜灵敏,程一芳.基于集成产品开发的五维度研发外包风险模型研究[J].中国高新技术企业,2016(2):19-21.

企业之间的合作关系,企业和技术外包服务商之间的关系是委托—代理关系。一般情况下,因为信息不对称的情况普遍存在,委托人常常会比代理人处于一个更不利的位置。在研发外包业务当中,有一部分研发外包企业常常不能深入地了解实施技术服务的企业究竟能达到怎样的期望值,这就会造成对技术外包的实施过程无法监控,效果无法评估。一般地,企业都有自己的商业秘密及技术机密。把技术研发,特别是核心技术研发外包给服务商后,就要保证企业的商业机密及技术机密文件不会被泄露出去,但是目前我国的技术研发外包必须面对知识产权环境不佳的大背景,在此大背景下,企业很容易造成研发外包后自身知识、技术与研发秘密的泄露。要想让技术服务成为一种商品,就必须有一套规范以及标准来约束买卖双方,但是现在国内技术外包服务领域还没有统一规范也没有公认的一个标准,而且研发外包管理流程的复杂、知识产权保护和技术外包服务提供商自身能不能健康地成长等原因造成企业和外包供应商都对研发外包缺乏清晰明确的商业概念,就如何进行研发外包项目评估、外包质量控制、签订合同和服务定价等环节上存在一些双方均很难避免的失误或者不足。

此外,学者还对研发外包的成本特征展开了研究,Puga and Trefler(2002)[1]将研发外包独特的成本特征概括为合同的不完全性、知识的非独占性以及累积性创新的不完全替代性[2]。合同的不完全性是研发外包最为重要的成本特征,可以从两个层面对其进行区分,即一般意义上的合同不完全性和创新背景下的合同不完全性。Lewis and Yao(2003)[3]、Robinson and Stuart(2004)[4]、Lemerand Malmendier(2005)[5]等学者则认为,由于研发项目具有事前不可描述以及事后不可验证性,因而合同的不完全性在创新背景下体现得更为明显。

随着企业内外部环境的变化以及研发外包项目中不确定因素的相互作用

---

[1] 马淑文.我国企业实现开放式创新对策思考[J].经济纵横,2006(11):53-55.

[2] Puga,D.,Trefler D.Knowledge creation and control in organization[R].NBER Working Paper,No.9121,2002.

[3] Lewis T.,Yao D.Inovation, Knowledge Flow, and Worker Mobility[R].Working Paper,Duke University,2003.

[4] Robinson D.,Stuart, T.Financial Contracting in Biotech Strategic Alliances[R]. Working Paper,Duke University;2004.

[5] Lerner J.,Malmendier U.Contractibility and the Design of Research Agreements[R].Working Paper,Harvard Business School,2004.

和交互影响,潜在危险的突然出现可能会给企业的外包业务造成致命威胁。因此,企业应该识别研发外包成败的各种不利因素以及这些不利因素可能给企业带来的潜在威胁,只有当企业全面系统地识别出其所面临的风险因素之后,才能利用科学规范的方法与手段进行规避与防范。同时,面对研发外包存在的风险,企业应该慎重地决定并选择合适的外包方式、确定恰当的外包内容、签订详细的外包合同、选择合适的外包供应商、有效的外包关系管理、合理的激励与惩罚机制、完善相关的法律法规。

可见,尽管研发外包存在较多风险,但越来越多的大公司尤其是跨国公司仍采用研发外包的方式,如爱立信、戴尔等已成为"系统整合商",许多公司根据发展战略和技术需求,旨在促进企业核心技术、核心产品和核心能力,充分利用外部技术资源,几乎外包了技术创新链的任何要素和任何过程。这说明:①核心技术不等于核心竞争力,企业核心竞争力最重要的部分已转向如何快速解读、整合和满足消费者的需求;②企业的核心技术能力完全可以通过外部资源获得,研发外包已成为跨国公司获取竞争优势的战略性工具之一。

在全球经济一体化和技术专业化分工日益细化的背景下,国内企业也渴望引入研发外包这一新兴模式提升自己的技术能力,但研发外包不如传统的业务资源外包易于管理和控制,研发外包中知识流动更多的是隐性、难以掌控的,研发外包的失败率也要高于一般的资源外包。

通过上述评述发现知识产权、核心技术风险是研发外包中合同双方面临的最主要的风险之一。然而,目前的研究都主要集中在作为发包方的企业在外包中的风险防范,而对承包方的风险防范的研究几乎处于空白状态。但实际上,承包方作为研发成果的提供方也会面临知识产权风险,承包方的知识产权风险防范理论的阙如将会制约承包企业相关产业的健康发展。

在研发外包的风险管理方面,Amit 等(1990)[1]指出风险分担是企业研发外包的驱动力之一,风险规避型研发企业更愿意对其技术授权许可,进而在融资的同时分摊风险。Rochet 和 Stole(2002)[2]对承包商的风险态度及其类型

---

[1] Amit R., Glosten L., Muller E. Entrepreneurial ability, venture investments and risk sharing[J]. Management Science,1990,36(10):1233-1246.

[2] Rochet J.C., Stole L.A. Nonlinear pricing with random participation[J]. The Review of Economic Studies,2002,69(1):277-311.

进行研究。Bahli 等(2003)[①]认为,尽管研发外包能带来显著的利润,但同时也会产生不确定性风险,并进一步提出适用外包、转移支付、委托代理等领域的风险评估框架。Bryson 和 Sullivan(2003)[②]基于价值理论,对研发外包的价值提升问题进行了研究,并设计了考虑研发成败风险的外包激励合约。刘克宁和宋华明(2014)提出,在创新产品的研发过程中,许多企业会将部分研发模块外包,而承包商的能力水平和成本信息的不对称,会给外包商带来收益风险[③]。

2.2.5 关于研发外包合同及机制设计

2.2.5.1 关于研发外包合同的基本概念

陈祥锋(2002)指出,合同又称契约(合约),通常是指规定了合同的一方承诺以一定的价格在一定的时间内为另一方提供一定数量的商品或特定服务质量,而另一方则按照合同中相关激励和惩罚因素的规定向对方支付一定报酬的具有一定法律效力的文件,一般是交易各方共同达成而形成的[④]。随后,怀劲梅(2006)和宋寒(2010)进一步指出研发外包合同是指承包商承诺在规定的时间和地点,向外包商提供满足其要求的研发成果,而外包商依据研发外包合同规定,向承包商支付一定数量的报酬的过程。由此,可以把研发外包合同理解成一项或一系列的承诺,在研发外包合同中还规定了违约时需要向另一方支付一定的违约金,同时明确了研发外包过程中可能出现的风险和相应的防范措施[⑤]。

[①] Bahli B.,Rivard S.The information technology outsourcing risk:a transaction cost and agency theory-based perspective[J].Journal of Information Technology.2003(813):211-221.

[②] Bryson K.,Sullivan W.E.Designing effective incentive-oriented contrancts for application service provider hosting of ERP system[J].Business process Management Journal.2003,9(6):705-721.

[③] 刘克宁,宋华明.不对称信息下创新产品研发外包的甄别契约设计[J].中国管理科学,2014,22(10):52-58.

[④] 陈祥锋.供应链合同管理模型及应用研究[D].上海:复旦大学,2002.

[⑤] 程源,雷家骕.企业技术源的延化趋势与战略意义[J].科学学与科学技术管理,2004(9):74-77.

怀劲梅.基于柔性的设备维护外包合同管理研究[D].湖北:华中科技大学,2006.

研发外包合同是研发外包项目顺利实施的基础和重要保障,是外包商和承包商之间的联系纽带,由于研发外包合同提供了防范研发外包双方机会主义行为的相关有效措施,因此作为外包双方关系的确定性工具,对研发外包关系的平衡起了十分重要的作用。研究认为,有效的研发外包合同是影响研发外包项目成败的关键因素[①]。同时,尽管外包商和研发承包商之间是一种合同关系,但有效的研发外包合同能引导外包商和承包商建立长期的战略合作伙伴关系,特别是在外包商与承包商的合作伙伴关系确立后,研发外包合同就为双方建立长期的合作伙伴关系提供了重要保障[②]。

1.研发外包合同的基本特征

研发外包是服务外包的高端形式,除了具有和其他服务外包共性的特征外,还具有一些自身的不同特点。完全合同理论认为完整、全面和精确是研发外包合同的基本特征。由于在合同执行过程中已经将所有的或然性因素都纳入考虑的范畴,所以可以认为合同本身具有完全性,即事后无须对合同进行进一步的修正[③]。然而,由于研发活动具有较大的不确定性:如无法准确掌握投入前研发项目所需的相关资源情况,无法准确预见研发创新成果的价值,无法确认研发外包项目的成功率等。因此,已有的相关学者认为在实际中不完全合同是常态和必然,而真正的完全合同是不可能达到的。研究发现,在研发外包前,外包商往往很难完整准确地描述具体的研发需求,因而在研发外包过程中外包商需要与承包商进行不断的沟通和交流,才能进一步明确和完善研发

---

① Juliana H., Volker M. Outsourcing R&D: a review, model, and research agenda[J]. R&D Management, 2010, 41(1): 1-7.

② Rajeev K.G. On contracting for uncertain R&D[J]. Managerial and Decision Economics, 1999(20): 99-106.

③ Gefen D., Wyss S., Lichtenstein Y. Business familiarity as risk mitigation in software development outsourcing contracts[J]. Mis Quarterly, 2008, 32(3): 531-551.

Snir E.M., Hitt L.M. Vendor screening in information technology contracting with a pilot project[J]. Journal of Organizational Computing and Electronic Commerce, 2004, 14(1): 61-88.

的具体要求,故研发外包合同的柔性和平衡性也是合同的基本特征①。如怀劲梅(2006)对外包合同的柔性管理进行了深入研究②。Iyer(2005)、Osei-Bryson 和 Ngwenyama(2006)及 Archetti(2011)等学者则强调了研发外包的平衡性和激励性,研究指出有效的研发外包合同不但能平衡外包商和承包商的利益,还能激励承包商选择正确的行为,从而降低承包商的机会主义行为③。

由于研发外包合同涵盖了研发外包执行过程中所有可能的事务风险,因此研发外包合同具有完整性、全面性和精确性。通常情况下,一个完整的、全面的研发外包合同不但应该具体而明确地规定研发业务范围、研发服务水平、价格以及支付体系等具体内容,还应该能对外包运作过程中的资产和人员转移问题、风险的承担和相关责任落实问题、出现争端问题的解决办法、合同终止权控制问题、知识产权保护问题以及信息安全等问题作出有效而详尽的描述④。其中,研发外包业务范围的确定是研发外包合同的基本组成部分,同时也是研发外包运作过程中进一步确定其他具体合同内容(如研发服务水平、资产和人员转移、价格与支付体系等)的重要保障。一个完整的研发外包合同不但要能详尽地描述研发外包的业务范围,具有较强的可操作性,还要能满足法律方面的相关技术要求。研发服务水平协议(R&D Service level

---

① Goo J., Huang C.D.Facilitating relational governance through service level agreements in IT outsourcing: An application of the commitment-trust theory[J].Decision Support Systems,2008,46(1):216-232.

Harris A., Giunipero L.C., Hult G.T.M. Impact of organizational and contract flexibility on outsourcing contracts[J]. Industrial Marketing Management, 1998,27(5):373-384.

Tarakci H.,Tang K.,Moskowitz H.,et al.Maintenance outsourcing of a multi-process manufacturing system with multiple contractors[J].Iie Transactions,2006b,38(1):67-78.

② 怀劲梅.基于柔性的设备维护外包合同管理研究[D].湖北:华中科技大学,2006.

③ Ives B., Olson M.H.User involvement and mis success-a review of research[J]. Management Science,1984,30(5):586-603.

Osei-Bryson K.M., Ngwenyama O.K.Managing risks in information systems outsourcing:An approach to analyzing outsourcing risks and structuring incentive contracts[J].European Journal of Operational Research,2006,174(1):245-264.

Archetti M.Contract theory for the evolution of cooperation: The right incentives attract the right partners[J].Journal of Theoretical Biology,2011,269(1):201-207.

④ Lee M.K.O. IT outsourcing contracts: practical issues for management [J]. Industrial Management and Data Systems,1996,96(1):15-20.

agreements)则是指合同中对承包商所提供服务的具体要求和水平进行的具体规定。研发服务水平协议需要明确界定承包商提供研发服务的具体时间及实现的绩效水平,并保证外包商能通过所制定的报告制度或采用定期会议及时评估承包商的绩效。完整的资产和人员转移协议则包括评估所有需要转移的资产和确定相应的转移方式(如租赁和销售)等。此外,完整而全面的研发外包合同还应该包含风险承担和相关责任的落实问题、争端问题的解决方案、合同终止权控制问题、知识产权保护问题及信息安全问题等相关内容,从而避免或减少研发外包执行过程中出现的纠纷。精确的价格协议规定了研发服务的固定费用、资产转移费用、承包商的奖惩费用及具体的支付时间等[1]。

Appleton(1996)、Sommer(2003)及Tan和Sia(2006)研究提出研发外包合同的柔性体现在研发外包合同能针对内外部环境的变化,及时修订合同的相关条款,适当地变更研发外包合同的一些内容[2]。即柔性化程度较高的研发外包合同通常要具有一定的可变更性,即当研发外包的外部环境发生变化时,外包商和承包商可以在合同有效期内的任何时间,对合同的部分或全部条款进行相应的修订、重拟或更改。Sommer(2003)也指出合同的柔性是支持研发外包的重要因素,柔性化的研发外包合同是研发外包项目顺利实施的重要保障[3]。Sia和Tan(2008)对研发外包中的柔性问题进行了概念阐述,并从可变性、鲁棒性、适应性、退出性四方面构建了相应的概念模型[4]。在实际中,合同的变更可能会导致外包商和承包商发生争端问题。这时,为了保证研发外包合同本身的柔性并尽快有效处理争端问题,就需要有一个合理的争端解决机制。一个有效的争端解决机制是保持研发外包双方战略合作关系的重要基础和保障,不仅能保障研发外包合同变更的顺利进行,还能迅速而有效地解

---

[1] Milner J.M., Olsen T.L.Service-level agreements in call centers: Perils and prescriptions[J].Management Science,2008,54(2):238-252.

[2] Appleton E.L.Big-time,big-league Web outsourcing[J].Datamation,1996,42(15):84-86.

Sommer R.A.Business process flexibility: a driver for outsourcing[J].Industrial Management & Data Systems,2003,103(3-4):177-183.

Tan C.X., Sia S.K.Managing flexibility in outsourcing[J].Journal of the Association for Information Systems,2006,7(4):179-205.

[3] Sommer R.A.Business process flexibility: a driver for outsourcing[J].Industrial Management & Data Systems,2003,103(3-4):177-183.

[4] Sia S.K., Koh C., Tan C.X.Strategic maneuvers for outsourcing flexibility: An empirical assessment[J].Decision Sciences,2008,39(3):407-443.

决出现的争端问题。

Hasija(2008)和丁旭等(2011)指出,研发外包合同的平衡性是指研发外包合同的内容不能明显偏于某一方,要能够有效地平衡外包商与承包商之间的利益;激励性则要求研发外包合同涵盖科学的激励机制,以减少研发外包中承包商的机会主义行为,激励其努力工作[1]。激励机制主要包括激励类型、激励措施、激励结构、未达到预定绩效水平的惩罚措施等,主要指是通过建立一整套理性化的制度来激励外包双方的一种方式。事实上,不同的市场环境和研发利益分配方式下的道德风险及合作双方的投资策略也会不同,黄波等(2010)研究提出,可以通过建立不同环境下的最优利益分配方式,并以此来作为激励机制来防范承包商的道德风险问题[2]。吕海萍等(2004)研究也发现利益分配是研发外包中的最大障碍因素之一[3];任培民和赵树然(2008)则提出可以用期权—博弈整体化方法来解决研发外包项目中的最优利益分配问题[4];Yang(2007)研究则发现研发外包的演化结果与研发合作收益大小及收益分配公平度等密切相关[5]。

2.研发外包合同的类型

已有研发外包合同根据不同的分类标准,有不同的分类内容。如 Bandyopadhyay 和 Pathak(2007)、Jiang 等(2008)、Bhargava 和 Sundaresan(2004)以及 Nachiappan 等(2007)认为,按照承包商的所处的交易市场环境的

---

[1] Hasija S.,Pinker E.J.,Shumsky R.A.Call center Outsourcing contracts under information asymmetry[J].Management Science,2008,54(4):793-807.

丁旭,黄波,孟卫东.基于投资溢出的供应链研发联盟利益分配方式研究[J].预测,2011,30(5):48-53.

丁旭,孟卫东,陈晖.基于技术风险的供应链纵向合作研发利益分配方式研究[J].科技进步与对策,2011,28(20):19-23.

[2] 黄波,孟卫东,李宇雨.基于道德风险的研发外包利益分配方式研究[J].科技进步与对策,2010,27(10):16-19.

[3] 吕海萍,龚建立,王飞绒等.产学研相结合的动力——障碍机制实证分析[J].研究与发展管理,2004,16(2):58-62.

[4] 任培民,赵树然.期权——博弈整体方法与产学研结合利益最优分配[J].科研管理,2008,29(6):171-177.

[5] Yang Q.Analysis of evolutionary game on "industry-university-institute" cooperation[J].Proceedings of the 4th International Conference on Innovation and Management,2007,553-558.

不同,已有的研发外包合同可以分为一对一研发外包合同和一对多研发外包合同[①];Chen 等(2005)、Chou 等(2009)、Rottman 和 Lacity(2008)以及刘伟等(2009)认为,按照研发外包合同时间的长短,已有的研发外包合同可以分为单一周期的研发外包合同和多个周期的研发外包合同[②];Aksin 等(2008)、Yost 和 Harmon(2002)、Bandyopadhyay 和 Pathak(2007)以及 Miranda 和 Kavan(2005)研究指出,按照研发外包合同内容的完备性和关注点,已有的研发外包合同可分为正式研发外包合同和非正式研发外包合同(关系契约)[③];Gopal 等(2003)、Liston 等(2007)以及 Kaya 和 Ozer(2009)提出,按照研发外包中信息

---

① Bandyopadhyay S., Pathak. P. Knowledge sharing and cooperation in outsourcing projects-a game theoretic analysis[J].Decision Support System.2007,42(2):349-358.

Jiang B., Reinhardt G., Young S.T.BOCOG's outsourcing contracts: The vendor's perspective[J].Omega-International Journal of Management Science,2008a,36(6):941-949.

Bhargava H. K., Sundaresan S. Computing as utility: Managing availability, commitment,and pricing through contingent bid auctions[J].Journal of Management Information Systems,2004,21(2):201-227.

Nachiappan S., Jawahar N., Arunkumar C.Evolution of operating parameters for multiple vendors multiple buyers vendor managed inventory system with outsourcing[J].Journal of Industrial and Management Optimization,2007,3(3):597-618.

② Chen S. Task partitioning in new product development teams: A knowledge and learning perspective[J].Journal of Engineering and Technology Management,2005,22(4):291-314.

Chou D.C., Chou A.Y.Information systems outsourcing life cycle and risks analysis[J].Computer Standards & Interfaces,2009,31(5):1036-1043.

Rottman J.W., Lacity M.C.A US client's learning from outsourcing IT work offshore[J].Information Systems Frontiers,2008,10(2):259-275.

刘伟,郭捷,杨绍斌.基于声誉理论的研发外包动态激励机制研究[J].技术经济,2009,28(1):17-21.

③ Aksin O. Z., De Vericourt F., Karaesmen F. Call center outsourcing contract analysis and choice[J].Management Science,2008,54(2):354-368.

Yost J.A., Harmon W.K.Contracting for information system outsourcing with multiple bidders[J].Journal of Information Systems,2002,16(1):49-59.

Bandyopadhyay S., Pathak P.Knowledge sharing and cooperation in outsourcing Projects-A game theoretic analysis[J].Decision Support Systems,2007,43(2):349-358.

Miranda S.M., Kavan C.B.Moments of governance in IS outsourcing: Conceptualizing effects of contracts on value capture and creation[J].Journal of Information Technology,2005,20(3):152-169.

特征的不同,已有的研发外包合同可以分为对称信息下的研发外包合同和不对称信息下的研发外包合同[①]。此外,刘伟等(2009)还提出成本附加契约、固定支付契约及激励契约三类研发外包合同[②]。其中,成本附加契约是指外包商在向承包商支付全部研发项目成本的基础上再附加提供一笔其他费用;固定支付契约是指研发外包结束后外包商只向承包商支付一笔固定的成本及费用;激励契约是指承包商只支付一部分的项目费用成本,外包双方共同承担一切风险。可见,固定支付契约下研发外包项目的风险全部是由承包商承担,成本附加契约下研发外包项目的风险则全部是由外包商来承担,激励契约下研发外包双方共同承担风险。显然,在研发外包理论研究中激励契约具有更大的吸引力。

(1)一对一研发外包合同与一对多研发外包合同

一对一研发外包合同是指外包商将研发任务委托给唯一的承包商,只与唯一的承包商签订研发外包合同。如黄波等(2010)针对实际外包环境,设计了一对一的研发外包合同[③];一对多研发外包合同是指外包商将研发任务外包或分包给多个承包商,如伍蓓等(2009)根据X集团的系统功能和分包原则,将汽车系统分为动力、电子、悬挂、安全和制动五大系统,又细分为20余个子系统,近60个界面,然后根据不同能力的承包商设计了不同的研发外包合同,把研发任务分包给了多个承包商[④]。

在研发外包的实施过程中,承包商数量的确定对研发外包决策具有重要的影响。采用单一承包商战略是为了能与该承包商建立长期、密切的交易关

[①] Gopal A.,Sivaramakrishnan K.,Krishnan M. S.,et al. Contracts in offshore software development: An empirical analysis[J]. Management Science,2003,49(12):1671-1683.

Liston P.,Byrne J.,Byrne P.J.,et al.Contract costing in outsourcing enterprises:Exploring the benefits of discrete-event simulation[J].International Journal of Production Economics,2007,110(1-2):97-114.

Kaya M.,Ozer O.Quality risk in outsourcing:Noncontractible product quality and private quality cost information[J].Naval Research Logistics,2009,56(7):669-685.

[②] 刘伟,郭捷,杨绍斌.基于声誉理论的研发外包动态激励机制研究[J].技术经济,2009,28(1):17-21.

[③] 谢庆华,黄培清.R&D外包的决策模型、创新风险及关系治理[J].研究与发展管理,2008,20(4):89-95.

[④] 伍蓓,陈劲,吴增源.企业研发外包的模式、特征及流程探讨[J].研究与发展管理,2009,21(2):56-63.

系,从而获取规模经济效应。然而,当外包交易频率和资产专用性较高时,一对一外包交易关系就很容易产生承包商的机会主义行为,这时外包商将会面临较大的风险问题。而采用多个承包商战略虽然能够实现对研发承包商的机会主义问题进行有效的防范,但这种研发外包关系也同样存在一些不足之处,即往往很难实现规模经济效益。因此,外包商往往很难判断这两种战略孰优孰劣,由此在承包商数量的确定上产生了一些困境[①]。鉴于此,徐妹等(2006)建立了考虑知识专用性的两阶段外包决策分析模型,系统分析一对一和一对多不同战略下的交易成本问题,并对两种战略的优缺点和适用条件作了说明和规定[②]。

(2)单一周期的研发外包合同与多个周期的研发外包合同

单一周期的研发外包合同是指外包商与承包商只签订一个研发服务周期的外包合同,如 Osei-Bryson and Ngwenyama(2006)研究设计了基于单一周期的信息系统外包的最优激励机制。多个周期的研发外包合同指外包商与承包商签订多个研发外包服务周期的合同,外包商和承包商之间建立了长期合作关系[③]。如刘伟等(2009)建立了基于声誉理论的研发外包多周期动态激励机制模型,研究结果表明:声誉机制可以有效激励承包商在第 1 期、第 2 期的努力水平,同时提高承包方从第 1 期、第 2 期产出里分享的剩余份额[④]。

(3)正式研发外包合同与非正式研发外包合同

李治国(2007)和谢刚等(2013)研究提出,正式合同是事前明确承诺,事后可验证的,且可以通过法庭等第三方机构进行强制实施[⑤]。Brown 等(2004)和 Hviid(1998)认为非正式合同又称为关系契约,是指主要针对未来关系价

---

① 徐妹,胡明铭,李自如.论"单一外包商"与"多外包商"两种外包战略的选择[J].管理工程学报,2006,20(2):120-122.

② 徐妹,胡明铭,李自如.论"单一外包商"与"多外包商"两种外包战略的选择[J].管理工程学报,2006,20(2):120-122.

③ Osei-Bryson K.M., Ngwenyama O.K. Managing risks in information systems outsourcing: An approach to analyzing outsourcing risks and structuring incentive contracts[J]. European Journal of Operational Research,2006,174(1):245-264.

④ 刘伟,郭捷,杨绍斌.基于声誉理论的研发外包动态激励机制研究[J].技术经济,2009,28(1):17-21.

⑤ 李治国.激励过程中的正式契约与关系契约:一个综述[J].产业经济研究,2007,5(3):62-67.

谢刚,梅姝娥,熊强.IT 服务外包关系中的正式契约、关系契约及交互关系研究[J].华东经济管理,2013,27(3):115-118.

值而签订的非正式协议[①]。研究同时指出,当合同标的仅仅可以被当事人事后感觉到,由第三方验证所需成本高昂时,关系契约就产生了。也就是说,关系契约是"不可契约"的合同,其标的的不可验证性主要是针对缔约双方以外的第三方而言的。王安宇(2006)进一步提出,正是由于标的对第三方来讲不可验证,所以被称作具有自执行的契约(Self-enforcing contracts)[②]。Levin(2003)也对非正式合同与正式合同的不同之处进行了分析,结果表明,正式合同明确规定了事后可以由法庭等第三方机构进行进一步验证和强制执行的具体条款内容,而非正式合同中的承诺可能不能被法庭等第三方机构所验证和强制执行[③]。一些研究学者的研究发现,正式合同具有明显的强制执行性,而非正式合同往往具有"自我实施性"(Self-enforced)[④]。

正式研发外包合同的合同标的参数通常具有较大的可验证性,而非正式研发外包合同的合同标的部分参数具有不可验证性。如王安宇等(2006)设计的研发外包合同为非正式发合同[⑤],而刘伟(2009)所设计的研发外包合同就是具有可验证的正式合同[⑥]。Miranda和Kavan(2005)[⑦]、王安宇等(2006)[⑧]

[①] Brown M., Falk A., Fehr E. Relational contracts and the nature of mark interactions[J]. Econometrica, 2004, 72(3):747-780.

Hviid M. Relational contracts repeated interaction and contract modification[J]. European Journal of Law and Economics, 1998, 5(2):179-194.

[②] 王安宇,司春林,骆品亮.研发外包中的关系契约[J].科研管理,2006,27(6):102-108.

[③] Levin J. Relational incentive contracts[J]. The American Economic Review, 2003, 93(3):835-857.

[④] Daido K. Formal and relational incentives in a multitask model[J]. International Review of Law & Economics, 2006, 26(3):380-394.

刘清海,史本山.研发外包契约选择:基于事后效率的研究[J].软科学,2012,26(5):136-140.

谢刚,梅姝娥,熊强.IT服务外包关系中的正式契约、关系契约及交互关系研究[J].华东经济管理,2013,27(3):115-118.

[⑤] 王安宇,司春林,骆品亮.研发外包中的关系契约[J].科研管理,2006,27(6):102-108.

[⑥] 刘伟,郭捷,杨绍斌.基于声誉理论的研发外包动态激励机制研究[J].技术经济,2009,28(1):17-21.

[⑦] Miranda S.M., Kavan C.B. Moments of governance in IS outsourcing: Conceptualizing effects of contracts on value capture and creation[J]. Journal of Information Technology, 2005, 20(3):152-169.

[⑧] 王安宇,司春林,骆品亮.研发外包中的关系契约[J].科研管理,2006,27(6):102-108.

及刘清海等(2012)[①]在研发外包项目价值创造的治理问题上,进一步对比了正式与非正式研发外包合同各自产生的效果,得出两者在治理上具有一定的互补作用的结论。

上述关于研发外包合同的分类不是单一的,更不是唯一的,现有的各分类标准具有交叉和局部覆盖的内容。若按照是否将信息泄露问题纳入研发外包合同设计的考虑范畴,研发外包合同也可以分为考虑信息泄露问题的研发外包合同和不考虑信息泄露问题的研发外包合同。

2.2.5.2 关于不对称信息下的研发外包合同及机制设计研究

张维迎(2004)指出,所谓不对称信息是指由于信息掌握程度的差异,社会市场经济活动中,处于有利地位的一方往往拥有较大的信息优势,而处于相对不利的另一方所拥有的信息则相对匮乏[②]。不对称信息主要涵盖以下内容:一是交易双方所拥有的信息在数量和质量的不对称;二是信息披露与传送机制不完善所引发的信息失真问题;三是信息源的不确定性所引起的信息动态不完全问题[③]。

信息经济学中不对称信息的分类主要是根据不对称信息的内容和不对称信息发生的时间而进行。按照不对称信息的具体内容上的不同,不对称信息有参与人无法掌控的外生的信息或知识,也有交易过程中内生的不易被观测的行动。通常地,把研究不可控制的信息或知识的模型称为隐藏知识(信息)模型,把研究不可观测的行动模型称为隐藏行动模型[④]。按照不对称信息发生时间的不同,把发生在签约前的不对称信息称为事前不对称信息,把发生在签约后的不对称信息称为事后不对称信息。事前不对称信息主要是指交易一方利用签约前已经掌握的信息签订有利于自身而不利于对方的合同[⑤]。事后不对称信息主要是指签约后交易一方利用自身的信息优势做出不利于对方利

---

① 刘清海,史本山.研发外包契约选择:基于事后效率的研究[J].软科学,2012,26(5):136-140.

② 张维迎.博弈论与信息经济学[M].上海:上海人民出版社,2004.

③ De Meza D., Webb D. C. Too much investment: a problem of asymmetric information[J].The Quarterly Jouranal of Economics,1987,102(2):281-292.

④ Schmitz P.W.On the interplay of hidden action and hidden information in simple bilateral trading problems[J].Journal of Economics Theory,2002,103(2):444-460.

⑤ Greenwald B.C. Adverse selection in the labour market[J].Review of Economic Studies,1986,53(3):325-347.

益而有利于自身效用最大化的行为。事前不对称信息往往会产生逆向选择问题,而事后不对称信息会产生道德风险问题。因此,把研究事前不对称信息的模型称为逆向选择模型,把研究事后不对称信息的模型称为道德风险模型[①]。

由于本书研究的是考虑信息泄露情况下的研发外包合同设计,并且重点关注不对称信息下外包商如何设计有效的研发外包合同,实现研发外包双方的最优参与。因此,下文将分别对与本书研究主题密切相关的不对称信息下不考虑信息泄露的研发外包合同(机制设计)和不对称信息下考虑信息泄露的研发外包合同(机制设计)的研究文献进行综述,如表2-3和表2-4所示。

1. 不考虑信息泄露的研发外包机制设计

(1)单一"逆向选择"问题研究

研发外包中的"逆向选择"问题主要是指承包商(外包商)利用签订合同前外包商(承包商)所不可能掌握的对对方不利的私人信息,如R&D真实的交易成本、技术要求、代理人能力要求、履约能力、信誉和资质、创新思想价值等,与对方签订对自身有利的合同,而损害了处于信息劣势的另一方的利益。常见的解决逆向选择问题的方法是信息传递、信息甄别和建立声誉模型[②]。

委托—代理理论针对研发外包中的逆向选择问题,提出了两种有效的解决方法。在一对一的研发外包环境下,外包商可以通过设计有效的研发外包合同或机制,揭露承包商的真实信息;在一对多的研发外包环境下,外包商可以通过建立选择机制,让众多竞争的承包商主动传递和显示真实信息[③]。即外包商提供多个契约供承包商选择,承包商根据自己的类型选择合适的契约并确定最优的努力水平。如刘克宁和宋华明(2014)采用委托—代理理论中的信息甄别模型,将研发的承包商分为高成本系数和低成本系数两类,由创新企业设计包含固定支付和收益共享系数两个参数的外包甄别契约,来推断其真实能力[④]。然而,当承包商之间的能力或成本信息存在较小差距时,逆向选择

[①] Prescott E.C., Townsend R.M. Pareto optima and competitive equilibria with adverse selection and moral hazard[J]. Econometrica, 1984, 52(1): 21-45.

宋寒. 不对称信息下考虑客户企业参与的服务外包合同[D]. 重庆: 重庆大学, 2010.

[②] Stiglitz J., Weiss A. Credit rationing in markets with imperfect information[J]. American Economic Review, 1981(71): 393-410.

[③] Lin L., Geng X., Whinston B. A sender-receiver framework for knowledge transfer[J]. MIS quarterly, 2005, 29(2): 197-219.

[④] Amit R., Glosten L., Muller E. Entrepreneurial ability, venture investments and risk sharing[J]. Management Science, 1990, 36(10): 1233-1246.

合同将会出现混同,这时外包商对承包商的信息不能进行有效区分;同时,当承包商之间竞争优势不明显时,承包商也不能有效传递出区分自身的信号。可见,外包商往往不能针对所有的市场环境都能设计出有效的信息甄别合同或激励机制[①]。

为此,很多学者指出,在解决逆向选择问题时应该在采用激励手段的同时,结合其他机制实现合同的有效制定[②]。如 Kreps、Mit.Grom、Roberts 和 Wilson(1982)四人最早利用重复博弈模型研究了声誉的激励作用[③];符加林(2007)也认为,声誉是为关注长期利益的交易一方提供隐性激励,从而保证其履行短期的承诺。因而,声誉可以成为正式合同的替代品[④]。刘伟等(2009)也引用声誉模型来研究研发外包的分阶段委托—代理问题,在综合考虑承包商的长期激励与短期激励相结合的基础上,建立了企业研发外包的动态激励机制模型[⑤]。Archetti(2011)则指出合适的激励机制可以吸引合适的合作伙伴,并提出了合作研发演化中逆向选择问题的合同理论框架[⑥]。

可见,已有的关于研发外包中的"逆向选择"问题研究主要关注承包商签约前隐匿信息的"逆向选择"问题,而对于外包商事先隐匿信息的"逆向选择"问题的研究尚为少见。

---

① Jullien B.Participation constraints in adverse selection models[J].Journal of Economic Theory,2000,93(1):1-47.

丁旭,孟卫东,陈晖.基于技术风险的供应链纵向合作研究利益分配方式研究[J].科技进步与对策,2011,28(20):19-23.

② Ta-delis S.The market for reputations as an incentive mechanism[J].Journal of Political Economy,2002,10(4):854-882.

Ding X.,Meng W.D.,Huang B.,et al.Mechanism design for R&D outsourcing with double-sided moral hazard and double-sided adverse selection[J].Advanced Materials Research,2011,(204-210):1569-1574.

谢刚,梅姝娥,熊强.IT服务外包关系中的正式契约、关系契约及交互关系研究[J].华东经济管理,2013,27(3):115-118.

③ Krepsd M.,Mit.Grom P.,Roberts J.,et al.Rational cooperation in the finitely repeated prisoners' dilemma[J].Journal of Economic Theory,1982,27(2):245-253.

④ 符加林.企业声誉效应对联盟伙伴机会主义行为约束研究[D].杭州:浙江大学,2007.

⑤ 刘伟,郭捷,杨绍斌.基于声誉理论的研发外包动态激励机制研究[J].技术经济,2009,28(1):17-21.

⑥ Lee M.K.O.IT outsourcing contracts:practical issues for management [J].Industrial Management and Data Systems,1996,96(1):15-20.

第 2 章 理论基础与研究现状

（2）单边道德风险问题研究

研发外包中的单边道德风险问题主要是指承包商在与外包商签订合同后，由于外包商无法实现对其进行完全观察和监督，采取的不利于外包商的机会主义行为，从而损害了外包商的利益。道德风险问题会降低研发外包的效率甚至引发研发合作的失败[①]。

道德风险问题产生的原因主要是研发外包商和承包商之间的内生信息不对称，激励机制设计是解决道德风险的有效手段之一。Barnard(1938)对管理学的系统研究，就提出激励机制的建立是解决"道德风险"最有效的手段之一[②]。Homlstrom(1982)的研究已经表明，一阶段委托—代理容易使代理人产生短期化现象，其将不会有努力工作的积极性，从而造成委托人的损失[③]。Rosenkranz 和 Schmitz(1999)[④]考察了单阶段双方进行研发的情形，接着又在 2003 年研究了两阶段动态研发联盟的最优组织形式[⑤]。王宁和陈思(2006)[⑥]把委托—代理理论引入企业研发外包活动并建立模型求解。如 Laffont 和 Martimort(2002)指出，引入市场基准信号可以有效地解决道德风险问题，从而有效改进激励机制[⑦]。近年来，随着研发外包活动的迅猛发展，为了进一步有效提高研发外包绩效，一种方法是通过成立由 IT 专家、财务专家以及战略专家等各方面专家组成的监管组，定期和不定期对承包商进行持续监督[⑧]。

---

① 黄波,孟卫东,李宇雨.基于道德风险的研发外包利益分配方式研究[J].科技进步与对策,2010,27(10):16-19.

② 刘伟,郭捷,杨绍斌.基于声誉理论的研发外包动态激励机制研究[J].技术经济,2009,28(1):17-21.

③ Rosenkranz S.,Schmitz P.Know how disclosure and incomplete constrancts[J].Economics Letters,1999,63(2):181-185.

④ Rosenkranz S.,Schmitz P.Optimal allocation of ownership rights in dynamic R&D alliances[J].Games and Economic Behavior,2003,43(1):153-173.

⑤ 王宁,陈思.基于委托代理理论的企业研发活动研究[J].科学学和科学技术管理,2006,(1):27-30.

⑥ Holmstrom B.Managerial Incentive problem-A Dynamic perspective,In Essays in Economics and Management in honour of Lars Wahlbeek[J].Helsinki,Swedish school of Economics,1982.

⑦ Laffont J.,Martimort D.The Theory of Incentives[M].Princeton University Press,2002.

⑧ Nobelius D.Towards the sixth generation of R&D management[J].International Journal of Project Management,2004,22(7):369-375.

如Lewis和Sappington(1991)强调了外包激励机制设计中外包监控的重要性[1]。但由于外包商拥有信息的有限性,其实行的监督往往也具有不完全性;同时,不对称信息也可能进一步加大监督的成本。解决问题的另一种办法是构建研发外包关系治理的新机制,如可以通过与承包商建立长期战略合作伙伴关系,使承包商更加关注未来收益的大小,从而减少其短期的机会主义行为[2]。

Maskin和Tirole(1999)认为,如果事后再谈判在研发外包中不可实现,那么事前的不可描述性就不会影响到显性机制的设计[3]。然而,在不完全合同的背景下,现有的研发外包合同设计在多数情况下是依据完全合同的方法论进行最优合同设计。从激励的合同是否可以被强制执行来看,上述的研究采用可强制执行的正式合同激励机制,而随着非正式合同研究的深入,一些学者将非正式合同引入到研发外包的合同设计中,得到了非正式的研发外包激励合同。如Baker等(2002)指出,在研发项目外包合作关系中,外包双方的行为同时受到正式合同和非正式合同的制约,往往企业间及企业内部的非正式合同还能有效避免正式合同存在的部分不足[4]。Levin(2003)也指出将绩效与报酬联系在一起的合同能够缓解激励问题,并在此基础上对关系契约的激励作用进行了系统研究。其研究结果表明,市场基准和监控机制的引入不但能有效缓解研发外包中由于信息不对称引发的道德风险问题,还能进一步降低外包商的代理成本和外包总成本[5]。王安宇等(2006)分析了研发外包合作关系中的非正式治理机制的基本特征,并基于"关系契约"概念基础,构建了一个研发外包中外包商与承包商的多次重复博弈模型,研究进一步指出在研发外包合作关系中,缔约各方的行为同时受到正式合同和非正式合同的规制和调节。其研究结果表明,研发外包中外包商和承包商之间的对称性关系合同

---

[1] Lewis T., Sappington D.Technological change and the boundaries of the firm[J]. American Economic Review,1991(9):887-900.

[2] Song X.M., Parry M.How the Japanese manage the R&D-marketing interface[J]. R&D Management,1993(4):32-39.

[3] Maskin E., Tirole J. Unforeseen Contingencies and Incomplete Contracts[J]. Review Of Economic Studies,1999,66(1):83-114.

[4] Baker G.P., Gibbons R.S., Murphy K.J.Relational contracts and the theory of the firm[J].Quarterly Journal of Economics,2002,117(1):39-811.

[5] Levin J.Relational incentive contracts[J]. American Economic Review,2003,93(3):835-868.

与承包商的研发生产率系数及其私人成本系数无关,而与技术成果价值的波动幅度有关,该结论对于非正式合同的优化设计具有重要的参考意义[①]。Goo 和 Huang(2008)实证研究了外包商与承包商的互信度、关系契约及服务水平的关系,研究表明当双方互信度较高时,关系契约能有效激励承包商提高其研发服务水平[②]。黄波等(2010)建立了基于利益分配激励的研发外包道德风险的博弈模型,在对比分析了不同环境和利润分配方式下外包商和承包商的投资策略和期望收益,得到了各自相应的最优利益分配方式[③]。宋寒等(2016)认为,在研发外包中,服务商参与技术成果转化能提高新产品的开发速度和成功率,针对技术成果转化中的承包商道德风险与激励问题,构建奖励与监督下的动态博弈模型,并在奖励激励的基础上进一步引入监督激励。研究结果表明,当监督成本小于某一临界值时,客户引入监督激励时的收益更高,反之则奖励激励更有效,且临界监督成本与服务商努力成本、服务商"偷懒"下技术成果转化成功的概率正相关[④]。

研发外包中的道德风险是导致研发外包项目效率低下甚至导致合作失败的重要原因之一,因此,如何防范道德风险,降低外包成员的机会主义行为,一直是研发外包研究领域的热点[⑤]。为此,国内外学者从合作伙伴优选、强化控制、改进制度、完善契约、利益分配方式设计及优选、政府激励等方面对此进行

---

① 王安宇,司春林,骆品亮.研发外包中的关系契约[J].科研管理,2006,27(6):102-108.

② Goo J.,Huang C.D.Facilitating relational governance through service level agreements in IT outsourcing: An application of the commitment-trust theory[J].Decision Support Systems,2008,46(1):216-232.

③ 黄波,孟卫东,李宇雨.基于道德风险的研发外包利益分配方式研究[J].科技进步与对策,2010,27(10):16-19.

④ 宋寒,刘玉清,代应.研发外包技术成果转化中的服务商参与激励机制[J].科技管理研究,2016(9):120-125.

⑤ Sun Y.F. What matters for industrial innovation in China: R&D, technology transfer or spillover impacts from foreign investment? [J].International Journal of Business and Systems Rsearch,2010,4(5-6):621-647.

Penningsa E.,Sereno L.Evaluating pharmaceutical R&D under technical and economic uncertainty[J].European Journal of Operational Research,2011,212(2):374-385.

谢刚,梅姝娥,熊强.IT服务外包关系中的正式契约、关系契约及交互关系研究[J].华东经济管理,2013,27(3):115-118.

了研究①。

(3)双边道德风险问题研究

传统的研究认为研发外包中只存在着承包商的单边道德风险问题,现有的关于研发外包道德风险的研究也大多集中于优选合作伙伴、完善契约、改进制度以及政府激励②等方面。事实上,在研发外包过程中,外包商和承包商拥有各自的私人信息,也均以自身利润最大化为目标决定其在研发外包合作中的努力程度及资源投入量,因此双方都有动机去告知虚假私人信息、降低努力程度或减少资源投入的投机行为,即研发外包中存在着双边道德风险③。

目前研发外包中的双边道德风险的研究主要集中在企业间的研发联盟所

---

① Gefen D., Wyss S., Lichtenstein Y. Business familiarity as risk mitigation in software development outsourcing contracts[J]. Mis Quarterly,2008,32(3):531-551.

Judy M.M. Patant considerations for India and China: what to know before beginning to target business opportunities in these regions[J]. Genetic Engineering & Biotechnology News,2012,32(21):8-9.

Hamid B, Sugata M. Outsourcing: Volume and Composition of R&D[J]. Review of International Economics,2012,20(4):828-840.

Lorena M.D., Keld L., Grazia D.S. The impact of R&D offshoring on the home knowledge production of OECD investing regions[J]. Journal of Economic Geography,2013,13(1):145-175.

汪应洛.服务外包概论[M].西安:西安交通大学出版社,2007.

Lacity, Mary and Willcocks, Leslie P. Outsourcing business processes for innovation [J]. MIT Sloan management review,2013,54(3):63-69.

② 黄波,孟卫东,皮星.基于双边道德风险的研发外包激励机制设计[J].管理工程学报,2011,25(2):178-185.

刘清海,史本山.研发外包契约选择:基于事后效率的研究[J].软科学,2012,26(5):136-140.

Wang F., Chen J., Wang Y.D., et al. The effect of R&D novelty and openness decision on firms' catch-up performance: Empirical evidence from China[J]. Technovation,2014,34(1):21-30.

③ Sánchez-González G., Herrera L. The influence of R&D cooperation on innovatory effort. Innovation: Management[J]. Policy & Practice,2010,12(3):337-354.

产生的双边道德风险问题[①],如 Baker 等(2002)针对研发联盟中多任务委托代理中不可完全合同化的道德风险问题,建立了有效的非正式合同[②];之后,Robinson 和 Stuart(2004)又在实证层面上进一步论证了上述观点[③]。然而,在有些具有双重市场结构特征的产业中(如生物医药产业),外包商和承包商的研发外包关系往往是单次的,这时先前的外包交易不仅不会促进合作关系,反而可能会阻碍外包商与此承包商合作关系的再次形成[④]。随后,Silipo(2008)研究发现双边道德风险问题是影响企业合作研发动机的主要因素,与合同类型及外部环境无关[⑤]。孟卫东等(2008)[⑥]和李晓燕(2013)[⑦]研究了基于技术风险的并行联盟成员的双边道德风险问题,并提出了不同分配方式下的研发投资策略。但斌等(2010)建立了合作创新背景下考虑双边道德风险问题的研发外包合同。其研究结果表明,最优收入贡献激励系数与承包商所投入的技术知识产出弹性系数正相关,与外包商所投入的技术知识产出弹性系数

---

① Solak S.,Clarke J.B.,Johnson E.L.,et al.Optimization of R&D project portfolios under endogenous uncertainty[J].European Journal of Operational Research,2007(1):420-433.

Sánchez-González G.,Herrera L.The influence of R&D cooperation on innovatory effort.Innovation:Management[J].Policy & Practice,2010,12(3):337-354.

丁旭,黄波,孟卫东.基于投资溢出的供应链研发联盟利益分配方式研究[J].预测,2011,30(5):48-53.

丁旭,孟卫东,陈晖.基于技术风险的供应链纵向合作研发利益分配方式研究[J].科技进步与对策,2011,28(20):19-23.

Andrea M.N.,Esteban G.C.,Mauro F.G.R&D Outsourcing and the Effectiveness of Intangible Investments:Is Proprietary Core Knowledge Walking out of the Door?[J].Journal of Management Studies,2013,50(1):67-91.

② Baker G.,Gibbons R.,Murphy K.Relational contracts and the theory of the firm[J].Quarterly Journal of Economics,2002,117(1):39-83.

③ Robinson D.,Stuart T.Financial contracting in biotech strategic alliances[J].Working Paper,Duke University,2004.

④ Archetti M.Contract theory for the evolution of cooperation:The right incentives attract the right partners[J].Journal of Theoretical Biology,2011,269(1):201-207.

⑤ Silipo D.B.Incentives and forms of cooperation in research and development[J].Research in Economics,2008,62(2):101-119.

⑥ 孟卫东,黄波,李宇雨.基于技术风险的并行研发联盟成员投资策略研究[J].软科学,2008,22(6):42-46.

⑦ 李晓燕.离岸IT服务外包中的供应商创新研究——基于交易成本及协作视角[J].经济管理,2013(4):11-16.

负相关,与研发外包项目的产出系数及双方的成本系数无关;最优固定支付与双方的成本系数正相关,而与研发外包项目的产出系数负相关[①]。黄波等(2011)也对研发外包中存在的双边道德风险的激励机制进行研究,研究表明设计基于合理的利益分配方式的激励机制可以有效激励研发外包双方,告知其真实的私人信息并执行最有努力或投入足够的资源,运用市场手段也能进一步促使研发外包双方在自利行为的驱使下主动放弃机会主义行为(双边道德风险),从而实现研发外包项目的成功[②]。丁旭(2012)针对研发外包中的技术不确定性风险,从供应链纵向合作研发的视角,建立了基于技术风险的博弈模型,研究表明市场收益、不同的利益分配方式以及技术风险对研发外包中的双边道德风险问题均有着重要的影响,可以通过确定最优的利益分配方式,防范研发外包双方的道德风险问题,从而激励双方投入更多的研发资源,促进研发合作的成功[③]。程平等(2012)建立了考虑承包商参与分享产品市场收益的研发外包合同,其研究结果表明最优收益共享激励系数与外包商对研发成功的影响系数正相关,与承包商对研发成功的影响系数负相关,与产品市场、研发项目的固定支付及双方的成本系数无关;而最优固定支付与产品价格敏感系数及产品单位销售成本正相关,与研发外包双方的成本系数正相关,与合作创新产品的市场容量负相关[④]。

(4)逆向选择和道德风险混合问题研究

近年来越来越多的学者开始关注同时存在逆向选择和道德风险的混合问题,如Ta-delis(2002)建立了一个承包商同时存在逆向选择问题和道德风险问题的一般动态均衡模型,并得出了企业的声誉市场对承包商存在长期激励效应的研究结论[⑤]。Lin等(2005)主要考察了知识型外包中对称信息下、卖方信息不对称下、买方信息不对称下、双方信息不对称下的不同信息结构下的交

---

① 但斌,宋寒,张旭梅.合作创新下考虑双边道德风险的研发外包合同[J].研究与发展管理,2010,22(2):89-95.

② 黄波,孟卫东,皮星.基于双边道德风险的研发外包激励机制设计[J].管理工程学报,2011,25(2):178-185.

③ 丁旭.供应链纵向合作研发中的利益分配方式研究[D].重庆:重庆大学,2012.

④ 程平,陈艳.考虑合作创新产品市场的IT研发外包合同[J].系统工程理论与实践.2012,32(6):1261-1269.

⑤ Ta-delis S.The market for reputations as an incentive mechanism[J].Journal of Political Economy,2002,10(4):854-882.

易合同方式①。刘克宁和宋华明(2010)的研究结果表明,甄别契约比混同契约能更好地实现不对称信息的透露和对销售人员的激励②。方厚政(2006)分析了企业研发外包中的信息不对称风险,并提出了逆向选择和道德风险的防范措施③。刘克宁和宋华明(2010)指出,在信息不对称的市场价格竞争中,最优的甄别契约能诱发更高的努力程度④。Ding(2011)针对供应链纵向研发外包中不同利益分配方式下的研发联盟成员的投资策略的不同,系统分析市场收益、利益分配方式及投资溢出对信息不对称问题的影响,并基于博弈模型提出了相应防范逆向选择和道德风险混合问题的措施⑤。刘清海和史本山(2012)从事前契约类型的选择对事后研发效率影响的视角出发,建立了研发外包的混合问题博弈模型。研究结果显示,在外包商拥有知识产权并享有大部分的创新成果收益时,能有效促进研发外包效率的提高,签订灵活价格的合同虽会产生双方争论引发的折扣成本,但其事后研发效率明显高于研发前签订固定许可费用合同,同时还能有效避免承包商的道德风险⑥。谢刚等(2013)建立了多任务环境中考虑重复博弈的IT研发外包的混合委托—代理模型,研究结果表明,正式合同和关系合同存在不同关系,当贴现因子较高,可证实水平和合同成本不太高时,正式合同与关系合同存在互补关系;当贴现因子较高,可证实水平较高且导致契约成本较高时,正式合同与关系合同存在替代关系;而当贴现因子较低,正式合同和关系合同的联合作用比单独使用更有效时,两者也存在互补关系。此外,外包商对研发创新任务的期望值越高,将越倾向于采用关系合同来激励双方的最优行为⑦。刘克宁和宋华明(2014)通

---

① Lin L.,Geng X.,Whinston B.A sender-receiver framework for knowledge transfer [J].MIS quarterly,2005,29(2):197-219.

② Amit R.,Glosten L.,Muller E.Entrepreneurial ability, venture investments and risk sharing[J].Management Science,1990,36(10):1233-1246.

③ 方厚政.企业合作创新的模式选择和组织设计研究[D].上海:上海交通大学,2006.

④ Amit R.,Glosten L.,Muller E.Entrepreneurial ability, venture investments and risk sharing[J].Management Science,1990,36(10):1233-1246.

⑤ Ding X.,Meng W.D.,Huang B.,et a1.Mechanism design for R&D outsourcing with double-sided moral hazard and double-sided adverse selection[J].Advanced Materials Research,2011,(204—210):1569-1574.

⑥ 刘清海,史本山.研发外包契约选择:基于事后效率的研究[J].软科学,2012,26(5):136-140.

⑦ 谢刚,梅姝娥,熊强.IT服务外包关系中的正式契约、关系契约及交互关系研究[J].华东经济管理,2013,27(3):115-118.

过考虑创新研发成功的概率因素和技术成果转化后的市场收益分成,以激励承包商作出最优的努力。研究结果表明,高成本系数承包商的收益共享系数将被向下扭曲,低成本系数承包商既获得了保留效用,还会得到额外的信息租金;契约中两类参数的取值受到不同类型承包商所占比例的影响,随着市场中高成本系数企业数量的增加,外包商的期望收益降低[1]。

此外,Lerner 和 Merges(1998)[2]、David 等(2010)[3]、Robinson 和 Stuart(2004)[4]、李靖等(2012)[5]、朱廷珺(2012)[6]、李靖等(2013)[7]、梅姝娥等(2013)[8]、杜占河等(2013)[9]及李志远(2013)[10]还进一步讨论了当研发外包过程中存在双边信息不对称时,有关外包关系治理的控制权类型与配置问题、基于合同的机制设计问题、基于股权的机制设计问题以及基于关系的机制设计问题等。

上述文献对研发外包激励理论的研究做出了很大的贡献,但就具体而言,尚缺乏一个能系统体现研发外包特点、综合上述机制进行深入研究的量化模型。

---

[1] Amit R., Glosten L., Muller E. Entrepreneurial ability, venture investments and risk sharing[J]. Management Science, 1990, 36(10):1233-1246.

[2] Lerner J., Merges R. The control of technology alliances: An empirical analysis of the biotechnology industry[J]. Journal of Industrial Economics, 1998, 46(2):125-156.

[3] Arnold U. New dimensions of outsourcing: A combination of transaction cost economics and the core competencies concept[J]. European Journal of Purchnsing & Supply Management, 2000(6):23-29.

[4] Robinson D., Stuart T. Financial contracting in biotech strategic alliances[J]. Working Paper, Duke University, 2004.

[5] 李靖,蒋士成,费方域.战略联盟与一体化:多渠道研发外包背景下的组织比较[J].研究与发展管理,2012,24(1):26-34.

[6] 朱廷珺,张俊.异质性、双向外包与企业研发决策:理论模型与经验证据[J].南开经济研究,2012(3):39-51.

[7] 李靖,蒋士成,费方域.学术价值与商业价值:企业研发外包中的终止权配置研究[J].经济研究,2013(3):148-160.

[8] 梅姝娥,谢刚.信息技术外包关系的治理:创新意图的影响研究[J].科研管理,2013,34(8):130-138.

[9] 杜占河,廖貅武,魏泽龙.IT外包中控制策略组合的演化研究——基于对美国、日本外包项目的比较[J].科学学与科学技术管理,2013,34(1):105-113.

[10] 李志远.任务离岸外包的组织形式:中国的经验[J].管理世界,2013(4):16-32.

表 2-3 不考虑信息泄露的研发外包机制设计研究总结

研究问题	主要解决方法	不足之处	代表性学者
单一"逆向选择问题"	选择机制,信息甄别合同,声誉模型	已有研究中的机制和信息甄别合同存在一定局限性;仅关注承包商的"逆向选择问题"	Jullien(2000)、Lin等(2005)、丁旭等(2011)、符加林(2007)、Archetti(2011)、刘克宁等(2014)
单边道德风险问题	引入市场基准信号,建立监控机制,关系治理,利益分配激励,政府激励	监督具有不完全性;没有考虑信息泄露问题	Laffontand Martimort(2002)、Nobelius(2004)、Song and Parry(1993)、王安宇等(2006)、黄波等(2010)、Lorena(2013)
双边道德风险问题	利益分配激励,非正式合同	没有考虑信息泄露问题和知识产权保护问题	Baker等(2002)、Robinson and Stuart(2004)、但斌等(2010)、程平等(2012)、Andrea(2013)
逆向选择和道德风险混合问题	基于合同的机制,基于关系的机制,基于股权的机制,控制权配置,声誉模型	仅关注承包商的"逆向选择问题"、单边或双边道德风险问题,没有考虑信息泄露问题和知识产权保护问题	Ta-delis(2002)、Lin等(2005)、方厚政(2006)、Ding(2011)、刘清海和史本山(2012)、谢刚等(2013)

注:笔者根据已有研究成果整理而得。

2.考虑信息泄露的研发外包合同及机制设计

由于技术的复杂性与不确定性,研发外包近年来受到越来越多公司的青睐。然而,尽管研发外包有重大现实意义,研发外包也呈逐年递增趋势,但是外包活动依然只占研发活动的一小部分,其原因除了合同的不完全性及其监控的不可操控性,还有一个重大的不利条件是,与研发项目相关的信息会随着研发外包暴露于承包商,进而这些信息会由于承包商的疏忽或机会主义行为被竞争对手获知,从而对企业造成严重威胁。因此,信息泄露问题使得研发外包受到一定的影响。目前,国内外学者已逐渐在研发外包合同(机制)设计中考虑信息泄露问题,见表 2-4。

表 2-4 研发外包中信息泄露问题的研究总结

序号	研究内容	主要观点	代表性学者
1	信息泄露的存在性	研发外包中信息泄露的存在具有客观性	Arora 和 Merges(2004)、Lai等(2009)
2	信息泄露的表现形式及其对创新的影响	信息泄露具有不同的表现形式,且对研发创新具有重大影响	Lerner and Malmendier(2005)、Sun(2010)、丁旭(2012)、吴勇等(2011)

续表

序号	研究内容	主要观点	代表性学者
3	信息泄露下研发外包的边界确定	信息泄露下研发外包具有明显的边界特征	Lai等(2009),朱新财(2009)
4	信息泄露问题的治理	治理方法:声誉机制、收益分享机制、相机合同、知识产权保护、项目终止权	Biais and Perotti(2004),费方域等(2009),Shirley(2009),杨治和张俊(2012),Thompson(2014),王文隆等(2015),杨治等(2015)

注:笔者根据已有研究成果整理而得。

例如,Arora和Merges(2004)通过分析研发外包合同的主要成本特征,建立了考虑承包商泄漏外包商信息的委托—代理模型,并进一步提出由于合同的不完全性,因此研发合同设计的关键是如何事先签订有效的正式合同以最大程度降低由合同的不完全性所引发的项目交叉资助和信息泄漏等道德风险问题[1]。Robinson和Stuart(2004)首先在研发外包中提出对研发项目终止权规定的合同性内容,且进一步通过实证分析发现,由于承包商的项目交叉资助等道德风险具有可观测但不可验证性,而可验证性是合同执行的基础,因此显性的正式合同在现实中对于解决这类道德风险行为具有很大的局限性,外包商可以通过建立隐性机制(如声誉机制),关注外部研发单位在之前交易中已形成的声誉来更好地消除承包商的道德风险问题[2]。Lerner和Malmendier(2005)则进一步提升了外包商的终止权的理论高度,系统研究了项目终止权的治理机制对解决承包商的项目交叉资助等道德风险问题的可行性。研究显示,在不完全合同背景下,显性机制的设计可以有效治理研发外包中的项目交叉资助等道德风险[3]。Hoccht等(2006)[4]从理论上论述了外包中企业因信息泄露所面临的丧失技术竞争优势的风险。朱新财等(2009)建立了一个过程创新的研发外包选择模型,运用博弈论分别分析了无信息泄露和信

---

[1] Arora A.,Merges R.Specialized supply firms,property rights and firm boundaries [J].Industrial and Corporate Change,2004,13(3):451-475.

[2] Robinson D.,Stuart T.Financial contracting in biotech strategic alliances[J].Working Paper,Duke University,2004.

[3] Lerner J.,Malmendier U.Contractibility and the Design of Research Agreements [J].NBER Working Paper,No.11292,2005.

[4] Hoecht A.,et al.Outsourcing,information leakage and the risk of losing technology-based competencies[J].European Business Review,2006,18(5):395-412.

息泄露情形下外包与内部研发的边界[①]。耿紫珍等(2010)分析了在一次性合作和长期合作两种情形下,厂商对研发结构的信息泄露所采取的知识资产控制权转移策略[②]。Ho(2009)的研究指出通过在研发外包中引入竞争机制和惩罚措施可以有效降低不完全信息下研发外包中的知识泄露[③]。Wu等(2013)通过实证分析,探讨了企业为防止核心知识的泄露对外包伙伴的选择问题[④]。

此外,Biais和Perotti(2004)利用不同承包商之间的"阿罗悖论",并同时考虑与外包商的资源互补性,建立了缓解信息泄漏问题的治理机制[⑤]。Bhattacharya和Guriev(2006)也指出,可以通过让承包商共同分享创新收益,并设计按一定比率支付的正式合同,阻止承包商泄露外包商的相关信息的行为,且在通常情况下,创新成果收益提成的比率应使承包商通过信息泄露获得的总收入小于无信息泄露时获得的收益[⑥]。然而,尽管上述提出的可以通过设计按比率支付的合同实现降低承包商一定程度上的信息泄漏问题,但Teece(2000)就曾指出,为承包商提供过高的创新收益比率可能会影响外包商的创新收益,进而会进一步影响外包商的投资激励。在现实中,研发外包的收益提成比率一般不超过30%[⑦]。Sun(2010)系统分析了在外商投资中国工业创新中的相关影响因素,指出企业研发能力、技术转化与信息泄露均具有较大影

---

① 朱新财,银路,肖凡平.基于委托代理机制的研发外包边界[J].系统工程,2009(3):99-103.

② 耿紫珍,刘新梅,沈力.研发外包厂商的知识资产控制权转移策略[J].学位工程,2010,28(9):87-90.

③ Ho S. J. Information leakage in innovation outsourcing[J]. R&D management, 2009,39(5): 431-443.

④ Wu F., et al. Supplier selection for outsourcing from the perspective of protecting crucial product knowledge[J]. International Journal of Production Research,2013,51(5): 1508-1519.

⑤ Biais B., and Perotti E. Entrepreneurs and new ideas[J]. CEPR Discussion Paper, No.3864,2004.

⑥ Bhattacharya S., Guriev S. Patents vs. trade secrets: knowledge licensing and spillover[J]. Journal of the European Economic Association,2006,4(6):1112-1147.

⑦ Teece D. Managing intellectual capital:Organizational, strategic, and policy Dimensions[M]. New York:Oxford University Press,2000.134-148.

响①。Solak(2010)也进一步实证分析了信息泄露对研发创新的影响②。

在研发外包的合作过程中,外包商需要与研发外包的承包商共享相关的信息,然而这就为承包商有意无意泄露外包商的信息提供了可能。在研发外包项目的执行过程中,由于信息交流的必要性,双方很难实现对私有信息的披露保护,这时,双方所不愿意披露的信息就极有可能被对方私占(第三方机构通常很难有效区分保密信息和已有信息)。为此,Lai等(2009)进一步提出了信息泄漏的两种方式:一是泄漏方将信息外泄或出售给被泄漏方的竞争对手;二是泄漏方作为被泄漏方的竞争对手,直接进入被泄漏方所在的行业。可见,在研发外包合作的过程中信息泄漏具有双边的特征③。在这里,我们仅考虑承包商泄漏外包商的信息,基于这样的考虑,本书认为信息泄漏是外包商进行外包决策时要重点权衡的关键成本因素之一。

Lai等(2009)进一步深入探讨了考虑信息泄漏情形下支付合同的设计与选择问题④。研究结果表明,承包商的信息泄漏行为在整个研发外包的运作过程中给外包商带来较大的市场损失(如市场占有率降低),但由于租金耗散,承包商只能从外包商的收益损失中获取一定的份额,不可能完全攫取外包商的收益损失。当承包商从信息泄露中获取的收益越大,外包商的市场损失也越大,研发外包就越难实现。Lai等(2009)进一步通过系统分析比较承包商从信息泄漏行为中所获取的收益大小和外包商的市场占有率之间的关系,提出了不同研发外包条件下的具体支付合同参数,进而明确了企业自身内部研发的边界⑤。

由此看来,合同的不完全性所引发的信息泄露问题不能仅仅通过不同类型的支付合同的选择得以完全缓解。Anton 和 Yao(1995)虽提出外包商结合

---

① Sun Y. F. What matters for industrial innovation in China: R&D, technology transfer or spillover impacts from foreign investment?[J].International Journal of Business and Systems Rsearch,2010,4(5-6):621-647.

② Solak S.,Clarke J.B.,Johnson E.L.,et al.Optimization of R&D project portfolios under endogenous uncertainty[J].European Journal of Operational Research,2007(1):420-433.

③ Lai E L-C,Riezman R,Wang P.Outsourcing of innovation[J].Econ Theory,2009,38(3):485-515.

④ Lai E L-C,Riezman R,Wang P.Outsourcing of innovation[J].Econ Theory,2009,38(3):485-515.

⑤ Lai E L-C,Riezman R,Wang P.Outsourcing of innovation[J].Econ Theory,2009,38(3):485-515.

承包商创意的披露程度设计相应的支付合同,来缓解合同的不完全性所带来的信息泄漏问题[1]。但事实上,Lai 等(2009)就已经提出,通过设计更复杂但更贴近实际问题的相机合同,能有效地降低研发外包中的信息泄漏问题[2]。

王安宇(2008)和费方域等(2009)也提出采取适当的契约类型、加强知识产权保护、进行相机合同设计或支付一定比例的利润提成都可以有效地缓解"项目交叉资助"和"信息泄露"两类道德风险[3]。在此基础上,费方域等(2009)论证了可以通过加强知识产权保护强度来有效治理信息泄漏问题,同时从提高经济效率的视角,进一步指出信息泄漏问题对相关技术市场中的企业研发外包决策有着重要影响[4]。Shirley(2009)也指出,同时雇用两家承包商可以缓解信息泄漏问题,同时降低外包博弈均衡的成本支出[5]。吴勇等(2011)对企业研发决策的演化过程进行分析,并提出信息泄漏对企业研发决策行为的演化有着不可替代的作用[6]。郭永辉(2011)针对企业研发外包过程中可能产生的信息泄漏行为,提出相应的知识产权保护对策与相关政策[7]。陈通和吴勇(2012)通过分析企业研发外包中信息泄漏风险产生的机理,提出了基于信任视角的研发外包知识转移策略。结果显示,建立信任机制不但能提升研发外包中知识转移的水平和效率,还能进一步增加外包商和承包商的共同收益[8]。丁旭(2012)指出在供应链纵向研发外包中,由于信息交流和相

---

[1] Anton J.,Yao D.Start-ups,spin-offs and internal projects[J].Journal of Law,Economics and Organization,1995,11(2):362-378.

[2] Lai E L-C,Riezman R,Wang P.Outsourcing of innovation[J].Econ Theory,2009,38(3):485-515.

[3] 王安宇.研发外包契约类型选择:固定支付契约还是成本附加契约[J].科学管理研究,2008,26(4):34-37.
费方域,李靖,郑育家等.企业的研发外包:一个综述[J].经济学(季刊),2009,4(3):1107-1161.

[4] 费方域,李靖,郑育家等.企业的研发外包:一个综述[J].经济学(季刊),2009,4(3):1107-1161.

[5] Shirley J. H. Information leakage in innovation outsourcing. R&D management,2009,39(5):431-443.

[6] 吴勇,陈通.信息泄漏情形下企业研发决策行为[J].系统工程,2011,29(4):114-116.

[7] 郭永辉,冯媛.合作创新背景下我国国防知识产政策分析[J].中国科技论坛,2011(9):50-55.

[8] 陈通,吴勇.信任视角下研发外包知识转移策略[J].科学学与科学技术管理,2012,33(1):77-82.

关的人员流动将产生信息泄露和投资溢出等问题,并建立了考虑信息泄露和投资溢出的研发外包博弈模型①。

杨治和张俊(2012)则运用委托—代理理论,论证了研发外包中承包商的信息泄露行为对研发外包合同的影响,并建立了相应的合同选择机制。其研究结果表明,无信息泄露情景下,当承包商的努力程度可以被观测到时,外包商可以选择固定支付合同;当承包商的努力水平具有不可观测性时,外包商可以选择利润分享合同,这时利润分享的比例与市场的不确定性、承包商的风险规避程度及其开发效率存在负相关关系。而存在信息泄露情景下,外包商最优的选择方式还是利润分享合同,但这时利润分享比例与外包商自身与研发项目的依赖性及研发复杂程度存在负相关关系,同时外包商还应具备适应市场环境不断调整的能力②。黄伟和张卫国(2012)研究了研发外包中多个外包商和多个承包商的最优选择和投资策略,并提出投资溢出与承包商的研发投入有着重要的影响,从而建立了考虑投资溢出的多委托多代理外包模型。结果显示,当承包商的研发能力较强或研发成果市场收益较大时,投资溢出越大,其研发投入越大;同时承包商的研发总投入将随着研发能力较弱或研发成果市场收益较小的承包方的投资溢出的增大而增大③。李靖(2012)进一步指出外包商可以在研发外包关系形成初期,通过配置最优的控制权防范承包商信息泄露的行为,在研发外包的风险治理过程中,合同的不完全性越强,外包商所具有的最优控制权也应该越大④。倪飞和魏骅(2015)认为研发努力程度、信息泄露风险和隐藏项目风险这三类道德风险对制药企业研发外包的效率影响都很大,信息泄露风险和隐藏项目风险影响更甚。研究表明,针对研发外包企业可能发生的道德风险,建议在研发第一阶段采用固定支付和收益共享合同激励承包商(CRO 企业),并提出了在研发第二阶段根据道德风险发生的概率,调整收益共享系数和决定是否配置控制权,从而降低 CRO 企业的信

---

① 丁旭.供应链纵向合作研发中的利益分配方式研究[D].重庆:重庆大学,2012.
② 杨治,张俊.企业研发外包的控制机制:信息泄露下的支付合同选择[J].管理学报,2012,9(6):863-869.
③ 黄伟,张卫国.基于投资溢出的多委托—多代理研发外包策略研究[J].软科学,2012,26(12):61-63.
④ 李靖.不完全合同视角企业研发外包的治理机制研究[D].上海:上海交通大学,2012.

息泄露和隐藏风险的对策①。王文隆等(2015)针对研发外包中的信息泄露问题,基于研发项目信息市场价值的高低,探讨委托方企业应如何制定研发外包合同的支付机制,从而有效避免代理方的机会主义行为。研究结论表明:当研发项目信息市场价值低时,厂商只需在初始签订外包契约时确定合理的固定支付价格即可防止信息泄露;当研究项目信息市场价值高时,厂商不仅需要在初始阶段向研发结构提供一定的固定支付价格,还需要在后续谈判中让渡部分收益才能防止信息泄露②。杨治和刘雯雯(2015)以霍尼韦尔中国公司的研发外包活动为对象,运用归纳法案例研究方法,对企业研发外包活动的过程及每个阶段内知识泄露的风险进行系统分析,并归纳出企业内外部治理机制的主要因素,并形成理论模型,为企业有效开展研发外包活动、避免知识泄露提供参考依据③。

通过对研发外包中信息泄露相关文献的梳理不难发现,学者们从多个方面提出抑制研发外包中信息泄露的策略,如信任的构建、竞争和惩罚机制的引入、外包伙伴的选择等。在研发外包的不完全合同中,由于信息泄漏限制了研发最优合同的达成④。因此,任何对信息泄漏问题的治理和缓解机制的研究对企业研发外包的合同(机制)设计都有着十分重要的启示意义,对研发外包

---

① 倪飞,魏骅.CRO 企业研发外包道德风险评估与控制研究[J].中国新药杂志,2015,24(17):1941-1946.

② 王文隆,刘新梅,刘祺.基于信息泄露的研发外包支付机制[J].系统工程,2015,33(7):25-29.

③ 杨治,刘雯雯.企业研发外包中知识泄露风险的案例研究[J].管理学报,2015,12(8):1109-1117.

④ Martin K.,Joachim S.Effective incomplete contracts and milestones in market-distant R&D collaboration[J].Research policy,2012,41(2):346-357.

过程中的信息泄漏问题给予更多的关注是必要的①。

由于本书主要是以在位企业(外包商)为主要参考点进行研发外包的机制设计研究,因此,将重点关注承包商泄露外包商信息的情景。

上述研究表明,国内外学者在研发外包的研究和实践方面已经取得了相关的成果,这对企业研发外包的激励机制设计研究具有十分重要的借鉴和参考价值,但仍有许多的问题有待于进一步的研究,主要体现在以下几方面:

(1)虽然已有文献关注研发外包中的信息不对称问题,但较少从研发外包的特殊性出发,综合考虑不同研发外包模式下创新风险与激励问题,特别是基于研发外包中技术知识的形成机理,全面而系统地分析不同研发外包模式下双方的激励机制更是缺乏,这使得研发外包合同(机制设计)与研发外包运作不匹配,为研发外包项目的执行受阻埋下了隐患。

(2)已有的关于研发外包中的机制设计问题研究主要是关注承包商的逆向选择、外包商的道德风险问题(主要考虑承包商的努力程度)等双边道德风险问题,或单一的信息泄露问题,而未能结合研发外包的创新特性,在不对称

---

① 费方域,李靖,郑育家等.企业的研发外包:一个综述[J].经济学(季刊),2009,4(3):1107-1161.

Chen M.K.H., Hsiao H.M., Yang H.Y. Spillover effects of innovation: Taiwanese evidence[J]. Applied Economics, 2010, 42(26):3417-3437.

Sun Y.F. What matters for industrial innovation in China: R&D, technology transfer or spillover impacts from foreign investment? [J]. International Journal of Business and Systems Rsearch, 2010, 4(5-6):621-647.

Ding X., Meng W.D., Huang B., et al. Mechanism design for R&D outsourcing with double-sided moral hazard and double-sided adverse selection[J]. Advanced Materials Research, 2011, (204-210):1569-1574.

Judy M.M. Patant considerations for India and China: what to know before beginning to target business opportunities in these regions[J]. Genetic Engineering & Biotechnology News, 2012, 32(21):8-9.

Lacity, Mary and Willcocks, Leslie P. Outsourcing business processes for innovation [J]. MIT Sloan management review, 2013, 54(3):63-69.

Thompson S.H.T., Anol B. Knowledge transfer and utilization in IT outsourcing partnerships: A preliminary model of antecedents and outcomes [J]. Information & Management, 2014, 51(2):177-186.

Wang F., Chen J., Wang Y.D., et al. The effect of R&D novelty and openness decision on firms' catch-up performance: Empirical evidence from China[J]. Technovation, 2014, 34(1):21-30.

信息下综合考虑由于承包商可能出现的隐藏努力程度和信息泄露的两类道德风险问题,外包商也可能在事前隐藏创新思想和价值信息,从而引发外包商隐匿信息的逆向选择问题。

(3)有关承包商的道德风险问题或双边道德风险问题研究更多地集中在承包商或双方努力程度的激励上,已有的不对称信息下研发外包合同或机制设计大多不考虑信息泄露问题或虽然强调研发外包过程中信息泄露问题对研发外包成功率及其成本的重要影响,但更多地是考虑单一的信息泄露问题,较少将信息泄露或知识产权争端对研发外包商的影响纳入合同设计的考虑范畴或将信息泄露作为研发外包的内生变量,设计一个有效的激励机制。即不对称信息下考虑信息泄露问题的研发外包合同或机制设计较少,缺乏将信息泄露或知识产权争端问题引入合约模型或作为内生变量建立有效机制的量化模型。

2.3 本章小结

本章对研发外包的理论基础和已有相关研究文献进行综述。首先从交易成本理论、资源基础理论、组织学习理论、委托—代理理论、机制设计理论等理论视角对研发外包的动机、道德风险、收益分配及激励机制等相关问题进行阐述分析。接着,系统梳理国内外相关研究文献,从开放式创新与研发外包、研发外包的基本概念、研发外包的界面、研发外包的创新风险及研发外包的合同和机制设计等五个方面对文献进行综述。

已有相关文献表明,现有研究多数强调的是封闭式经济条件下研发外包的激励机制问题,对由于创新环境的变化可能引发研发外包模式上的变化,进而产生的相应创新风险问题以及研发外包中的双边激励机制问题的研究缺乏深入的系统研究,也较少将信息泄露对研发外包商的影响纳入合同设计的考虑范畴或将信息泄露作为研发外包的外生变量,设计一个有效的激励机制。因此,能够综合创新环境因素和研发外包的双边影响因素,围绕区域产业特征,建立适合当前开放式创新环境下不同研发外包模式的激励机制的研究相对缺乏。

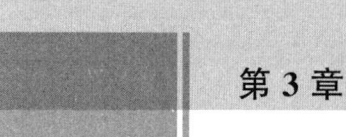

第3章

研发外包中技术知识形成及其风险分析

3.1 研发外包模式与信息不对称问题界定

3.1.1 研发外包模式界定

笔者基于集成管理的背景,认为研发外包是指外包商为了实现技术创新的目的,依据共同协议(包括正式契约与非正式契约),在特定时间内,将研究与开发这一环节部分或完全外包给其他组织(承包商),以最大程度整合外部资源的创新过程。

笔者认为,研发外包是对研发内部化和研发联盟的有效补充。根据外包商对技术成熟程度、企业独特优势、外包技术战略资源的互补性及信息不对称风险的综合分析,研发外包可以分为完全外包、部分外包及合作外包三种模式。

完全外包模式是指由于外包商不具有承包商领域的专业知识或技能,故将研发环节的内容完全外包给承包商来完成。在该模式下,承包商根据外包商提供的创新框架或需求独立进行研发创新。完全外包模式适用于非核心技术的外包或企业无独特优势时核心技术的研发外包决策。如药明康德新药开发有限公司根据不同外包商的需求,提供从发现药物前体到最后合成工艺的一体化研发服务,就是属于完全外包模式下的承包商研发行为。

部分外包模式是指外包商具有创新思想潜在价值的私人信息,但不具备创新开发的专门知识,承包商具有与外包商互补的相关专业知识,并负责研发与推广的研发外包模式。该外包模式适用于技术不成熟、企业有独特优势且与承包商资源互补性高,技术不确定性程度较低时的研发外包决策。如苹果公司将智能手机和平板电脑的部分芯片外包给三星研制,而自身则集中精力专注于更擅长的 IOS 核心部分的研发和完善,就是属于部分外包模式下的研发外包行为。

合作外包模式是指外包商具有创新思想潜在价值的私人信息,且具有一定的独特优势,研发创新的成功具有较高的不确定性,研发创新的成功不仅依赖于外包商的创新思想价值大小和承包商执行的努力水平,还需要外包商执行一定的知识技术投入并提供相关知识技术支持,帮助承包商提高研发项目的成功率和创新度的外包模式。该外包模式适用于技术不确定性程度高但信息不对称风险适中的研发外包决策。如腾讯公司与国内外 IT 企业在游戏、电子商务和搜索引擎等方面的研发外包合作就是属于该模式下的研发外包行为。

3.1.2 研发外包中信息不对称问题界定

研发外包中双方均可能采取告知虚假私人信息、降低努力程度或研发投入的投机行为,即在不同的外包模式下研发外包可能存在单边或双边的不对称信息。研发外包过程中,签约前的信息不对称主要是产生了逆向选择问题,而签约后的信息不对称主要是产生了各种不同表现形式的道德风险问题。

1. 研发外包中的逆向选择问题

研发外包中的逆向选择问题主要体现在两方面,一是承包商隐藏信息的逆向选择问题,指承包商可能事先隐藏 R&D 的研发成本、真实的机会成本、技术要求及与技术相适应的代理人能力要求等信息;二是在双边不对称信息下,由于承包商可能出现隐藏行动的道德风险和信息泄露问题,外包商也可能在事先隐藏创新思想和价值信息,由此引发外包商的逆向选择问题。由于承包商的逆向选择问题可以通过较为成熟的声誉模型、竞争性报价和担保机制等方法解决,因此,本书对逆向选择问题的研究仅考虑不对称信息下外包商单边的逆向选择问题。

2. 研发外包中的道德风险

根据委托—代理理论的分析框架,研发外包中道德风险是指在合同签订前或签订时研发外包双方拥有相同的信息,而合同签订后产生信息不对称,使得承包商的行为具有不完全观测性和验证性,由此引发了承包商不利于外包商的机会主义行为。本书对研发外包中的道德风险问题研究主要是考虑合同签订后不同研发外包模式下的承包商隐藏行动的道德风险以及同时考虑外包商隐藏努力程度的双边道德风险,其中承包商隐藏行动的道德风险既包含承包商隐藏努力程度的道德风险,还包括其可能的信息泄露行为。

3.研发外包中的信息泄露

本书以外包商为主要参考点,因此仅考虑研发外包中的承包商信息泄露行为,且作为承包商隐藏行动的一类道德风险进行分析。文书的信息泄露行为主要考虑两种情景:其一,在完全外包模式下,承包商的信息泄露行为是指把信息泄露或出售给外包商的竞争对手;其二,在部分外包及合作外包模式下,承包商的信息泄露行为是指承包商剽窃外包商的创新思想,并作为外包商的竞争对手,直接进入外包商所在的行业。

3.2 研发外包中技术知识的形成机理

3.2.1 技术知识的内涵

技术知识是人们在改造和控制自然的实践过程中形成的技术原理、技术规则、技能的综合[①]。技术知识可以分为显性技术知识与隐性技术知识[②],显性技术知识指的是结构化知识,是可以用正式的、系统的语言表达的,主要包括出版的科学技术文献、技术标准、专利以及没有出版的科学技术文献、公司内部的报告等。显性技术知识通过共享,能够把技术创新的技术原理、技术规则固定下来,为企业技术创新提供可参照的标准,保证企业技术创新后续阶段的顺利开展。隐性技术知识指的是非结构化知识,是具体情景的、难以沟通和正式表达的,包括个人的隐性技术知识和组织的隐性技术知识,如洞察力、感悟、思维模式、技能、技巧、理念、精神、价值观等。隐性技术知识也能够通过共享,把技术创新所需要的技术诀窍、技能传承下来。

---

① 郭斌.企业创新过程中的职能界面管理[J].中国软科学,2000(3):83-86.
② 吴峰,李怀祖.知识管理对信息技术和信息系统外包成功性的影响[J].科研管理,2004(2):82-87.

技术知识不像一般产品那样,使用时间长了,会出现报酬效益递减现象[①]。技术知识在共享过程中,能够扩大到更广的范围,由于彼此之间思维的相互碰撞,能够产生新的技术知识,不断充实和完善关于新产品、新工艺的技术知识储量,实现技术知识储量的指数形式递增,为企业持续创新提供强有力的智力支撑。

当技术变化速率较快时,企业会偏重内外技术知识的整合,实现技术转变和突破,以满足企业对技术竞争力发展的需求;而当技术变动速率较慢时,企业则侧重于市场知识的整合,收集技术、市场变动信息,培育和挖掘潜在的供应商,为未来新兴技术早期介入作准备。在研发外包过程中,只要外包双方建立完善、稳定的知识共享体系,必定加深双方隐性和显性知识共享的广度和深度,从而提升企业获取、吸收和创造知识的能力。因此,企业必须不断加深自身的研发水平和技术能力,掌握研发外包中知识流向和扩散程度。企业隐性知识和显性知识的转换程度越高,企业的研发水平就越高,越能促进企业新产品研制过程,提高创新绩效。

3.2.2 研发外包中技术知识的形成

技术创新在本质上是一种新的技能和知识的生产和创造,产生技术的行为其中必定包含知识。技术创新作为一个整体概念,是技术知识的成功结晶,技术知识是构成技术的知识片断。作为技术知识的产出单位,企业内部的研发能力和知识分享对于技术知识的创造有着直接影响。疏礼兵(2007)指出,在企业运用于创新的知识中,大约有三分之二来自企业内部的研发能力和现有的专门技术能力,余下的三分之一来自企业外部[②]。

研发外包的目的在于通过各种契约或股权等合作方式,实现企业与其他企业或大学或科研院所之间的技术知识共享,促进彼此优势资源互补,从而推动技术知识整合和技术知识创新,并最终降低企业创新成本、提高企业收益。因此,成功的研发外包不仅要考虑企业与合作方之间的技术知识共享,还要考

---

① 吴峰,李怀祖.知识管理对信息技术和信息系统外包成功性的影响[J].科研管理,2004(2):82-87.

② 疏礼兵.技术创新视角下企业研发团队内部知识转移影响因素的实证分析[J].科学学与科学技术管理,2007(7):108-114.

虑到企业自身的吸收能力以及外包中的伙伴关系质量[①]。其中技术知识共享是研发外包中技术知识管理关注的焦点,当承包商能够共享外包商的技术知识时研发外包的效率是最高的。因为技术知识共享是一个难以强迫和被监控的无形活动,特别是隐性知识是非可编码的(意会知识),有效传播依赖于面对面的交流,只有在人们自愿合作的环境下才能实现。所以外包商与承包商之间的技术知识共享首先要以相互信任为基础,也是双方外包伙伴关系建立的主要动因[②]。其次是组织学习,所谓组织学习是指组织为了实现发展目标、提高核心竞争力而围绕信息和知识技能所采取的各种行动,是组织不断努力改变或重新设计自身以适应持续变化的环境的过程。组织学习贯穿于研发外包的技术知识管理的整个过程中,它是在技术知识共享的基础上,外包商通过外部学习后,积累了大量的经验和技术知识,再通过内部学习来开发和吸收这些知识和技术,从而内化为自己的能力。组织学习可以发生在组织间和组织内部。那些拥有内部研发能力的企业能够通过频繁的内部知识学习和交流形成整体的组织学习能力。相关研究表明,来自企业内部的那部分知识,约有半数是企业员工在研发、设计、生产和销售活动中通过组织学习获得的。Cohen 和 Levinthal(1990)指出吸收能力是企业创新过程中学习能力的重要组成内容,并将吸收能力定义为能识别新信息的价值,吸收并将其应用于商业终端的组织能力[③]。为了评价和利用外部知识,组织需要具备"学会学习"的能力。然而,在不同组织间实现技术知识共享不是一件容易的事情,隐性技术知识尤为如此。Nonaka 和 Takeuchi(1994)指出,技术知识共享应以组织环境为背景,由于不同组织的文化、结构和目标的不同,组织间的知识不容易被转换[④]。因此,为了实现外包关系中的技术知识共享,外包商与承包商需要达成共识,树立共同的目标,相信自己的伙伴不会采取机会主义,建立良好的外包伙伴关系。在研发外包中,随着外包中关系的本质更多地从合同制转向以伙伴关系为基础的关系契约制,三大要素中技术知识共享的重要性更为突出,而组织学

---

① Luca B.Towards an open R&D system:Internal R&D investment,external knowledge acquisition and innovative performance[J].Research Policy,2013,42(1):117-127.

② Jac-Nam L.The impact of knowledge sharing,organizational capability and partnership quality on IS outsourcing success[J].Information & Management,2004,38(5):323-335.

③ Cohen W.M.,Levinthal D.A..Absorptive capacity:A new perspective on learning and innovation[J].Administrative Science Quarterly,1990,35(2):128-152.

④ Nonaka.A dynamic theory of organizational knowledge creation[J].Organization Science,1994(1):14-37.

习能力和伙伴关系则是相对基础性的要素。

企业的研发外包并不意味着企业放弃研发,研发外包绝不可能成为对企业内部研发的替代。恰恰相反,在任何情况下,企业的内部 R&D 能力都是其研发外包的前提,即后者只是对于前者的一种补充①。两者之间是一个正反馈关系,内部研发体现企业技术能力基础,企业内部研发能力越强,就越有可能通过有效的外部技术源来增强其技术能力。美国麻省理工学院(MIT)罗伯特(Edward B.Roberts)教授的"技术战略管理的全球标杆"的研究结果也表明,世界上最好的企业都纷纷通过有效的外部技术源模式,来增强其竞争力。在外包过程中,外包商需要与承包商建立广泛的联系,获取外部知识池和知识源,并在企业内部开发、扩散或分享,吸收利用为自身的创新因素,从而实现技术创新(参见图 3-1)。

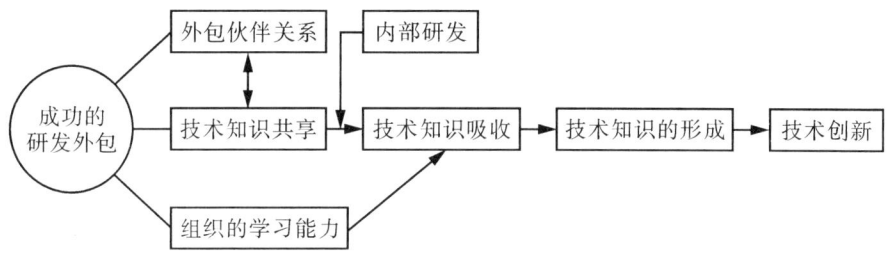

图 3-1 研发外包中技术知识的形成机理

3.3 研发外包中技术知识界面的形成及其管理动因分析

3.3.1 研发外包中技术知识界面的形成

由图 3-1 可以看出,研发外包实质上是一个学习和创新的过程,其中技术

---

① 宋保林,谈新敏.技术知识共享研究——基于企业技术创新视角[J].科学管理研究,2011,29(2):21-29.
Cohen W.M., Levinthal D.A.. Absorptive capacity: A new perspective on learning and innovation[J]. Administrative Science Quarterly, 1990, 35(2):128-152.

知识的传递、创造和获取是其核心内容。研究同时显示,企业在研发外包中存在一定的创新风险,通过研发外包可以获得外部的创新能力,但也可能导致企业自身创新潜能的丧失[①]。在研发外包中,由于外包商与承包商之间合作关系的紧密性和技术知识共享的必要性,外包商如果不将技术知识基础开放给承包商将无法实现技术知识共享,全部开放又可能会造成技术知识的外溢。因此,外包商在研发外包中需要很好地处理专有技术知识的保护与分享,即外包商在鼓励内外部技术知识共享的同时,要保护自身的专有技术知识不外泄。如果外包商严密保护自己的技术知识,只单方面地鼓励承包商技术知识输出,承包商则缺乏分享技术知识的激励,则很难取得研发外包的预期效果。

为解决这一两难困境,外包商一般地将自身的技术知识基础划分为可以完全开放给承包商进行交流和共享的边界技术知识基础和不对承包商开放的核心技术知识基础[②]。由于技术知识共享过程实质上就是外包商的边界技术知识基础与承包商的技术知识基础之间的互动过程。通常,外包商是通过吸收承包商的技术知识基础,再实现边界技术知识基础与核心技术知识基础的融合互动,将有价值的部分吸收利用为核心技术知识基础。由此,基于知识管理的视角,就形成了外包商与承包商之间的技术知识界面和外包商内部的技术知识界面(参见图3-2)。

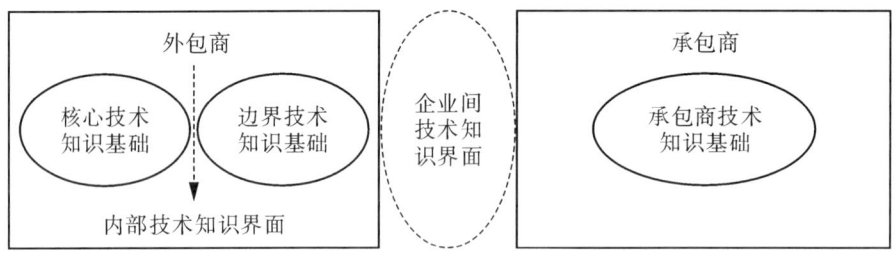

图 3-2 研发外包中技术知识的界面形成

---

① Hoecht A., Trott P. Innovation risks of strategic outsourcing[J]. Technovation, 2006, 26(5-6):672-681.

② 谢庆华,黄培清. R&D 外包的决策模型、创新风险及关系治理[J]. 研究与发展管理, 2008, 20(4):89-95.

3.3.2 研发外包中技术知识界面管理的动因

研发外包中技术知识的界面管理就是为外包商和承包商创造一种良好的技术知识交互环境,使得跨界面的技术知识交流、协调、合作能够有效地进行。然而,由于研发外包中合同的不完全性、知识的非独占性以及累积性创新的不完全替代性等所导致的信息不对称性问题、逆向选择和道德风险问题、文化冲突问题,使得研发外包中的技术知识管理呈现出形形色色的界面问题。进一步深层剖析,研发外包中技术知识界面管理的动因如下:

1. 信息黏滞导致的不对称问题

在以系统集成为主要特征的研发外包的运作过程中,外包商和承包商都会产生和涉及大量不同的信息,由于解决问题所需的信息分布在相关的企业主体或企业内各部门中,不同企业主体、企业内部各部门之间"黏滞信息"大量存在,加之不同的主体和职能部门一般都对自身领域相关的信息较为了解和关注,缺乏对其他领域信息的了解愿望和冲动,这就导致不同的信息常常滞留于自身的信息源周围,传输过程中信息的黏滞现象经常发生,甚至引起信息传输通道受阻[①]。如,外包商企业内部不同的职能部门对用户需求、技术可行性和财务状况等方面信息的拥有程度不同,由于这些信息掌握在不同的部门之中,导致产品研发人员不能迅速了解该产品的真实情况而使研发活动受到影响。这种由于信息黏滞所导致的信息不对称,根本原因是由于研发集成系统中各集成单元间或集成单元内部界面的存在,以及技术知识界面设计和管理不科学引起的。

2. 信息不对称引发的"逆向选择"和"道德败坏"

研发外包商与承包商之间是典型的委托—代理关系。由于双方签约前,承包商具备外包商所不掌握的可能对外包商不利的私人信息,如较弱的履约能力、较差的信誉和较低级别的资质等,可能凭借信息优势与外包者签订了对自己有利的契约;加之难以精确计量知识要素的投入和信息不对称导致监督成本巨大,外包商无法对承包商实施完全监督,使得承包商有强烈动机采取投

---

① 吴秋明.集成管理论[M].北京:经济科学出版社,2004,135-158.

机行为,在合作中承包商降低研发投入以获取超额利润[①]。由此产生了事前的"逆向选择行为"和事后的"败德行为",损害了外包商的利益。尽管已有学者提出可通过信号传递和信息甄别解决研发外包中的逆向选择问题,通过采取适当的契约类型、进行相机合同设计、加强知识产权保护、支付一定的利润提成解决"项目交叉资助"和"信息泄露"两类道德风险[②],但上述各方法仍存在一定的局限性。随着研发外包活动的迅猛发展,为了进一步提高外包绩效,解决研发外包商和承包商之间内生的信息不对称问题所导致的逆向选择和道德风险,做好研发外包中的技术知识管理,促进合作研发的成功,成为研发外包中急需解决的首要问题之一。

3.文化冲突问题

文化冲突是外包中的一种普遍现象,不同主体或单元间的文化冲突主要来源于社会环境、国家政策、各主体或单元的性质及个体本身等诸方面的综合作用。具体来说,社会环境中的伦理规范、道德约束、国家政策法规对于研发外包中各主体及各主体单元中的个人行为规范的制约,各主体单元及员工的自身追求和整体素质等,最终影响了主体单元中员工的目标追求并导致主体单元及个人价值观念、事业取向的多元化[③],使得研发外包中的各主体企业或单元极易产生文化方面的差异和冲突。这种文化冲突表现在两个方面:一是主体与外部的冲突,包括外包商与承包商之间的冲突,外包商、承包商与外部环境之间的冲突;二是企业内部的冲突,主要指研发外包中企业内各相关职能部门、人员具有不同的文化价值认同而引起的矛盾现象。随着经济全球化、科技全球化进程的不断加速,因界面存在导致文化的冲突也在相应增加,文化的冲突不仅会影响外包商和承包商自身经营活动的顺利开展,也直接影响到研发外包中目标的实现。

---

① 但斌,宋寒,张旭梅.合作创新下考虑双边道德风险的研发外包合同[J].研究与发展管理,2010,22(2):89-95.

王安宇.研发外包契约类型选择:固定支付契约还是成本附加契约[J].科学管理研究,2008,26(4):34-37.

② 王安宇.研发外包契约类型选择:固定支付契约还是成本附加契约[J].科学管理研究,2008,26(4):34-37.

③ 吴秋明.集成管理论[M].北京:经济科学出版社,2004,135-158.

3.4 研发外包中的创新风险分析

3.4.1 研发外包中的创新风险类型

在开放式创新背景下,研究外包与其他服务外包不同,其具有明显的技术创新特性。因此,研发外包中的创新风险除了核心技术的丧失、承包商服务质量低下、产生额外的隐性成本、过于依赖承包商等传统外包风险外,还包含与研发创新活动密切相关的创新特有风险因素。

1.企业的内部创新风险

如前所述,研发外包本质上就是一个知识创新的过程。虽然外包商可以通过研发外包从外部获取一定的技术创新能力,但也可能使企业丧失自身创新能力和创新潜能。特别是当企业自身的知识基础比较薄弱时,虽然短期内企业通过研发外包获取了一定的技术创新能力,但由于企业薄弱的知识基础无法实现对外部知识的有效吸收和利用,导致企业内部技术整合、外部技术能力与企业内部职能部门间的运作衔接产生较大的瓶颈问题,使得外部技术的二次创造难以实现,因而从长远看企业将会面临着严重的空心化风险。同时,企业的内部知识基础的薄弱性还会进一步加大信息不对称问题,从而大大增大承包商机会主义行为的可能。

此外,研发外包中的内部创新风险还可能与研发外包的决策有关。如果外包商企业在价值链的架构上出现了决策上的偏差,将不应外包的研发活动外包给其他企业,那么不但会引发利润和收益的损失,还可能因此培养和诞生出新的强劲竞争对手。如,20世纪80年代,IBM公司与微软和Intel公司之间计算机操作系统和芯片业务的研发外包合作,造就了IT业的两大巨头,成为IBM公司的强劲竞争对手[1],其主要原因是IBM公司缺乏一定的知识基础和吸收能力,在外包决策时未能对计算机技术的发展趋势作出科学的分析和预测,致使研发外包的成果不能有效地转化为企业自身的生产力,从而出现了

---

[1] 方厚政.企业R&D外包的动机与风险浅析[J].国际技术经济研究,2005(4):19-23.

从计算机制造商到信息服务商的艰难转型。

在本书的研究中,结合具体的研究问题,企业的内部创新风险主要是考虑企业内部知识基础薄弱以及由此引发和加剧的信息不对称问题。

2.知识共享风险

研发外包实际上是一个知识共享过程,有效的知识共享也是研发外包成功的基本前提。研发外包中的知识共享不仅包含研发外包双方企业内部的知识转移、集成和创造,还包括外包商和承包商之间的知识共享。而外包商和承包商之间的知识共享可以分为知识从外包商流向承包商和从承包商流向外包商,前者是承包商提供研发服务的必要条件,后者是研发外包项目实现良好绩效的保证。知识包括显性知识和隐性知识,显性知识进一步可以分为高结构化显性知识(如手册、报告等)和低结构化显性知识(如网络上 BBS 的提示);隐性知识包括工作经验和技能、know-how 和 know-who 等。

成功的研发外包要求顺畅的知识共享、流动与沟通,而知识的流动是隐性和难以掌控的,这通常需要考虑两个方面的问题,即主观方面和客观方面,对承包商和外包商都同样存在这两方面问题。对承包商来说,研发外包项目运行的成功需要其能够尽可能从外包商那里吸收必要的知识,而能否实现这一点,主观上取决于承包商是否愿意做细致的工作,通过深入的调查、学习工作,吸收供应商的业务流程和相关的部门运作知识。有时,承包商为简化问题,没有从外包商角度出发,而是从尽可能减少自身工作量的角度出发,主观上不愿意吸收外包商的知识,结果导致研发外包项目产出绩效与外包商期望值相差甚远而导致研发外包运作失败。客观上,承包商能否顺利从外包商那儿获取所需的知识,可能包含多种因素。例如,考虑知识保护问题,外包商可能对某些自认为重要的知识进行有意识的保护,从而使承包商无法获得相关知识;另外有些知识,特别是隐性知识不是现成的,需要承包商去挖掘,承包商是否有能力发现,并且吸收这些知识也影响了知识流动的顺畅程度。

同样,承包商的知识能否顺利流向外包商,取决于承包商是否愿意主动地提供相关知识(有时,为了保护知识,他们也会将知识封装得很好),也取决于外包商是否有意愿、有能力吸收这些知识。特别是在一些研发外包模式下,外包商需要和承包商进行合作创新,外包商可以直接从承包商处获得的高度结构化知识比较少,而更为重要的低结构化显性知识和隐性知识的获取,还需要通过与承包商建立恰当的双边关系,设计有效的知识共享激励得以实现。

此外,在研发外包网络中,知识作为网络的共同财产具有公共物品的特性,正是这种属性使得网络成员更愿意享受这种免费的公共物品而又不愿意为网络知识的维护付出任何代价。如果没有有效的维护、没有有效的知识共享机制,网络中的公共知识将区域消失。

3."搭便车"风险

在研发外包过程中,"搭便车"风险除了体现在研发外包双方具备只享受免费的知识而不愿为更新和维护知识付出相应的代价的机会主义思想,同时由于知识要素投入难以精确计量,以及技术成果价值和承包商的研发能力难以确切描述和量化,使维系承包商和外包商合作关系的正式契约的不完全性突出,从而导致研发外包中存在降低努力程度或减少研发投入的"搭便车"行为。研发外包中外包商的"搭便车"思想和行为将导致外包商认为技术创新就是承包商(服务提供商)的事,而在研发外包后不再进行自身技术潜能(包括人才)的投资和开发,从而最终使得企业技术能力停滞甚至丧失;而承包商的"搭便车"思想将使承包商技术创新的能力和优势得不到发挥,从而使外包商得不到应有的创新成果和创新能力,引发研发外包的失败。

4.信息泄露风险

在研发外包过程中,尽管外包商可以从承包商处寻求知识资源与技术能力,但在知识共享的同时,外包商也面临自身的某些核心知识外泄的风险。由于技术创新与外包商的核心竞争力密切相关,承包商在外包的运作过程中完全有可能接触到外包商的核心知识和机密信息,因而就存在信息泄漏风险。承包商在技术创新过程中,可能会非法利用外包商的某些核心知识,并可能将其泄漏给外包商的竞争对手,这将削弱外包商的核心竞争力。此外,大多数研发外包的承包商由于其专业化的技术水平,可能同时为多个外包商服务,而这些外包商很可能是处于同一行业中,甚至可能是行业内主要的竞争对手关系。因此,在研发外包过程中,承包商就很有可能将外包商的机密信息和核心知识外泄给外包商的竞争对手,或承包商直接进入外包商的行业,并作为外包商的竞争对手出现。

可见,研发外包知识共享与转移过程中,信息泄漏是不可避免却又影响深远的问题。由于知识的非独占性,在研发外包中,很难阻止信息泄漏,因为在不完全契约下,一旦某一方违反了非披露性条款或私占合作过程中的双方信息,诉诸法律也很难解决问题。信息泄漏风险可能导致外包商不愿意将自身所拥有的核心知识与承包商分享,这会影响承包商理解和把握外包商研发需求的准确度,甚至可能导致研发外包的成功率降低和研发外包绩效低下等问题。

5.知识产权风险

研发外包中,外包商需要关注承包商是否将外包商自行开发的产品用于其他与外包商无关的地方,外包商有权对产品的使用权加以限制,防止滥用和外泄现象的产生。研发外包过程中,针对外包商企业特点而开发的知识产品的归属应属于外包商还是承包商,以及承包商是否具有成果的使用权等,都会引发所谓的知识产权风险。一般而言,当研发创新成果的价值越高、其通用性越强时,研发外包中的知识产权风险也就越容易发生。而知识产权风险的产生,不但会带来超额的损失,还会对研发双方的合作关系有着较大的消极影响。

尽管研发外包可以降低企业的创新风险、提升企业创新活动的柔性,由于研发双方之间利益共同化的非完全性,在外包合作过程中往往会产生一些冲突和风险。研发外包中的知识产权风险不仅仅局限于通常法律层面上的风险,还指在研发外包过程中任何与知识管理有关的、对知识产权所有者当前或潜在利益有着负面影响的可能性行为[1]。如研发外包中的知识产权共享可能会引发知识产权的挪用、滥用和仿制,特别当知识产权与企业的核心技术存在紧密相关关系时,知识产权风险将会影响企业的核心竞争优势。苹果公司和微软公司的合作案例充分说明了知识产权流失所产生的严重后果。该风险的实质就是研发外包创新过程中知识产权被挪用的道德风险,是由研发外包中合作伙伴的研发行动及努力水平的不对称性引发的。

3.4.2 不同研发外包模式下的创新风险分析

研究显示,企业通过研发外包可以获得外部的创新能力,但也存在一定的创新风险,在不同外包模式下,企业面临的创新风险也有所不同。因此,本书基于外包商对技术成熟程度、企业独特优势、外部技术战略资源的互补性及信息不对称风险等因素的综合考虑,系统分析外包商企业在完全外包、部分外包及合作外包三种模式下创新风险的产生,并结合研发外包中技术知识及其界面的形成机理,提出相应的激励机制设计的必要性。

1.完全外包模式下的研发外包激励

在完全外包模式下,由于非核心技术的完全外包相对简单,各种创新风险对外包商企业的影响较对较弱,故本书仅考虑核心技术的完全研发外包。通

---

[1] Michael B M.Intellectual property and its alternatives:incentives,innovation and ideology:[Doctor degree thesis][M].Canada:the university of western Ontario,2012.

常在完全外包模式下,外包商不具备承包商领域的专业知识或技能,外包商企业将某项研发任务(技术创新或产品质量提升创新)外包给承包商,承包商根据外包商提供的创新框架进行研发创新。对外包商企业而言,在不对称信息下,研发外包过程中承包商存在包含信息泄露和隐藏行动(努力程度)的两大道德风险问题,因此,在研发外包过程中外包商企业除了要加强内部知识创造激励和界面管理中的知识共享激励,还需要通过设计有效的激励机制,使得在降低承包商信息泄露的同时,激励其最优行为(见图3-3)。

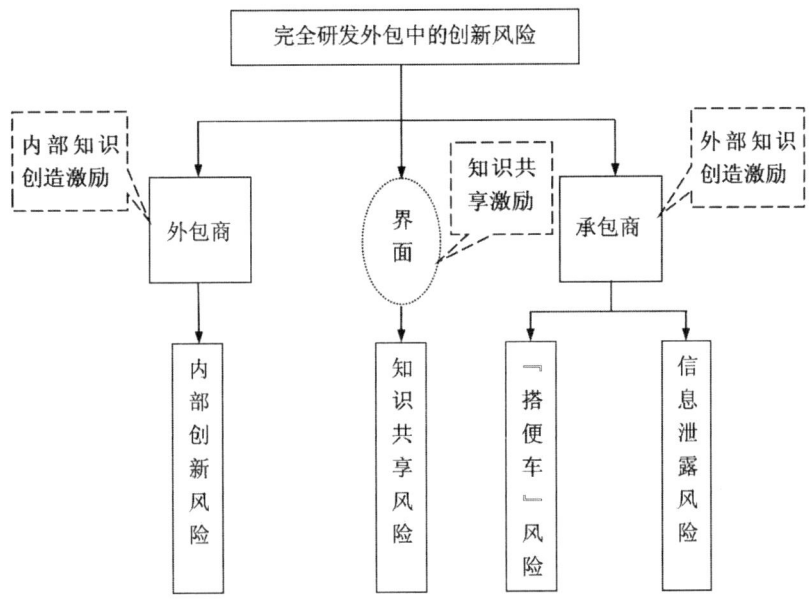

图3-3 完全外包模式下研发外包中的创新风险与激励

2.部分外包模式下的研发外包激励

在部分研发外包模式(技术不确定程度较低时)下,外包商项目为外包商企业的核心技术,且市场上该技术不成熟,外包商企业具有一定的独特优势(如拥有创新思想的潜在价值的私人信息),承包商具有与外包商互补的相关资源优势。研发创新的成功具有一定的不确定性,创新成功依赖于外包商的创新思想价值大小和承包商执行的努力水平。在部分研发外包的双边关系中,不对称信息下主要面临着以下三个创新风险:(1)承包商隐藏努力水平的道德风险问题;(2)承包商信息泄露问题及可能存在的知识产权保护问题。(3)由于承包商可能出现隐藏行动的道德风险和信息泄露问题,外包商也可能在事先隐藏创新思想和价值信息,使得研发外包过程中信息共享受到较大影响,从而引发外包商隐匿信息的逆向选择问题和知识共享风险。因此,对外包商而言,在加强企业内部知识创造激励和知识共享激励的同时,需要重点设计一个有效的研发外包激励机制,激励自身信息的显露,并在考虑知识产权保护的同时,使得承包商能提供最大努力且将信息泄露降到最低(见图3-4)。

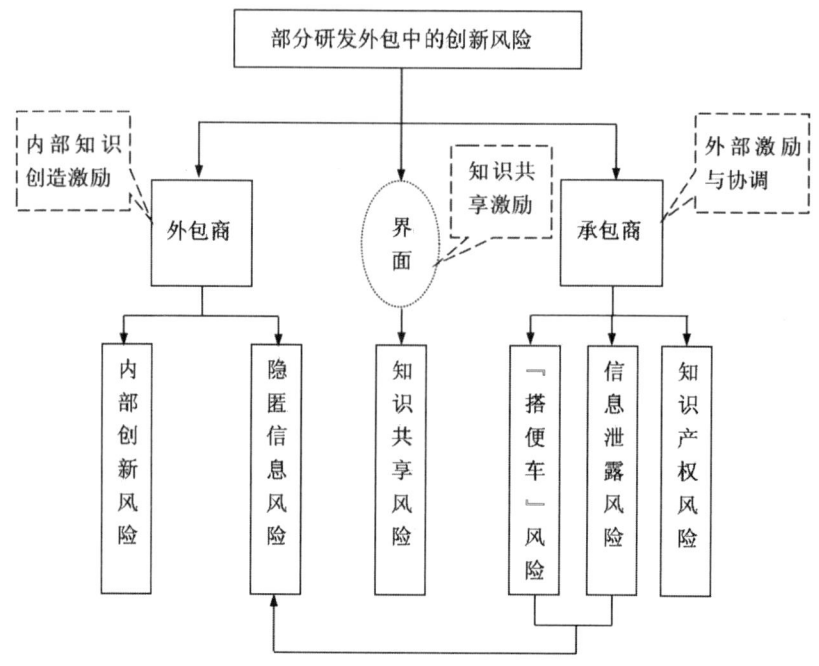

图3-4 部分外包模式下研发外包的创新风险与激励

3.合作外包模式下的研发外包激励

在合作研发外包模式(技术不确定性程度较高时)下,当外包商项目为外包商企业的核心技术,且市场上该技术不成熟,外包商企业具有一定的独特优势,研发创新的成功具有较高的不确定性时,这时研发创新的成功不仅依赖于外包商的创新思想价值大小和承包商执行的努力水平,还需要外包商执行一定的知识技术投入并提供相关知识技术支持,帮助承包商提高研发项目的成功率和创新度。这时,在合作研发外包的双边关系中,不对称信息下主要面临着以下三个创新风险:(1)外包商和承包商隐藏努力水平的双边道德风险问题;(2)承包商信息泄露风险及可能存在的知识产权保护问题。(3)外包商事先隐藏创新思想和价值信息的逆向选择问题和知识共享风险。因此,对外包商而言,在加强企业内部知识创造激励和知识共享激励的同时,需要重点设计一个有效的研发外包激励机制,激励自身信息的披露和参与投入,并在考虑知识产权保护的同时,使得承包商能提供最大努力且将信息泄露降到最低(见图3-5)。

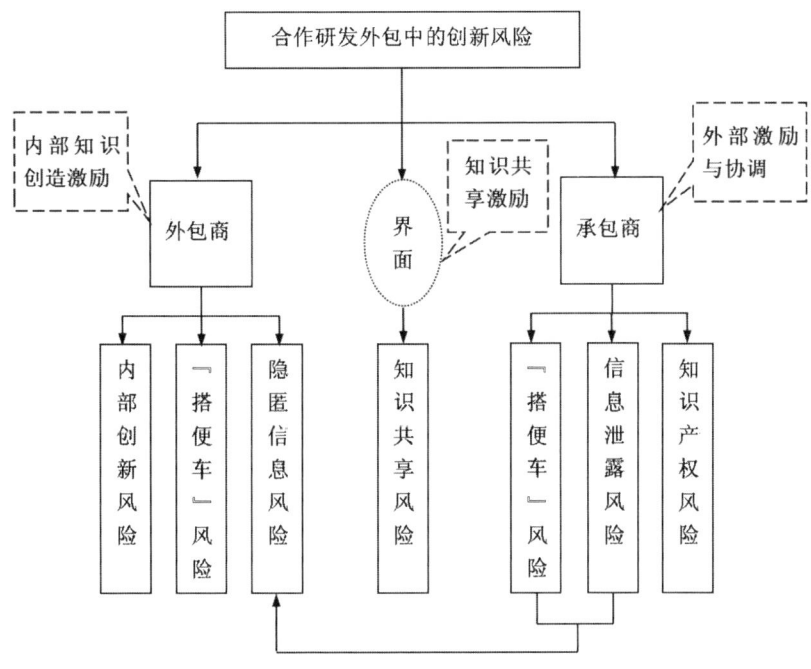

图 3-5　合作外包模式下研发外包中的创新风险与激励

由上述分析可知,承包商的研发能力不足和道德风险都有可能导致研发外包失败;而如果未对外包商采取必要的激励措施,外包商企业的内部员工将缺乏吸收外包知识和利用外部成果并进行二次创造的动力,也可能致使研发外包运作失败。总体上看,研发外包的激励机制设计应该涵盖以下三方面的内容:内部知识创造激励、内外部知识共享激励以及外部激励与协调。其中,任何一方面激励的缺失都可能影响到研发速度和研发项目的产出绩效,甚至导致研发外包的创新失败,使得外包商无法通过研发外包实现外部创新技术的获取。

由上文的分析可知,外包商内部吸收能力(企业内部创新风险)的激励和界面知识共享的激励可以通过有效的界面管理策略(本书中的第七章将重点阐述)来解决,而外包过程中单边或双边的知识创造激励,需要建立一个科学有效的激励机制,以进一步提高研发外包的成功率和产出绩效。为此,本书中的第四、五、六章将运用委托—代理理论和博弈论的相关理论和方法对上述三种情况分别进行研究,以期为企业研发外包的决策和机制设计提供一定的参考。

3.5 本章小结

本章在对研发外包模式与信息不对称问题进行界定的基础上,结合开放式创新环境下研发外包的特征,在系统分析研发外包中技术知识界面与创新风险形成机理的基础上,从外包商内部、界面以及承包商三个方面对完全研发外包、部分研发外包及合作研发外包三种模式下的创新风险与激励问题进行研究。

研究结果表明,不同外包模式下创新风险的表现形式有所不同:完全研发外包中的创新风险表现为外包商的内部风险、界面知识共享风险以及承包商的"搭便车"和信息泄露风险;部分研发外包中的创新风险表现为外包商的内部创新风险和隐匿信息风险、界面知识共享风险以及承包商的"搭便车"风险、信息泄露风险和知识产权风险;合作研发外包中的创新风险表现为外包商的内部创新风险、"搭便车"风险和隐匿信息风险,界面知识共享风险以及承包商的"搭便车"风险、信息泄露风险和知识产权风险。其中,外包商内部创新风险的激励和界面知识共享的激励可以通过有效的界面管理策略(本书中第七章将重点阐述)来解决,而外包过程中单边或双边的知识创造激励,需要建立一个科学有效的激励机制,以进一步提高研发外包的成功率和产出绩效。

第4章 完全外包模式下企业研发外包的激励机制

4.1 前言

在知识经济背景下,企业的创新能力是企业长期竞争优势的重要源泉,众多企业纷纷通过研发外包寻求创意,解决技术难题。研发外包作为一种新型的研发模式,在快速获取新技术、降低研发成本、提高研发速度等方面具有巨大的作用,已成为提高企业获取外部创新能力,推动企业技术创新的重要手段之一[①]。然而,由于研发外包自身的特殊性,企业在研发外包过程中通常会面临着由于努力程度不可观测所引发的承包商隐藏行动的道德风险问题和由于知识的持久性、非独占性和部分排他性所导致的信息泄露问题(Information Leakage)[②]。隐藏努力程度的道德风险的存在导致了研发外包效率低下甚至研发合作失败;信息泄露则会侵蚀企业部分市场份额,引发研发外包项目运作

---

① 朱新财,银路,肖凡平.基于委托代理机制的研发外包边界[J].系统工程,2009(3):99-103.

伍蓓,陈劲,吴增源.研发外包的内涵、动因及模式研究[J].中国科技论坛,2008(4):30-33.

② Lai E L-C,Riezman R,Wang P.Outsourcing of innovation[J].Econ Theory,2009,38(3):485-515.

Aubert B.A.,Rivard S.,Patry M.A transaction cost model of IT outsourcing[J].Information & Management,2004,41(7):921-932.

失败,或使得研发外包成本上升,影响产出绩效①。因此,如何设计有效的激励机制,使得在激励承包商最优努力水平的同时,降低其信息泄露行为,成为研发外包中急需解决的重要问题之一。

当前,国内外已有文献对研发外包进行机制设计,大致可以分为两类,一类是专注于研发外包成本的相关治理机制的实证研究,主要集中在对不同类型研发外包中合作伙伴关系、合作模式、最优组织设计等方面②,虽然这类文献中也提出信息泄露的缓解可以增加经济效率,促进研发外包的决策,但并没有提出缓解信息泄露的具体治理机制。另一类则以委托—代理理论和博弈论为基础,针对研发外包中的信息不对称问题,设计有效的激励机制或外包合同,主要从合作伙伴优选③、强化控制④、改进制度⑤、完善契约⑥、利益分配方式设计及优选⑦、政府激励⑧等方面对此进行了研究。如Barnard(1938)对管理学的系统研究,就提出激励机制的建立是解决"道德风险"最有效的手段之一⑨。Laffont等(2002)提出引入市场基准作为信号可以改进激励机制,从而

---

① 吴勇,陈通.信息泄漏情形下企业研发决策行为[J].系统工程,2011,29(4):114-116.

② Andrea M.N., Esteban G.C., Mauro F.G. International R&D service outsourcing by technology-intensive firms: Whether and where? [J]. Journal of International Management, 2012,18(1):18-37.

Xiaoqiang C., George L. Coordination of outsourced operations at a third-Party facility subject to booking, overtime and tardiness costs[J]. Operations Research, 2012, 60(6):436-1450.

③ Archetti M. Contract theory for the evolution of cooperation: The right incentives attract the right partners[J]. Journal of Theoretical Biology, 2011, 269(1):201-207.

④ Judy M.M. Patant considerations for India and China: what to know before beginning to target business opportunities in these regions[J]. Genetic Engineering & Biotechnology News. 2012, 32(21):8-9.

⑤ Hamid B, Sugata M. Outsourcing: Volume and Composition of R&D[J]. Review of International Economics, 2012, 20(4):828-840.

⑥ Lorena M.D., Keld L., Grazia D.S. The impact of R&D offshoring on the home knowledge production of OECD investing regions[J]. Journal of Economic Geography, 2013, 13(1):145-175.

⑦ 汪应洛.服务外包概论[M].西安:西安交通大学出版社,2007.

⑧ Lacity, Mary and Willcocks, Leslie P. Outsourcing business processes for innovation[J]. MIT Sloan management review, 2013, 54(3):63-69.

⑨ 刘伟,郭捷,杨绍斌.基于声誉理论的研发外包动态激励机制研究[J].技术经济,2009,28(1):17-21.

更有效地解决道德风险问题①。Ta-delis(2002)针对承包商同时存在道德风险和逆向选择的混合问题,建立了均衡动态模型②。王安宇等(2006)通过对研发外包中双方的合作关系进行系统研究,得出外包双方的行为还受到非正式合同的制约③。Silipo(2008)指出,合同设计中的激励手段须同时结合其他有效的机制才能有效解决外包中逆向选择问题④。Goo等(2008)研究了研发外包中双方之间的互信度和关系合同对服务水平的相关关系,结论表明当研发双方存在较高的互信度时,关系合同可以有效地激励承包商的研发服务水平⑤。刘伟等(2009)针对在同一个合同里承包商的长期和短期激励问题,建立了企业研发外包的动态激励机制模型,对两种激励模式的结合进行了较为深入的研究⑥。Juliana等(2010)指出信息不对称导致的监督成本可能是巨大的⑦。黄波等(2010)建立了考虑不同利益分配模式下的博弈模型,并设计了有效防范承包商道德风险的激励机制⑧。Andrea等(2012)分析了离岸研发外包项目中的知识资源协议分配问题⑨。李靖等(2012)从研发路径转移的视

---

① 尹建华,王兆华,苏敬勤.资源外包理论的国内外研究述评[J].科研管理,2003(5):133-137.

② Laffont J.,Martimort D.The Theory of Incentives[M].Princeton University Press,2002.

③ Ta-delis S.The market for reputations as an incentive mechanism[J].Journal of Political Economy,2002,10(4):854-882.

④ Silipo D.B.Incentives and forms of cooperation in research and development[J].Research in Economics,2008,62(2):101-119.

⑤ Goo J.,Huang C.D.Facilitating relational governance through service level agreements in IT outsourcing: An application of the commitment-trust theory[J].Decision Support Systems,2008,46(1):216-232.

⑥ 刘伟,郭捷,杨绍斌.基于声誉理论的研发外包动态激励机制研究[J].技术经济,2009,28(1):17-21.

⑦ Juliana H.,Volker M.Outsourcing R&D:a review,model,and research agenda[J].R&D Management,2010,41(1):1-7.

⑧ 黄波,孟卫东,李宇雨.基于道德风险的研发外包利益分配方式研究[J].科技进步与对策,2010,27(10):16-19.

⑨ Andrea M.N.,Esteban G.C.,Mauro F.G.International R&D service outsourcing by technology-intensive firms:Whether and where? [J].Journal of International Management,2012,18(1):18-37.

角对不完全合同下的企业研发外包的控制权配置进行研究①。宋寒等(2016)认为,在研发外包中,服务商参与技术成果转化能提高新产品的开发速度和成功率,针对技术成果转化中的承包商道德风险与激励问题,构建奖励与监督下的动态博弈模型,并在奖励激励的基础上进一步引入监督激励。研究结果表明,当监督成本小于某一临界值时,客户引入监督激励时的收益更高,反之则奖励激励更有效,且临界监督成本与服务商努力成本、服务商"偷懒"下技术成果转化成功的概率正相关②。

目前,国内外部分学者开始考虑研发外包中的信息泄露问题。如 Anton 和 Yao(1995)提出外包商可以结合承包商创意的披露程度设计相应的支付合同,来缓解合同的不完全性所带来的信息泄漏问题③。Teece(2000)就曾指出,为承包商提供过高的创新收益比率可能会影响外包商的创新收益,进而会进一步影响外包商的投资激励。在现实中,研发外包的收益提成比率一般不超过30%④。Arora 和 Merges(2004)通过分析研发外包合同的主要成本特征,建立了考虑承包商泄漏外包商信息的委托—代理模型,并进一步提出由于合同的不完全性,因此研发合同设计的关键是如何事先签订有效的正式合同以最大程度降低由合同的不完全性所引发的项目交叉资助和信息泄漏等道德风险问题⑤。Robinson 和 Stuart(2004)首先在研发外包中提出对研发项目终止权规定的合同性内容,且进一步通过实证分析发现,由于承包商的项目交叉资助等道德风险具有可观测但不可验证性,而可验证性是合同执行的基础,因此显性的正式合同在现实中对于解决这类道德风险行为具有很大的局限性,外包商可以通过建立隐性机制(如声誉机制),关注外部研发单位在之前交易

---

① Andrea M.N.,Esteban G.C.,Mauro F.G.R&D Outsourcing and the Effectiveness of Intangible Investments:Is Proprietary Core Knowledge Walking out of the Door? [J]. Journal of Management Studies,2013,50(1):67-91.

② 宋寒,刘玉清,代应.研发外包技术成果转化中的服务商参与激励机制[J].科技管理研究,2016(9):120-125.

③ Anton J.,Yao D.Start-ups,spin-offs and internal projects[J].Journal of Law,Economics and Organization,1995,11(2):362-378.

④ Balachandra R.,Friar H.J.Factors for success in R&D projects and new product innovation:A contextual framework[J].IEEE Transactions On Engineering Management,1997,44(3):276-287.

⑤ Arora A.,Merges R.Specialized supply firms,property rights and firm boundaries [J].Industrial and Corporate Change,2004,13(3):451-475.

中已形成的声誉来更好地消除承包商的道德风险问题①。Biais 和 Perotti (2004)利用不同承包商之间的"阿罗悖论",并同时考虑与外包商的资源互补性,建立了缓解信息泄漏问题的治理机制②。Lerner 和 Malmendier(2005)则进一步提升了外包商的终止权的理论高度,系统研究了项目终止权的治理机制对解决承包商的项目交叉资助等道德风险问题的可行性。研究显示,在不完全合同背景下,显性机制的设计可以有效治理研发外包中的项目交叉资助等道德风险③。Bhattacharya 和 Guriev(2006)也指出,可以通过让承包商共同分享创新收益,并设计按一定比率支付的正式合同,阻止承包商泄露外包商的相关信息的行为,且在通常情况下,创新成果收益提成的比率应使承包商通过信息泄露获得的总收入小于无信息泄露时获得的收益④。然而,尽管上述提出的可以通过设计按比率支付的合同实现了降低承包商一定程度上的信息泄漏问题,Hoecht 等(2006)从理论上论述了外包中企业因信息泄露所面临技术竞争优势的丧失等风险⑤。朱新财等(2009)建立了一个过程创新的研发外包选择模型,运用博弈论分别分析了无信息泄露和信息泄露情形下外包与内部研发的边界⑥。耿紫珍等(2010)分析了在一次性合作和长期合作两种情形下,厂商对研发结构的信息泄露所采取的知识资产控制权转移策略⑦。Ho(2009)的研究指出通过在研发外包中引入竞争机制和惩罚措施可以有效降低不完全信息下研发外包中的知识泄露⑧。Lai 等(2009)提出,通过设计更复杂

---

① Robinson D., Stuart T. Financial contracting in biotech strategic alliances[J]. Working Paper, Duke University, 2004.

② Biais B., and Perotti E. Entrepreneurs and new ideas[J]. CEPR Discussion Paper, No.3864, 2004.

③ Lerner J., Malmendier U. Contractibility and the Design of Research Agreements [J]. NBER Working Paper, No.11292, 2005.

④ Bhattacharya S., Guriev S. Patents vs. trade secrets: knowledge licensing and spillover[J]. Journal of the European Economic Association, 2006, 4(6): 1112-1147.

⑤ Hoecht A., et al. Outsourcing, information leakage and the risk of losing technology-based competencies[J]. European Business Review, 2006, 18(5): 395-412.

⑥ 朱新财,银路,肖凡平.基于委托代理机制的研发外包边界[J].系统工程,2009(3): 99-103.

⑦ 耿紫珍,刘新梅,沈力.研发外包厂商的知识资产控制权转移策略[J].学位工程,2010,28(9): 87-90.

⑧ Ho S. J. Information leakage in innovation outsourcing[J]. R&D management, 2009, 39(5): 431-443.

但更贴近实际问题的相机合同,能有效地降低研发外包中的信息泄漏问题[①]。王安宇(2008)和费方域等(2009)也提出采取适当的契约类型、加强知识产权保护、进行相机合同设计或支付一定比例的利润提成都可以有效地缓解"项目交叉资助"和"信息泄露"两类道德风险[②]。费方域等(2009)论证了可以通过加强知识产权保护强度来有效治理信息泄露问题,同时进一步从提高经济效率的视角,指出信息泄露问题对相关技术市场中的企业研发外包决策有着重要影响[③]。Shirley(2009)也指出,同时雇用两家承包商可以缓解信息泄露问题,同时降低外包博弈均衡的成本支出[④]。Sun(2010)系统分析了在外商投资中国工业创新中的相关影响因素,指出企业研发能力、技术转化与信息泄露均具有较大影响[⑤]。Solak(2010)也进一步实证分析了信息泄露对研发创新的影响[⑥]。吴勇等(2011)对企业研发决策的演化过程进行分析,并提出信息泄漏对企业研发决策行为的演化有着不可替代的作用[⑦]。郭永辉(2011)针对企业研发外包过程中可能产生的信息泄露行为,提出相应的知识产权保护对策与相关政策[⑧]。陈通和吴勇(2012)通过分析企业研发外包中信息泄露风险产生的机理,提出了基于信任视角的研发外包知识转移策略。结果显示,建立信

---

① Lai E L-C,Riezman R,Wang P.Outsourcing of innovation[J].Econ Theory,2009,38(3):485-515.

② 王安宇.研发外包契约类型选择:固定支付契约还是成本附加契约[J].科学管理研究,2008,26(4):34-37.

费方域,李靖,郑育家等.企业的研发外包:一个综述[J].经济学(季刊),2009,4(3):1107-1161.

③ 费方域,李靖,郑育家等.企业的研发外包:一个综述[J].经济学(季刊),2009,4(3):1107-1161.

④ Shirley J. H. Information leakage in innovation outsourcing.R&D management,2009,39(5):431-443.

⑤ Sun Y. F. What matters for industrial innovation in China:R&D, technology transfer or spillover impacts from foreign investment? [J].International Journal of Business and Systems Rsearch,2010,4(5-6):621-647.

⑥ Solak S.,Clarke J.B.,Johnson E.L.,et al.Optimization of R&D project portfolios under endogenous uncertainty[J].European Journal of Operational Research,2007(1):420-433.

⑦ 吴勇,陈通.信息泄漏情形下企业研发决策行为[J].系统工程,2011,29(4):114-116.

⑧ 郭永辉,冯媛.合作创新背景下的我国国防知识产政策分析[J].中国科技论坛,2011(9):50-55.

任机制不但能提升研发外包中知识转移的水平和效率,还能进一步增加外包商和承包商的共同收益①。丁旭(2012)指出在供应链纵向研发外包中,由于信息交流和相关的人员流动将产生信息泄露和投资溢出等问题,并建立了考虑信息泄露和投资溢出的研发外包博弈模型②。杨治和张俊(2012)则运用委托—代理理论,论证了研发外包中承包商的信息泄露行为对研发外包合同的影响,并建立了相应的合同选择机制。其研究结果表明,无信息泄露情景下,当承包商的努力程度可以被观测到时,外包商可以选择固定支付合同;当承包商的努力水平具有不可观测性时,外包商可以选择利润分享合同,这时利润分享的比例与市场的不确定性、承包商的风险规避程度及其开发效率存在负相关关系。而在存在信息泄露情景下,外包商最优的选择方式还是利润分享合同,但这时利润分享比例与外包商自身与研发项目的依赖性及研发复杂程度存在负相关关系,同时外包商还应具备适应市场环境不断调整的能力③。黄伟和张卫国(2012)研究了研发外包中多个外包商和多个承包商的最优选择和投资策略,并提出投资溢出与承包商的研发投入有着重要的影响,从而建立了考虑投资溢出的多委托多代理外包模型。结果显示,当承包商的研发能力较强或研发成果市场收益较大时,投资溢出越大,其研发投入越大;同时承包商的研发总投入将随着研发能力较弱或研发成果市场收益较小的承包方的投资溢出的增大而增大④。李靖(2012)进一步指出外包商可以在研发外包关系形成初期,通过配置最优的控制权防范承包商信息泄露的行为,在研发外包的风险治理过程中,合同的不完全性越强,外包商所具有的最优控制权也应该越大⑤。Wu 等(2013)通过实证分析,探讨了企业为防止核心知识的泄露对外包伙伴的选择问题⑥。倪飞和魏骅(2015)认为研发努力程度、信息泄露风险和

---

① 陈通,吴勇.信任视角下研发外包知识转移策略[J].科学学与科学技术管理,2012,33(1):77-82.

② 丁旭.供应链纵向合作研发中的利益分配方式研究[D].重庆:重庆大学,2012.

③ 杨治,张俊.企业研发外包的控制机制:信息泄露下的支付合同选择[J].管理学报,2012,9(6):863-869.

④ 黄伟,张卫国.基于投资溢出的多委托—多代理研发外包策略研究[J].软科学,2012,26(12):61-63.

⑤ 李靖.不完全合同视角企业研发外包的治理机制研究[D].上海:上海交通大学,2012.

⑥ Wu F.,et al.Supplier selection for outsourcing from the perspective of protecting crucial product knowledge[J].International Journal of Production Research,2013,51(5):1508-1519.

隐藏项目风险这三类道德风险对制药企业研发外包的效率影响都很大,信息泄露风险和隐藏项目风险影响更甚。研究表明,针对研发外包企业可能发生的道德风险,建议在研发第一阶段采用固定支付和收益共享合同激励CRO企业,并提出了在研发第二阶段根据道德风险发生的概率,调整收益共享系数和决定是否配置控制权,从而降低CRO企业的信息泄露和隐藏风险的对策[①]。王文隆等(2015)针对研发外包中的信息泄露问题,基于研发项目信息市场价值的高低,探讨委托方企业应如何制定研发外包合同的支付机制,从而有效避免代理方的机会主义行为。研究结论表明:当研发项目信息市场价值低时,厂商只需在初始签订外包契约时确定合理的固定支付价格即可防止信息泄露;当研究项目信息市场价值高时,厂商不仅需要在初始阶段向研发结构提供一定的固定支付价格,还需要在后续谈判中让渡部分收益才能防止信息泄露[②]。杨治和刘雯雯(2015)以霍尼韦尔中国公司的研发外包活动为对象,运用归纳法案例研究方法,对企业研发外包活动的过程及每个阶段内知识泄露的风险进行系统分析,并归纳出企业内外部治理机制的主要因素,并形成理论模型,为企业有效开展研发外包活动、避免知识泄露提供参考依据[③]。

以上文献在激励理论的研究方面做出了很大贡献,但值得注意的是已有关于承包商的道德风险问题研究多集中在承包商努力水平的激励上,现有的研发外包合同或机制设计大多忽略了信息泄露问题,或虽然强调研发外包过程中信息泄露风险对研发外包成功率及其成本的重要性,但较少将信息泄露对研发外包商的影响纳入机制设计的考虑范畴或将信息泄露作为研发外包的内生变量,设计一个有效的激励机制。

本章结合研发外包中创新知识的内在特性,从知识产权权属分配视角出发,研究单边道德风险下考虑信息泄露的研发外包激励机制设计,以外包商为参考点,以外包商的收益最大化为目标,将信息泄露作为研发外包中信息内生不对称变量,建立单边道德风险下的委托—代理模型,研究研发外包机制设计中合同参数的选择与优化,为研发外包机制设计提供理论支持。

---

① 倪飞,魏骅.CRO企业研发外包道德风险评估与控制研究[J].中国新药杂志,2015,24(17):1941-1946.

② 王文隆,刘新梅,刘祺.基于信息泄露的研发外包支付机制[J].系统工程,2015,33(7):25-29.

③ 杨治,刘雯雯.企业研发外包中知识泄露风险的案例研究[J].管理学报,2015,12(8):1109-1117.

4.2 问题描述及模型假设

4.2.1 问题描述

某项核心技术的研发任务(技术创新或产品质量提升创新)由外包商外包给承包商,由于外包商不具备承包商领域的专业知识或技能,承包商根据外包商提供的创新框架进行研发创新。假设市场上有多家研发企业可以胜任这项研发任务,加上研发结果的不确定性,在签约时,承包商不具有讨价还价能力,即外包商在研发外包中处于领导地位。

对外包商企业而言,研发外包过程中承包商存在包含信息泄露和隐藏努力程度的两大道德风险问题,隐藏行动的道德风险问题通过设计常规的激励合同路径得以解决,信息泄露问题可通过设定完美的强制的产权所有权转让得以避免。

单边道德风险下考虑信息泄露的研发外包活动可以分为以下五个阶段(见图 4-1):(1)在 t_0 时刻,外包商首先给承包商提供线性工资 $\omega(\varphi)$,并说明知识产权所有权转让模式;(2)在 t_1 时刻,承包商依照合同计算期望收入,若期望收益大于保留收益,则接受合同,进入 t_2,否则拒绝邀约;(3)在 t_2 时刻,承包商执行努力 ℓ,并可能存在信息泄露行为;(4)在 t_3 时刻,实现相应的研发产出(φ);(5)在 t_4 时刻,产出市场转换,并按契约进行收益分配。

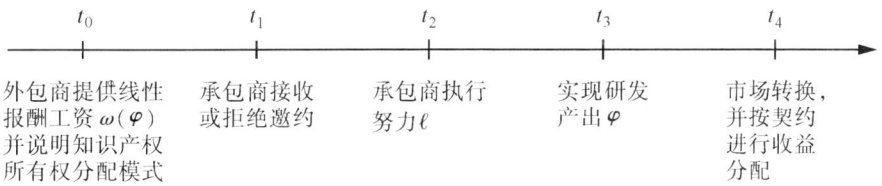

图 4-1 完全外包模式下的研发外包时间顺序

4.2.2 模型假设

本书作出如下假设：

假设 1 信息与风险。承包商在研发过程中的知识技术投入数量不可观测，知识技术投入数量为私人信息，其他信息为公众信息。外包商是风险中性，其货币收益与效用等价；承包商为严格风险回避，其效用函数采用常数绝对风险规避（CARA）[①]，即 $U(\omega) = -e^{-\gamma\omega}$。

假设 2 合同参数。创新的大小用表 φ 示，$\varphi \in R$。此研发创新对外包商和其竞争对手都有价值，参数 τ（$0 \leqslant \tau \leqslant 1$）表示外包商对创新的专属程度（其中 $\tau=0$ 表示创新是为外包商定制的，$\tau=1$ 表示创新对外包商的竞争对手存在绝对价值）。假设只有承包商具有该项创新成果的推广能力，且创新成果不允许在外包商的同行业内推广（不会发生外包商本行业内的市场挤兑现象）。创新的内部需求为 $\Delta\pi(\tau)$；为方便模型建立及求解，假设承包商对该创新成果的技术推广成本为 0。知识产权许可收益 $I(\varphi,\tau) \approx k(\tau)\varphi, k(\tau) \geqslant 0$，其中 $k(\tau)$ 为每创新单位对发包方竞争者的收益总增加值，即边际许可收益。

假设 3 成本函数。承包商的创新技术是线性的，每单位努力（ℓ）都可以转化成相应的创新，即 $\varphi = \ell + \varepsilon$，其中 ε 为随机变量，且 $\varepsilon \sim N(0, \sigma^2)$。承包商创新的总成本为 $C(\ell) = \frac{1}{2}\ell^2$，满足 $\lim_{\ell \to \infty} C(\ell) = +\infty, C(0) = 0, C'(0) = 0$[②]。

假设 4 产出函数。承包商的期望报酬为 $\omega(\widetilde{\varphi}) + \lambda I(\widetilde{\varphi},\tau) - C(\ell)$，其中 λ 为知识产权权属变量，取值 1 或 0。当 λ 为 1 时，表示承包商拥有知识产权，当 λ 为 0 时，表示外包商拥有知识产权。

假设 5 报酬工资。外包商为承包商提供的报酬工资 $\omega(\varphi)$ 是线性的，且满足 $\omega(\varphi) = \alpha\varphi + \beta$，其中 α 是外包商支付给承包商的边际努力激励系数，β 是承包商的固定工资。

---

① 但斌，宋寒，张旭梅.合作创新下考虑双边道德风险的研发外包合同[J].研究与发展管理，2010，22(2)：89-95.

② Manzini, V.C. Organizing for technological collaborations: a managerial perspective. R&D Management, 1998, 28(3): 359-381.

4.3 完全外包模式下的企业研发外包合同

承包商的期望效用为：

$$U(\omega_{CE}) = E_{\tilde{\varepsilon}} U[\omega(\varphi) + \lambda I(\varphi, \tau) - C(\ell)] \tag{4-1}$$

外包商的期望效用为：

$$E_{\tilde{\varepsilon}} V(\varphi, \tau) = \int_{-\infty}^{+\infty} [\Delta\pi(\varphi, \tau) - \omega(\varphi)] df(\varepsilon) \tag{4-2}$$

引理 1 假设承包商的效用函数是常数绝对风险规避，承包商的付出努力得到的收益为：$\omega_{CE} = \beta + [\alpha + \lambda k(\tau)]\ell - \frac{1}{2}\ell^2 - \frac{\gamma}{2}[\alpha + \lambda k(\tau)]^2 \sigma^2$，则承包商的参与约束为 $\omega_{CE} \geq \bar{\omega}$，其中 $\bar{\omega}$ 为承包商的保留效用。

证明：由公式(4-1)，且根据 CARA 和矩量母函数性质，可得

$$U(\omega_{CE}) = E_{\tilde{\varepsilon}} U[\omega(\varphi) + \lambda I(\varphi, \tau) - C(\ell)] = -e^{-\gamma \omega_{CE}}$$

$$= -\int_{-\infty}^{+\infty} e^{-\gamma[\alpha\ell + \alpha\varepsilon + \beta + \lambda k(\tau)(\ell+\varepsilon) - \frac{1}{2}\ell^2]} \frac{1}{\sqrt{2\pi\sigma^2}} e^{\frac{-(\varphi-\ell)^2}{2\sigma^2}} d\varepsilon$$

$$= -e^{-\gamma[\alpha\ell + \beta + \lambda k(\tau)\ell - \frac{1}{2}\ell^2]} \int_{-\infty}^{+\infty} e^{-\gamma[\alpha + \lambda k(\tau)]\varepsilon} \frac{1}{\sqrt{2\pi\sigma^2}} e^{\frac{-(\varphi-\ell)^2}{2\sigma^2}} d\varepsilon$$

$$= -e^{-\gamma[\alpha\ell + \beta + \lambda k(\tau)\ell - \frac{1}{2}\ell^2]} e^{\frac{\gamma^2}{2}[\alpha + \lambda k(\tau)]^2 \sigma^2}$$

得

$$\omega_{CE} = \beta + \alpha\ell + \lambda k(\tau)\ell - \frac{1}{2}\ell^2 - \frac{\gamma}{2}[\alpha + \lambda k(\tau)]^2 \sigma^2 \tag{4-3}$$

对承包商来说，他付出努力得到的收益至少应该等于他的外在机会效用水平，即承包商的参与约束为 $\omega_{CE} \geq \bar{\omega}$。证毕。

引理 2 激励相容约束条件为：$\alpha(\lambda) + \lambda k(\tau) = \ell(\lambda), \lambda = 1, 0$。

证明：仅仅依靠个人参与约束不足以激励承包商付出最大努力，还需要考虑激励相容约束。为了减少研发创新的内在风险，承包商需要在创新成本和创新收益之间进行权衡，因此，承包商将选择一种能够使公式(4-3)结果最大

化的努力水平。即

$$\ell(\lambda) \in \arg\max_{\ell^* \geq 0} \{\beta + \alpha\ell + \lambda k(\tau)\ell - \frac{1}{2}\ell^2 - \frac{\gamma}{2}[\alpha + \lambda k(\tau)]^2 \sigma^2\}$$

由于上式为凹函数,对上式求极值,得到激励相容约束条件,$\alpha(\lambda) + \lambda k(\tau) = \ell(\lambda), \lambda = 1, 0$ 证毕。

因此,外包商的优化问题可以写成:

$$(P): \max_{(\alpha,\beta,\ell)} \{E_{\tilde{\varepsilon}}[\Delta\pi(\tau)\varphi - \omega(\varphi)]\} \quad (4-4)$$

s.t.

$$\omega_{CE} = \beta + \alpha\ell + \lambda k(\tau)\ell - \frac{1}{2}\ell^2 - \frac{\gamma}{2}[\alpha + \lambda k(\tau)]^2 \sigma^2 \geq \bar{\omega} \quad (4-5)$$

$$\alpha(\lambda) + \lambda k(\tau) = \ell(\lambda), \lambda = 1, 0 \quad (4-6)$$

上述优化问题中,公式(4-4)为外包商收入最大化的目标函数,公式(4-5)、(4-6)分别为承包商的参与约束和激励相容约束。

4.4 模型求解、合同性质分析及机制设计

4.4.1 模型求解

由于外包商具有完全的讨价还价能力,所以外包商的优化问题的参与约束条件是非紧的。将公式(4-6)代入公式(4-3)中,消去 ℓ,得

$$\omega_{CE} = \beta + \frac{1}{2}[\alpha + \lambda k(\tau)]^2 (1 - \gamma\sigma^2) \geq \bar{\omega}$$

即

$$\beta \geq \bar{\omega} - \frac{1}{2}[\alpha + \lambda k(\tau)]^2 (1 - \gamma\sigma^2) \quad (4-7)$$

将 $\varphi = \ell + \varepsilon, \omega(\varphi) = \alpha\varphi + \beta, \alpha(\lambda) + \lambda k(\tau) = \ell(\lambda)$ 和公式(4-7)代入公式(4-4)中,消去 ℓ 和 β,得到:

$$\max_{(\alpha,\beta,\ell)} \{E_{\tilde{\epsilon}}[\Delta\pi(\tau)\varphi - \omega(\varphi)]\}$$
$$= \max_{(\alpha)} \left\{ E_{\tilde{\epsilon}}\left[\Delta\pi(\tau)(\alpha+\lambda k(\tau)) - \alpha(\alpha+\lambda k(\tau)) - \bar{\omega} + \frac{1}{2}[\alpha+\lambda k(\tau)]^2(1-\gamma\sigma^2)\right] \right\} \tag{4-8}$$

由于公式(4-8)是凸函数,对 α 求偏导并令 $\frac{\partial V}{\partial \alpha}=0$,求得最优激励系数 $\alpha^*(\lambda)$,如下:

$$\alpha^*(\lambda) = \max\left\{\frac{\Delta\pi(\tau) - \lambda k(\tau)\gamma\sigma^2}{1+\gamma\sigma^2}, 0\right\} \tag{4-9}$$

将公式(4-9)代入公式(4-7)中,得

$$\beta^* = \bar{\omega} + \frac{(\gamma\sigma^2-1)}{2}\left[\frac{\Delta\pi(\tau)+k(\tau)}{1+\gamma\sigma^2}\right]^2 \tag{4-10}$$

公式(4-9)对创新的内部需求 $\Delta\pi(\tau)$ 求偏导,得 $\frac{\partial \alpha^*}{\partial \Delta\pi(\tau)}=1>0$,可见最优激励系数 $\alpha^*(\lambda)$ 与创新的内部需求 $\Delta\pi(\tau)$ 正相关。

公式(4-9)对外部需求 $k(\tau)$ 求偏导,得 $\frac{\partial \alpha^*}{\partial k(\tau)} = -\frac{\lambda\gamma\sigma^2}{1+\gamma\sigma^2}$,在不影响结果的情况下,令 $\gamma\sigma^2>1$,则 $\frac{\partial \alpha^*}{\partial k(\tau)}<0$,即最优激励系数 $\alpha^*(\lambda)$ 与外部需求 $k(\tau)$ 负相关。

公式(4-9)对承包商风险回避系数 γ 求偏导,得 $\frac{\partial \alpha^*}{\partial \gamma} = -\frac{\Delta\pi(\tau)+\lambda k(\tau)}{(1+\gamma\sigma^2)^2}\sigma^2$,令 $\gamma\sigma^2>1$,则 $\frac{\partial \alpha^*}{\partial \gamma}<0$,即最优激励系数 $\alpha^*(\lambda)$ 与承包商风险回避系数 γ 负相关。

4.4.2 合同性质分析及机制设计

结论 1 承包商的最优线性报酬工资 $\{\alpha^*(\lambda), \beta^*\}$ 为:$\alpha^*(\lambda) = \max\left\{\frac{\Delta\pi(\tau)-\lambda k(\tau)\gamma\sigma^2}{1+\gamma\sigma^2}, 0\right\}$, $\beta^* = \bar{\omega} + \frac{(\gamma\sigma^2-1)}{2}\left[\frac{\Delta\pi(\tau)+k(\tau)}{1+\gamma\sigma^2}\right]^2$,其中最优激励系数 $\alpha^*(\lambda)$ 与创新的内部需求 $\Delta\pi(\tau)$ 正相关,与外部需求 $k(\tau)$、承包商的风险回避系数 γ 负相关,与研发创新的知识产权所有权归属变量 λ 存在一定的相

关关系。

结论 1 说明当承包商风险回避系数 γ 及创新波动变量 σ^2 变大时,外包商将相应地降低边际激励系数强度,以使风险回避的承包商避免承担创新的所有不确定性,但仍然使承包方愿意承担一定的风险并愿意与外包商结盟进行研发创新。在上述不影响结果的情况下,令 $\gamma\sigma^2>1$,则 γ 或 σ^2 的增加,也会使报酬工资的固定部分 β^* 增加,这也证明了道德风险问题中保险与激励交替,即保险和效率之间的权衡。

边际激励系数 $\alpha^*(\lambda)$ 的大小,反映了承包商的努力对外包商的价值,如果知识产权归外包商所有 ($\lambda=0$),这时 $\alpha^*(0)=\dfrac{\Delta\pi(\tau)}{1+\gamma\sigma^2}$;相反,如果创新的知识产权归承包商所有 ($\lambda=1$),则外包商只能从承包商的努力中获得显性的激励效益,承包商还拥有知识产权许可的隐性激励收益,这时外包商将降低边际激励系数, $\alpha^*(1)=\dfrac{\Delta\pi(\tau)-\gamma\sigma^2 k(\tau)}{1+\gamma\sigma^2}$。因此,在知识产权授权给承包商的情况下,承包商需要承担既满足内部需求又满足外部需求的研发投入风险。

可见知识产权的权属决策将会影响外包商为承包商提供的最优激励合同。当知识产权为外包商所拥有时,虽然承包商将获得由知识产权许可导致的知识外溢的显性补偿,但仍无法避免其信息泄露行为的发生。当知识产权为承包商所有时,外包商虽然没有获得知识产权许可的显性补偿,却有效地避免了承包商信息泄露行为的发生,同时减少了支付给承包商的边际激励报酬成本;承包商虽然显性激励中的边际激励系数下降,却获得了隐性激励中的知识产权许可收益。

将公式(4-9)代入公式(4-6)中,得

$$\begin{aligned}\ell(\lambda)&=\alpha(\lambda)+\lambda k(\tau)\\&=\frac{\Delta\pi(\tau)-\lambda k(\tau)\gamma\sigma^2+\lambda k(\tau)(1+\gamma\sigma^2)}{1+\gamma\sigma^2}\\&=\frac{\Delta\pi(\tau)+\lambda k(\tau)}{1+\gamma\sigma^2}\end{aligned} \quad (4\text{-}11)$$

由公式(4-11)可知,承包商的最优努力水平 ℓ^* 与研发创新的知识产权的权属变量 λ 之间存在相关关系,当承包商拥有知识产权时,可以更好地激励其最优努力水平。

结论 2 承包商的最优努力水平 ℓ^* 与知识产权权属分配模式 λ 相关。

结论 2 说明是否知识产权授权给承包商将直接影响其执行的最优努力水

平,当承包商拥有知识产权时,承包商的最优努力水平可以得到进一步的激励,承包商的所有激励仍然取决于内外部需求,所不同的是在授权模式下,隐性外部需求价值收益增加,而外包商的显性激励收益减少。

将公式(4-9)、(4-11)代入 $\omega(\varphi)=\beta+\alpha(\lambda)\ell(\lambda)$ 中,得

$$\omega(\varphi)=\beta+\left[\frac{\Delta\pi(\tau)-\lambda k(\tau)\gamma\sigma^2}{1+\gamma\sigma^2}\right]\left[\frac{\Delta\pi(\tau)+\lambda k(\tau)}{1+\gamma\sigma^2}\right]$$

则

$$\begin{aligned}\Delta\omega(\varphi)&=\omega(\varphi)_{\lambda=1}-\omega(\varphi)_{\lambda=0}=\alpha(1)\ell(1)-\alpha(0)\ell(0)\\&=\frac{\Delta\pi(\tau)-\gamma\sigma^2 k(\tau)}{1+\gamma\sigma^2}\times\frac{\Delta\pi(\tau)+k(\tau)}{1+\gamma\sigma^2}-\frac{\Delta\pi(\tau)}{1+\gamma\sigma^2}\times\frac{\Delta\pi(\tau)}{1+\gamma\sigma^2}\\&=\frac{k(\tau)\Delta\pi(\tau)(1-\gamma\sigma^2)-\gamma\sigma^2[k(\tau)]^2}{(1+\gamma\sigma^2)^2}<0\end{aligned} \quad (4-12)$$

外包商的期望效用函数

$$V(\varphi,\tau)=E_{\tilde{\varepsilon}}[\Delta\pi(\tau)\varphi-\omega(\varphi)]$$

则

$$\Delta V(\varphi,\tau)=E_{\tilde{\varepsilon}}\{\Delta\pi(\tau)[\ell(1)-\ell(0)]-\Delta\omega(\varphi)\}$$

将公式(4-6)、(4-9)代入上式中,得

$$\Delta V(\varphi,\tau)=E_{\tilde{\varepsilon}}\left[\frac{\Delta\pi(\tau)k(\tau)}{1+\gamma\sigma^2}-\Delta\omega(\varphi)\right]=\frac{2\Delta\pi(\tau)k(\tau)\gamma\sigma^2+[k(\tau)]^2\gamma\sigma^2}{(1+\gamma\sigma^2)^2}>0$$

结论 3 在允许知识产权许可的情况下,将创新成果的知识产权授权给承包商不但会减少外包商支付给承包商的报酬工资,还会同时增加外包商的期望收益。

结论 3 可以理解为该外包问题中显性激励和隐性激励的边值分析。边际激励系数的增加($d\alpha$)将提高承包商的努力水平,由此带来三方面的影响:(1)外包商的直接利润的增加[$\Delta\pi(\tau)d\alpha$];(2)许可收益的增加[$k(\tau)d\alpha$];(3)由许可收益的增加所引发的总报酬工资的减少。在知识产权授权给承包商的模式下外包商支付给承包商的总报酬工资会减少,而承包商的最优努力水平则会提升。由于外包商是风险中性的,所以对不同知识产权权属模式下的期望回报都一样。对承包商而言,无论是否拥有知识产权,其保留效用都是相同的。在外包商拥有知识产权的模式下,承包商的风险溢金是报酬工资,边际激

励系数取决于外包商的直接利润;在承包商拥有知识产权的模式下,边际激励系数取决于外包商的直接利润、外包商对创新的专属程度和边际许可收益。而此时,由于承包商将获得外部市场产生的创新许可收益的激励,其将执行最优努力水平,且由于边际许可效益直接影响到自身的期望收益,承包商自然也不会去发生信息泄露的行为。

4.5 本章小结

本章针对研发外包中承包商同时存在信息泄露和隐藏行动(努力程度)的两类道德风险问题,运用委托—代理理论,从知识产权的权属分配视角出发,分析了两种不同的知识产权权属模式下研发外包的激励机制设计。研究结果表明,承包商的最优努力水平与知识产权归属相关。在外包商拥有知识产权的模式下,虽然可以通过提高边际激励系数,激励承包商的最优努力水平,但由于创新知识的非独占性及研发外包合同的不完全性,仍无法防范承包商的信息泄露行为。在承包商拥有知识产权的模式下,外包商的期望利润将增加,承包商的边际激励系数虽然有所下降,但是可以通过获得边际许可效益进行补偿,在允许知识产权许可的情况下,由于边际许可效益与承包商的期望收益正相关,将研发创新成果的知识产权授权给承包商,不但可以进一步激励承包商的最优努力水平,还可以有效避免其信息泄露问题。

文中只考虑研发外包中的承包商的单边道德风险问题,进一步研究可以考虑双边不对称信息下存在信息泄露的双边激励机制设计问题。

第 5 章

部分外包模式下企业研发外包的激励机制

5.1 前言

由研发外包战略运作框架可知,在研发外包决策规划阶段、研发外包设计阶段、研发外包实施及运作阶段都将面临双边信息不对称问题。

在研发外包决策规划和设计阶段,承包商企业拥有外包商或其他竞争的承包商不具有的私人信息,包括 R&D 的研发成本、真实的机会成本、技术要求以及与技术相适应的代理人能力的要求等;外包商企业也拥有研发的创新思想和价值信息。由此可能引发承包商和外包商的逆向选择问题。本书考虑一对一的研发外包过程,因此暂不考虑承包商的逆向选择问题。

在研发外包的实施及运行阶段,承包商应在一定的交付期内严格按照合同所规定的数量、质量、时间等方面的要求向外包商提交研发成果或研发产品。但是,合同签订前承包商可能会隐瞒一些私人信息,即承包商可能本身不具备所告知的技术能力,在接受外包商订单时故意夸大了自身能力水平,致使研发外包执行过程中承包商的研发水平难以达到合同规定的要求,于是可能违背所签订合同的规定,选择有利于自我行为的次优行动,致使外包商的收益受到严重损失或者使研发外包无法按期交付和质量低下等。这种在合同签订之后承包商没有按照合同规定执行其最优行动水平而导致外包商的收益受到损失的情况就是道德风险问题。在合同签订的基础上,如果承包商不能够按照合同规定提供优质的研发服务或不能在正常的交付期内提交研发成果,则所产生的风险和后果将会由研发外包双方共同承担,即不单单承包商会受到一定的惩罚,外包商也会因为未能如期获得满意的研发服务或研发产品而遭受相应的损失。承包商在上述推断的基础上,就极有可能发生违约行为,出现隐藏努力程度的道德风险问题。此外,承包商在与外包商的交流过程中,还可能利用从外包商那边获取的创新信息,脱离研发外包合同关系,开展新的商业性创新活动,即在部分研发外包中,由于信息共享是必需的,可能由此引发信息泄露行为——承包商剽窃外包商的创新信息,并利用该信息开展自己新的商业性创新活动。

同时,在部分研发外包模式下,由于双边信息不对称的存在,使得承包商可能出现隐藏行动的道德风险和信息泄露问题,外包商也可能在事先隐藏创新思想和价值信息(外包商的逆向选择问题),以至于研发外包过程中信息共享受到较大影响,从而引发研发项目的产出绩效低下问题。因此,外包商需要建立一套有效的研发外包激励机制,激励自身信息的显露,并在考虑知识产权保护的同时,使得承包商能提供最大努力且将信息泄露降到最低。

已有的关于研发外包中的双边信息不对称问题多集中在承包商的逆向选择和隐藏行动的道德风险问题上,而对外包商的研究更多集中在隐藏努力程度的道德风险问题。Maskin和Tirole(1992)提供了一套带共同价值和纯逆向选择问题的委托代理问题的总体分析框架[1]。然而,已有学者的研究更多的是偏向离散模型,而更复杂的博弈均衡体现在委托方可以延迟交流阶段的帕累托最优以控制最低费用的独立分配。如在签约前外包商很难区分承包商的能力、成本等信息,这引发了外包中的承包商的逆向选择问题[2]。在一对一的研发外包环境下,外包商可以通过设计有效的研发外包合同或机制,揭露承包商的真实信息;在一对多的研发外包环境下,外包商可以通过建立选择机制,让众多竞争的承包商主动传递和显示真实信息[3]。即外包商提供多个契约供承包商选择,承包商根据自己的类型选择合适的契约并确定最优的努力水平。如刘克宁和宋华明(2014)采用委托-代理理论中的信息甄别模型,将研发的承包商分为高成本系数和低成本系数两类,由创新企业设计包含固定

---

[1] Kess P., Phusavat K., orkko M., et al. External knowledge: Sharing and transfer for outsourcing relationships[J]. International Journal of Business and Systems Research, 2008, 2(2):196-213.

[2] 吴勇,陈逋.多任务委托代理模型下研发外包的激励机制研究[J].西安电子科技大学学报(社会科学版),2010,6(6):11-14.

[3] Lin L., Geng X., Whinston B. A sender-receiver framework for knowledge transfer[J]. MIS quarterly, 2005, 29(2):197-219.

支付和收益共享系数两个参数的外包甄别契约,来推断其真实能力[1]。然而,当承包商之间的能力或成本信息存在较小差距时,逆向选择合同将会出现混同,这时外包商对承包商的信息不能进行有效区分;同时,当承包商之间竞争优势不明显时,承包商也不能有效传递出区分自身的信号。可见,外包商往往不能针对所有的市场环境都能设计出有效的信息甄别合同或激励机制[2] 2011[3]。为此,很多学者指出,在解决逆向选择问题时应该在采用激励手段的同时,结合其他机制实现合同的有效制定[4]。如 Kreps、Mit.Grom、Roberts 和 Wilson(1982)四人最早利用重复博弈模型研究了声誉的激励作用[5];符加林(2007)也认为,声誉是为关注长期利益的交易一方提供隐性激励,从而保证其履行短期的承诺。因而,声誉可以成为正式合同的替代品[6]。刘伟等(2009)也引用声誉模型来研究研发外包的分阶段委托代理问题,在综合考虑承包商的长期激励与短期激励相结合的基础上,建立了企业研发外包的动态激励机制模型[7]。Archetti(2011)则指出合适的激励机制可以吸引合适的合作伙伴,并提出了合作研发演化中逆向选择问题的合同理论框架[8]。虽然已有的研究

---

[1] Amit R., Glosten L., Muller E. Entrepreneurial ability, venture investments and risk sharing[J].Management Science,1990,36(10):1233-1246.

[2] Jullien B.Participation constraints in adverse selection models[J].Journal of Economic Theory,2000,93(1):1-47.

[3] 丁旭,孟卫东,陈晖.基于技术风险的供应链纵向合作研发利益分配方式研究[J].科技进步与对策,2011,28(20):19-23.

[4] Ta-delis S.The market for reputations as an incentive mechanism[J].Journal of Political Economy,2002,10(4):854-882.

Ding X.,Meng W.D.,Huang B., et al.Mechanism design for R&D outsourcing with double-sided moral hazard and double-sided adverse selection[J].Advanced Materials Research,2011,(204-210):1569-1574.

谢刚,梅姝娥,熊强.IT服务外包关系中的正式契约、关系契约及交互关系研究[J].华东经济管理,2013,27(3):115-118.

[5] Krepsd M.,Mit.Grom P.,Roberts J.,et al.Rational cooperation in the finitely repeated prisoners' dilemma[J].Journal of Economic Theory,1982,27(2):245-253.

[6] 符加林.企业声誉效应对联盟伙伴机会主义行为约束研究[D].杭州:浙江大学,2007.

[7] 刘伟,郭捷,杨绍斌.基于声誉理论的研发外包动态激励机制研究[J].技术经济,2009,28(1):17-21.

[8] Lee M. K. O. IT outsourcing contracts: practical issues for management[J]. Industrial Management and Data Systems,1996,96(1):15-20.

表明,可以通过分析信号成本与承包商信号传递之间的关系,建立基于信号博弈的数学模型,实现对信息不对称条件下承包商市场运行效率低下问题的求解。然而,信息甄别合同或机制的设计受到所处的市场环境的影响和约束,特别是当承包商之间的成本信息或技术能力存在微小差距时,逆向选择合同的混同现象将产生,此时外包商无法对承包商的信息进行有效区分;而当承包商的竞争优势不突出时,承包商也不能有效地传递出区分信号[①]。

承包商在签订合同后,极有可能会采取对外包商不利的机会主义行为,使外包商的利益受到损害。道德风险问题使得研发外包效率低下甚至引发研发外包合作失败[②]。如Barnard(1938)对管理学的系统研究,就提出激励机制的建立是解决"道德风险"最有效的手段之一[③]。杨英和霍国庆(2001)从委托—代理角度出发,分析了外包实施过程中的诸多风险问题,指出激励机制与监控机制的建立可以有效地解决道德风险问题[④]。Laffont等(2002)提出引入市场基准作为信号可以改进激励机制,从而更有效地解决道德风险问题[⑤]。Tadelis(2002)针对承包商同时存在道德风险和逆向选择的混合问题,建立了均衡动态模型[⑥]。王安宇等(2006)通过对研发外包中双方的合作关系进行系统研究,得出外包双方的行为还受到非正式合同的制约[⑦]。Silipo(2008)指出,合同设计中的激励手段须同时结合其他有效的机制才能有效解决外包中逆向

---

① Gonzalez R.,Gasco J.,Llopis J.Information Systems Outsourcing:A literature Analysis[J].Information & Management,2006,43(7):821-834.

Jullien B.Participation constraints in adverse selection models[J].Journal of Economic Theory,2000,93(1):1-47.

② 黄波,孟卫东,李宇雨.基于道德风险的研发外包利益分配方式研究[J].科技进步与对策,2010,27(10):16-19.

③ 刘伟,郭捷,杨绍斌.基于声誉理论的研发外包动态激励机制研究[J].技术经济,2009,28(1):17-21.

④ Harris A.,Giunipero L.C.,Hult G.T.M.Impact of organizational and contract flexibility on outsourcing contracts[J].Industrial Marketing Management,1998,27(5):373-384.

⑤ Laffont J.,Martimort D.The Theory of Incentives[M].Princeton University Press,2002.

⑥ Ta-delis S.The market for reputations as an incentive mechanism[J].Journal of Political Economy,2002,10(4):854-882.

⑦ 王安宇,司春林,骆品亮.研发外包中的关系契约[J].科研管理,2006,27(6):102-108.

选择问题①。Goo 等(2008)研究了研发外包中双方之间的互信度和关系合同对服务水平的相关关系,结论表明当研发双方存在较高的互信度时,关系合同可以有效地激励承包商的研发服务水平②。王安宇(2009)③和费方域等(2009)④提出可以通过采取适当的契约类型、进行相机合同设计、加强知识产权保护、支付一定的利润提成解决"项目交叉资助"和"信息泄露"两类道德风险。刘伟等(2009)针对在同一个合同里承包商的长期和短期激励问题,建立了企业研发外包的动态激励机制模型,对两种激励模式的结合进行了较为深入的研究⑤。Juliana 等(2010)指出信息不对称导致监督成本可能是巨大的⑥。黄波等(2010)建立了考虑不同利益分配模式下的博弈模型,并设计了有效防范承包商道德风险的激励机制⑦。Andrea 等(2012)分析了离岸研发外包项目中的知识资源协议分配问题⑧。李靖等(2012)从研发路径转移的视角对不完全合同下的企业研发外包的控制权配置进行了研究⑨。宋寒等(2016)认为,在研发外包中,服务商参与技术成果转化能提高新产品的开发速度和成功率,针对技术成果转化中的承包商道德风险与激励问题,构建奖励与监督下的动态博弈模型,并在奖励激励的基础上进一步引入监督激励。研究

---

① Silipo D.B.Incentives and forms of cooperation in research and development[J].Research in Economics,2008,62(2):101-119.

② Goo J.,Huang C.D.Facilitating relational governance through service level agreements in IT outsourcing:An application of the commitment-trust theory[J].Decision Support Systems,2008,46(1):216-232.

③ 王安宇.研发外包契约类型选择:固定支付契约还是成本附加契约[J].科学管理研究,2008,26(4):34-37.

④ 费方域,李靖,郑育家等.企业的研发外包:一个综述[J].经济学(季刊),2009,4(3):1107-1161.

⑤ 刘伟,郭捷,杨绍斌.基于声誉理论的研发外包动态激励机制研究[J].技术经济,2009,28(1):17-21.

⑥ Juliana H.,Volker M.Outsourcing R&D:a review,model,and research agenda[J].R&D Management,2010,41(1):1-7.

⑦ 黄波,孟卫东,李宇雨.基于道德风险的研发外包利益分配方式研究[J].科技进步与对策,2010,27(10):16-19.

⑧ Andrea M.N.,Esteban G.C.,Mauro F.G.International R&D service outsourcing by technology-intensive firms:Whether and where? [J].Journal of International Management,2012,18(1):18-37.

⑨ 李靖.不完全合同视角企业研发外包的治理机制研究[D].上海:上海交通大学,2012.

结果表明,当监督成本小于某一临界值时,客户引入监督激励时的收益更高,反之则奖励激励更有效,且临界监督成本与服务商努力成本、服务商"偷懒"下技术成果转化成功的概率正相关①。

随后,国内外部分学者开始关注含逆向选择和道德风险的混合问题。如Ta-delis(2002)针对承包商同时存在逆向选择和道德风险的混合问题,构建了般动态均衡模型,并发现企业的声誉市场会对承包商有着长期激励效应②。接着,Lin 等(2005)以知识型外包中对称信息下的合同为研究基准,探讨了单边信息不对称下和双方信息不对称下的交易合约设计问题③。Chen Fangruo(2005)的研究结果表明,甄别契约比混同契约能更好地实现不对称信息的透露和对销售人员的激励④。方厚政(2006)分析了企业研发外包中的信息不对称风险,并提出了逆向选择和道德风险的防范措施⑤;Federico(2011)指出,在信息不对称的市场价格竞争中,最优的甄别契约能诱发更高的努力程度⑥;Ding(2011)针对供应链纵向研发外包中不同利益分配方式下的研发联盟成员的投资策略的不同,系统分析市场收益、利益分配方式及投资溢出对信息不对称问题的影响,并基于博弈模型提出了相应防范逆向选择和道德风险混合问题的措施⑦。刘清海和史本山(2012)从事前契约类型的选择对事后研发效率影响的视角出发,建立了研发外包的混合问题博弈模型。研究结果显示,当外包商拥有知识产权并享有大部分的创新成果收益时,能有效促进研发外包效率的提高,签订灵活价格的合同虽会产生双方争论引发的折扣成本,但其事后研发效率明显高于研发前签订固定许可费用合同,同时还能有效避免承包

---

① 宋寒,刘玉清,代应.研发外包技术成果转化中的服务商参与激励机制[J].科技管理研究,2016(9):120-125.

② Ta-delis S.The market for reputations as an incentive mechanism[J].Journal of Political Economy,2002,10(4):854-882.

③ Lin L.,Geng X.,Whinston B.A sender-receiver framework for knowledge transfer[J].MIS quarterly,2005,29(2):197-219.

④ Amit R.,Glosten L.,Muller E.Entrepreneurial ability,venture investments and risk sharing[J].Management Science,1990,36(10):1233-1246.

⑤ 方厚政.企业合作创新的模式选择和组织设计研究[D].上海:上海交通大学,2006.

⑥ Amit R.,Glosten L.,Muller E.Entrepreneurial ability,venture investments and risk sharing[J].Management Science,1990,36(10):1233-1246.

⑦ Reed R.,Storrud-Barnes S.,Jessup L.How open innovation affects the drivers of competitive advantage:Trading the benefits of IP creation and ownership for free invention[J].Management Decision,2012,50(1):58-73.

商的道德风险①。谢刚等(2013)建立了多任务环境中考虑重复博弈的IT研发外包的混合委托－代理模型,研究结果表明,正式合同和关系合同存在不同关系,当贴现因子较高,可证实水平和合同成本不太高时,正式合同与关系合同存在互补关系;当贴现因子较高,可证实水平较高且导致契约成本较高时,正式合同与关系合同存在替代关系;而当贴现因子较低,正式合同和关系合同的联合作用比单独使用更有效时,两者也存在互补关系。此外,外包商对研发创新任务的期望值越高,将越倾向于采用关系合同来激励双方的最优行为②;刘克宁和宋华明(2014)通过考虑创新研发成功的概率因素和技术成果转化后的市场收益分成,以激励承包商作出最优的努力。研究结果表明,高成本系数承包商的收益共享系数将被向下扭曲,低成本系数承包商既获得了保留效用,还会得到额外的信息租金;契约中两类参数的取值受到不同类型承包商所占比例的影响,随着市场中高成本系数企业数量的增加,外包商的期望收益降低③。

随着研究的不断深入,越来越多的学者逐渐关注研发外包中的信息泄露问题。如 Anton 和 Yao(1995)认为合同的不完全性会带来信息泄露问题,这时外包商可以结合承包商创意的披露程度设计相应的支付合同进而规避此风险④。而 Teece(2000)则认为,现实中研发外包的收益提成比率一般不超过30%。因此为承包商提供合适比例的创新收益显得尤为重要⑤。Arora 和 Merges(2004)根据研外发包合同的主要成本特征,综合考虑合同的不完全性因素,建立了考虑承包商信息泄漏的委托－代理模型,结果表明事先签订有效的正式合同可以最大程度降低由合同的不完全性所引发的项目交叉资助和信息泄漏等道德风险问题⑥。Biais 和 Perotti(2004)充分考虑承包商与外包商

---

① 刘清海,史本山.研发外包契约选择:基于事后效率的研究[J].软科学,2012,26(5):136-140.

② 谢刚,梅姝娥,熊强.IT服务外包关系中的正式契约、关系契约及交互关系研究[J].华东经济管理,2013,27(3):115-118.

③ Amit R.,Glosten L.,Muller E.Entrepreneurial ability,venture investments and risk sharing[J].Management Science,1990,36(10):1233-1246.

④ Anton J.,Yao D.Start-ups,spin-offs and internal projects[J].Journal of Law,Economics and Organization,1995,11(2):362-378.

⑤ Teece D.Managing intellectual capital:Organizational,strategic,and policy Dimensions[M].New York:Oxford University Press,2000.134-148.

⑥ Arora A.,Merges R.Specialized supply firms,property rights and firm boundaries[J].Industrial and Corporate Change,2004,13(3):451-475.

的资源互补性,利用不同承包商之间的"阿罗悖论",建立了缓解信息泄漏问题的治理机制①。Lerner 和 Malmendier(2005)则系统研究了不完全合同背景下项目终止权的治理机制对解决承包商的项目交叉资助等道德风险问题的可行性。其研究结果表明,显性机制的设计可以有效治理研发外包中的项目交叉资助等道德风险②。朱新财等(2009)针对过程创新的研发外包问题,运用博弈论分别分析了无信息泄露和存在信息泄两种情形下研发外包与内部研发的边界③。耿紫珍等(2010)分别分析了单次合作和多次合作两种情形下,厂商对研发结构的信息泄露所采取的知识资产控制权转移策略④。而 Lai 等(2009)之前就提出可以通过设计更更贴近实际问题的相机合同来降低研发外包中的信息泄漏问题⑤。王安宇(2008)则认为,可以通过采取适当的契约类型、加强知识产权保护、进行相机合同设计或支付一定比例的利润提成,来减低"项目交叉资助"和"信息泄露"两类道德风险⑥。费方械等(2009)进一步从提高经济效率的视角,指出信息泄露问题对相关技术市场中的企业研发外包决策有着重要影响,并指出加强知识产权保护强度可以有效治理信息泄露问题⑦。Solak(2010)也进一步通过实证研究,系统分析了信息泄露对研发创新的影响⑧。吴勇等(2011)通过对企业研发决策演化过程的深入分析,提出信

---

① Biais B., and Perotti E. Entrepreneurs and new ideas[J]. CEPR Discussion Paper, No.3864, 2004.

② Lerner J., Malmendier U. Contractibility and the Design of Research Agreements[J]. NBER Working Paper, No.11292, 2005.

③ 朱新财,银路,肖凡平.基于委托代理机制的研发外包边界[J].系统工程,2009(3):99-103.

④ 耿紫珍,刘新梅,沈力.研发外包厂商的知识资产控制权转移策略[J].学位工程,2010,28(9):87-90.

⑤ Lai E L-C, Riezman R, Wang P. Outsourcing of innovation[J]. Econ Theory, 2009, 38(3):485-515.

⑥ 王安宇.研发外包契约类型选择:固定支付契约还是成本附加契约[J].科学管理研究,2008,26(4):34-37.

⑦ 费方械,李靖,郑育家等.企业的研发外包:一个综述[J].经济学(季刊),2009,4(3):1107-1161.

⑧ Solak S., Clarke J. B., Johnson E. L., et al. Optimization of R&D project portfolios under endogenous uncertainty[J]. European Journal of Operational Research, 2007(1):420-433.

息泄漏对企业研发决策行为的演化有着不可替代的作用[①]。陈通和吴勇(2012)通过对企业研发外包中信息泄露风险产生的机理进行剖析,进而提出了基于信任视角的研发外包知识转移策略。结果显示,有效信任机制的建立不但可以实现研发外包中知识转移水平和效率的提高,还能进一步增加外包商和承包商的共同收益[②]。黄伟和张卫国(2012)针对多对多的研发外包问题,建立了考虑投资溢出的多委托多代理外包模型。研究结果表明,当承包商的研发能力较强或研发成果市场收益较大时,投资溢出越大,其研发投入越大;同时承包商的研发总投入将随着研发能力较弱或研发成果市场收益较小的承包方的投资溢出的增大而增大[③]。李靖(2012)进一步指出在研发外包的风险治理过程中,外包商可以通过配置最优的控制权防范承包商信息泄露的行为,合同的不完全性越强,外包商所具有的最优控制权也应该越大[④]。Wu等(2013)则考虑在防止核心知识泄露的同时,通过实证分析了企业对外包伙伴的选择问题[⑤]。杨治和刘雯雯(2015)以霍尼韦尔中国公司的研发外包活动为对象,对企业研发外包中存在的知识泄露风险进行梳理,并归纳出企业内外部治理机制的主要因素,为企业有效开展研发外包活动、避免知识泄露提供参考依据[⑥]。王文隆等(2015)探讨了研发外包中存在信息泄露问题时,委托方企业应如何制定研发外包合同的支付机制,从而有效避免代理方的机会主义行为。研究结果表明:当研发项目信息市场价值低时,厂商只需在初始签订外包契约时确定合理的固定支付价格即可防止信息泄露;当研究项目信息市场价值高时,厂商不仅需要在初始阶段向研发结构提供一定的固定支付价格,还

[①] 吴勇,陈通.信息泄漏情形下企业研发决策行为[J].系统工程,2011,29(4):114-116.

[②] 陈通,吴勇.信任视角下研发外包知识转移策略[J].科学学与科学技术管理,2012,33(1):77-82.

[③] 黄伟,张卫国.基于投资溢出的多委托—多代理研发外包策略研究[J].软科学,2012,26(12):61-63.

[④] 李靖.不完全合同视角企业研发外包的治理机制研究[D].上海:上海交通大学,2012.

[⑤] Wu F., et al. Supplier selection for outsourcing from the perspective of protecting crucial product knowledge[J]. International Journal of Production Research, 2013, 51(5):1508-1519.

[⑥] 杨治,刘雯雯.企业研发外包中知识泄露风险的案例研究[J].管理学报,2015,12(8):1109-1117.

需要在后续谈判中让渡部分收益才能防止信息泄露[①]。

以上文献为不同模式下研发外包的激励机制研究指明了方向,但尚缺乏一个能充分体现研发外包创新特征、综合上述机制进行系统分析的量化模型。基于此,本章考虑研发外包中的双边信息不对称问题在部分研发外包模式中的表现形式,提出了部分研发外包中同时存在着外包商隐匿信息的逆向选择问题和承包商隐藏行动(包含信息泄露)的道德风险问题,实现了研究问题的进一步深化和扩展。本章将以研发外包总成本最小化为目标,研究部分研发外包模式下的外包商逆向选择问题和承包商的两类道德风险问题,即重点解决如何设计一个有效的研发外包合同,使得外包商能最大限度地显露信息,同时使承包商能提供最大努力并使其信息泄露降到最低。

5.2 问题描述与模型假设

5.2.1 问题描述

假设某项研发项目由外包商外包给承包商,外包商具有创新思想潜在价值的私人信息,但不具备创新开发的专门知识;承包商具有与外包商互补的相关专业知识,并负责新产品的开发和推广。研发创新的成功具有一定的不确定性,创新成功依赖于外包商的创新思想价值大小和承包商执行的努力水平。外包商和承包商在创新过程中起着同样重要的作用,双方通过利润共享的方式分享效益回报。

在合作研发的双边关系中,面临着以下三个主要的合同风险:

(1)承包商执行的努力水平具有不可验证性,由此引发了承包商隐藏努力程度的道德风险问题。

(2)知识作为一种公共物品,当创新的不确定得以解决后,潜在的承包商已经从与外包商的谈判中获取创新思想的大部分信息,也将不再仅仅满足于以一种公平的价格获得信息,即存在可能剽窃外包商的创新思想的信息泄露

[①] 倪飞,魏骅.CRO企业研发外包道德风险评估与控制研究[J].中国新药杂志,2015,24(17):1941-1946.

问题。

(3)创新思想或商业理念为外包商的私人信息,往往很难转化成在合同中描述的技术知识,由于承包商可能出现隐藏努力程度的道德风险和信息泄露问题,外包商也可能在事先隐藏创新思想和价值信息,使得研发外包过程中信息共享受到较大影响,从而引发外包商隐匿信息的逆向选择问题。

外包商和承包商的研发合同关系活动分为以下五个阶段(图 5-1):

(1)在 t_0 时刻,外包商发现创新思想价值 $(\vartheta, \vartheta \in \Theta)$。

(2)在 t_1 时刻,外包商为承包商提供一个外包合同 $C(\vartheta) = \{a(\vartheta), \omega(\vartheta)\}$,承包商拒绝或接受邀约[其中 $a(\vartheta)$ 为承包商预付给外包商的固定费用,$\omega(\vartheta)$ 为创新实现时,外包商支付给承包商的红利]。

(3)在 t_2 时刻,承包商利用从合同 C 中观测到的信息,更新相应的对由条件期望值 $E[\vartheta|C(\vartheta)]$ 所体现的创新思想信息的确认程度,并评价剽窃信息和脱离研发合作关系的收益。若违约,外包结束,外包商获得零支付,承包商获得 $E[\bar{\mu}(\vartheta)|C(\vartheta)]$ 的支付。

(4)在 t_3 时刻,若承包商接受邀约,则需要预先支付给外包商一固定费用 $a(\vartheta)$,并执行一种不可验证的努力水平 ℓ。

(5)在 t_4 时刻,创新实现,外包商支付给承包商红利 $\omega(\vartheta)$。

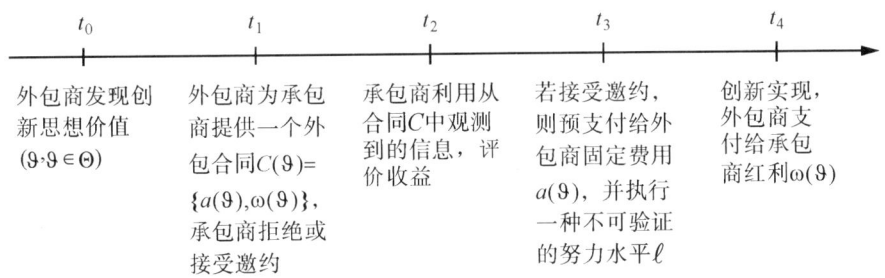

图 5-1 部分外包模式下的研发外包时间顺序

5.2.2 模型假设

(1)外包商和承包商均为风险中性,即研发外包双方的货币期望收入与期望效用等价。

(2)技术和信息。外包商的创新思想价值 ϑ,满足 $\Theta = [\underline{\vartheta}, \bar{\vartheta}]$,其中创新思

想价值越大,对应的 ϑ 值越大。共同知识的累积贡献率为 F(.),非负密度 $f = F'$,E(.|.) 表示条件期望运算符。

外包商拥有 ϑ 的私人信息,假设 ϑ 为可以被操控强化或弱化的软信息,即外包商可能夸大或隐藏其创新思想。

承包商的努力水平 ℓ 是一个对创新过程起关键作用且不可验证的技术投入要素。假设外包商的创新思想价值和承包商的专业技术存在外部边际互补。即创新价值(π)获得的可能性为 $p(\vartheta,\ell)=\vartheta+\ell$。承包商执行的努力水平拥有一个非货币的成本 $\varphi(\ell)$,根据经济学一般原理,假设 $\varphi(\ell)=\frac{1}{2}\ell^2$。

(3)合同参数。外包商提供给承包商的合同包含一个承包商预付的固定费用 $a(\vartheta)$,以便承包商可以获得外包商的创新思想。研发创新成功时承包商将获得红利 $\omega(\vartheta)$。

(4)强制性参与条件。在研发外包的过程中,一旦承包商获知外包商的创新思想存在的价值,即有可能违约且使用这一披露的信息直接作为竞争对手进入外包商所在的行业,开始新的商业性创新活动。然而,对承包商而言,开展新的商业性创新活动,不仅需要一定的复制基础和人力资本投资,而且需要承担未能保护商业机密的名誉损失和中断合同赔款等。为此,假设承包商中断合同,开展新的商业性创新活动的额外成本记为 I。同时承包商若退出与外包商的研发合作关系,将获得一个与创新思想(ϑ)相关的保留效用 $\bar{\mu}(\vartheta)$。

由于外包商的人力资本是研发创新过程中的关键,为了更符合实际情况,假设研发创新关系内的创新思想的边际值大于关系外的边际值,即 $\gamma<1$。即由于承包商在人力资本方面的缺失,其在研发合作关系之外将获得较低的回报,所以外包商和承包商将势必在合同中寻求到一些共同的利益。因此,有

$$\bar{\mu}(\vartheta)=\max\left\{0,\max_{\ell}(\vartheta+\ell)\gamma\pi-\frac{\ell^2}{2}-I\right\}$$
$$=\max\left\{0,\vartheta\gamma\pi+\frac{\gamma^2\pi^2}{2}-I\right\}$$

当 $I\leqslant\gamma\pi\vartheta+\frac{\gamma^2\pi^2}{2}$ 时,$\bar{\mu}(\vartheta)=\gamma\pi\vartheta+\frac{\gamma^2\pi^2}{2}-I>0$,$\forall\vartheta\in\Theta$,对应一个弱知

识产权保护制度；当 $I \geqslant \gamma \vartheta \pi + \dfrac{\gamma^2 \pi^2}{2}$ 时，$\bar{\mu}(\vartheta) = 0$，对应一个强知识产权保护制度[①]。当知识产权保护强度为极大值时，承包商不可能剽窃外包商的创新思想，且模仿建立一个新的商业性创新活动。这时，合同关系内部的知识信息的披露较容易，而研发外包中的信息泄露风险得以避免。

5.3 部分外包模式下企业研发外包的基准模型

作为研究基准，首先给出完全信息下不考虑信息泄露的单边道德风险模型。假定外包商的创新思想价值 ϑ 是共同知识，则合同设计的主要问题是承包商不可验证的努力水平。这时，承包商的单边道德风险问题可以通过使风险中性的承包商从与外包商结成的双向联盟中获得全部利润得以解决。

当 ϑ 为共同知识时，完全信息下的产出利益分配较易实现，这时承包商的道德风险也不再是一个主要问题。外包商可以通过让承包商预先支付一定的费用，来减少承包商的回报，并使之降至其保留效用 $\bar{\mu}(\vartheta)$。由于承包商将获得提高创新实现可能性的全部边际收益，其将执行最优的努力水平 $\ell^*(\vartheta) = \pi$。

因此，结合上述假设和分析，可得

$$\omega^*(\vartheta) = \pi, a^*(\vartheta) = \vartheta\pi + \frac{\pi^2}{2} - \bar{\mu}(\vartheta)$$

承包商的收益效用如下：

$$V^*(\vartheta) = a^*(\vartheta) = \vartheta\pi + \frac{\pi^2}{2} - \bar{\mu}(\vartheta)$$

由于承包商从外包商处剽窃并带走的创新价值（$\gamma\pi$）严格小于在研发合作关系中的内部信息价值（π），即 $\gamma \in [0,1)$，于是，$V^*(\vartheta) > 0$，且外包商的创新思想价值越高，承包商需预付的费用就越大。可见，对于给定的合同方案

---

① Arnold U. New dimensions of outsourcing: A combination of transaction cost economics and the core competencies concept[J]. European Journal of Purchnsing&Supply Management, 2000(6): 23-29.

$\{\omega^*(\vartheta), a^*(\vartheta)\}$ 时,外包商将有可能夸大其创新思想的价值。

5.4 部分外包模式下的企业研发外包合同

部分外包模式下研发外包的双方博弈问题可以描述为带逆向选择和道德风险的委托代理问题。假定外包商和承包商仅在合同邀约时存在交流,考虑本章的假设背景,采用连续博弈模型实现对部分外包模式下的研发外包合同进行分析。

由于承包商能够通过观察合约信号,获得外包商的创新思想价值信息,假定当外包商拥有私人信息 ϑ 时,激励合同为 $\{a(\hat{\vartheta}), \omega(\hat{\vartheta})\}_{\hat{\vartheta} \in \Theta}$;若均衡合约在 $T' \in \Theta$ 存在混合战略,则合约 $\{a(\hat{\vartheta}), \omega(\hat{\vartheta})\}_{\hat{\vartheta} \in T'}$ 只能提供一个对创新价值的大致判断,外包商的创新思想价值信息将可能被隐藏[①]。

外包商的期望效用函数可以表示如下

$$V^*(\vartheta) = \max_{\omega(\vartheta)} V(\vartheta)$$

对给定的 $\vartheta \in \Theta$,精炼贝叶斯均衡为 $(\omega^*(\vartheta), E^*(\vartheta | \omega^\vartheta(\vartheta)))$,其中

$$\omega^*(\vartheta) \in \underset{\omega(\vartheta)}{\operatorname{argmax}} V(\vartheta) \tag{5-1}$$

外包商的问题就是选择 $\omega^*(\vartheta) \in \underset{\omega(\vartheta)}{\operatorname{argmax}} V(\vartheta)$,最大化上述期望效用函数。但外包商还面临着来自承包商的两个约束。第一个约束是参与约束(participation constraint),即承包商从合同中得到的期望效用不能小于不接受合同能得到的最大期望效用,参与约束又称个人理性约束(individual rationality constraint);第二个约束是代理人的激励相容约束(incentive compatibility constraint),即在任何激励合同下,承包商总是选择使外包商的期望效用最大化的行动。参与约束和激励相容约束的数学表达式如下:

(1)参与约束

由于承包商对合同 $C(\hat{\vartheta})$ 的选择推断出 ϑ 后所采取的行动是可观测的,

---

① David M., Jean-christophe P., Wilfried S.Z. Contracting for an innovation under bilateral asymmetric information[J]. The Journal of Industrial Economics, 2010, 58(2):324-348.

因此外包商可以根据观测到的承包商的行动实施奖惩。为此,外包商可以设计"强制合同"(forcing contract),即最大限度获得承包商机会成本的所有过剩净收益[①]。需满足以下条件

$$E(\vartheta|C(\hat{\vartheta}))\omega(\hat{\vartheta}) + \frac{1}{2}\omega^2(\hat{\vartheta}) - a(\hat{\vartheta}) \geqslant E(\bar{\mu}(\hat{\vartheta})|C(\hat{\vartheta})), \forall \hat{\vartheta} \in \Theta$$

由上式可得

$$a(\vartheta) \leqslant E(\vartheta|C(\vartheta))\omega(\vartheta) + \frac{1}{2}\omega^2(\vartheta) - E(\bar{\mu}(\vartheta)|C(\vartheta))$$

根据显示原理,研发外包中的外包商可以只考虑设计直接机制问题,即

$$V(\vartheta) = (\vartheta + \omega(\vartheta))(\pi - \omega(\vartheta)) + a(\vartheta)$$
$$\leqslant (\vartheta + \omega(\vartheta))\pi - \vartheta\omega(\vartheta) - \omega^2(\vartheta) + E(\vartheta|C(\vartheta))\omega(\vartheta) + \frac{1}{2}\omega^2(\vartheta) - E(\bar{\mu}(\vartheta)|C(\vartheta))$$
$$\leqslant (\vartheta + \omega(\vartheta))\pi - \frac{1}{2}\omega^2(\vartheta) + \omega(\vartheta)[(E(\vartheta|C(\vartheta)) - \vartheta] - E(\bar{\mu}(\vartheta)|C(\vartheta)) \tag{5-2}$$

(2)激励相容

设 $\ell(\hat{\vartheta})$ 表示外包商选择合同 $C(\hat{\vartheta})$ 时,承包商的努力水平;$\tilde{V}(\vartheta,\hat{\vartheta})$ 表示外包商的信息类型为 ϑ,但选择合同 $C(\hat{\vartheta})$ 时的期望收益,则有

$$\ell(\hat{\vartheta}) = \underset{\ell}{\arg\max}\left\{(E(\vartheta|C(\hat{\vartheta})) + \ell)\omega(\hat{\vartheta}) - \frac{\ell^2}{2} - a(\hat{\vartheta})\right\} = \omega(\hat{\vartheta})$$

这时外包商的期望收益为

$$\tilde{V}(\vartheta,\hat{\vartheta}) = (\vartheta + \ell(\hat{\vartheta}))(\pi - \omega(\hat{\vartheta})) + a(\hat{\vartheta})$$

根据显示原理,研发外包中的外包商可以只考虑设计直接机制问题,即

$$V(\vartheta) = (\vartheta + \omega(\vartheta))(\pi - \omega(\vartheta)) + a(\vartheta)$$

---

① 让-雅克.拉丰,大卫.马赫蒂摩.激励理论(第一卷)委托代理模型[M].北京:中国人民大学出版社,2002,110-180.

则激励相容条件为 $V(\vartheta)=\max\limits_{\hat{\vartheta}\in\Theta}\tilde{V}(\vartheta,\hat{\vartheta})$ 或 $V(\vartheta)\geqslant\tilde{V}(\vartheta,\hat{\vartheta}),\forall\hat{\vartheta}\in\Theta$

由于 $\omega(\vartheta)$ 是单调递减的,因此有

$$\dot{\omega}(\vartheta)\leqslant 0 \tag{5-3}$$

$V(\vartheta)$ 对 ϑ 求微分,得

$$\dot{V}(\vartheta)=\pi-\omega(\vartheta) \tag{5-4}$$

上述表明,为了避免外包商过于夸大其信息类型,使其显露的创新思想价值信息更具激励相容性和可靠性,需保证 $V(\vartheta)$ 是凸函数,且减少承包商的边际激励系数。

因此,部分外包模式下研发外包的合约可以表述如下

$$\omega^*(\vartheta)\in\mathop{\mathrm{argmax}}\limits_{\omega(\vartheta)}V(\vartheta) \tag{5-1}$$

s.t.

$$(\mathrm{IR})V(\vartheta)\leqslant(\vartheta+\omega(\vartheta))\pi-\frac{1}{2}\omega^2(\vartheta)+\omega(\vartheta)[(E(\vartheta|C(\vartheta))-\vartheta]-$$

$$E(\bar{\mu}(\vartheta)|C(\vartheta)) \tag{5-2}$$

$$(\mathrm{IC})\dot{\omega}(\vartheta)\leqslant 0 \tag{5-3}$$

$$(\mathrm{IC})\dot{V}(\vartheta)=\pi-\omega(\vartheta) \tag{5-4}$$

5.5 模型求解、合同性质分析及机制设计

上述分析可知,外包商选择不同的合约菜单将对应于不同的收益利润分配,而承包商能够从外包商的选择中推断其创新思想价值信息,假设收益分配方案完全独立于创新思想之外,承包商相信创新思想的价值将与期望价值一致。因此,有

$$E^*(\vartheta|\omega(\vartheta))=\vartheta$$

由于承包商若退出与外包商的研发合作关系,将获得一个与创新思想

(ϑ)相关的保留效用 $\bar{\mu}(\vartheta)$,且因为

$$\bar{\mu}(\vartheta) = \max\left\{0, \max_{\ell}(\vartheta+\ell)\gamma\pi - \frac{\ell^2}{2} - I\right\}$$
$$= \max\left\{0, \vartheta\gamma\pi + \frac{\gamma^2\pi^2}{2} - I\right\}$$

因此,根据知识产权保护强度的不同,I 取值区间也将不同[①]。

假设 ϑ_* 定义为 $I = \gamma\vartheta_*\pi + \frac{\gamma^2\pi^2}{2}$ 的唯一解,同时必存在 $\vartheta_* \in \Theta$,使得 $I \in \left[\gamma\underline{\vartheta}\pi + \frac{\gamma^2\pi^2}{2}, \gamma\bar{\vartheta}\pi + \frac{\gamma^2\pi^2}{2}\right]$,这时,创新思想的类型空间可划分为两个明显的区间 $[\underline{\vartheta}, \vartheta_*]$ 和 $[\vartheta_*, \bar{\vartheta}]$,即根据创新思想($\vartheta$)的取值区间,研发外包的合同求解可以分为下列四种情况分别进行讨论:

(1)当知识产权保护强度为极小值时,这时 $I \leqslant \gamma\pi\underline{\vartheta} + \frac{\gamma^2\pi^2}{2}$,即 $\bar{\mu}(\vartheta) = \gamma\pi\vartheta + \frac{\gamma^2\pi^2}{2} - I > 0, \forall \vartheta \in \Theta$,对应于一个弱知识产权保护制度;

(2)当知识产权保护强度为中间值,且 $\vartheta \in [\underline{\vartheta}, \vartheta_*]$ 时,即 $I \in [\underline{\vartheta}\gamma\pi + \frac{\gamma^2\pi^2}{2}, \tilde{\vartheta}\gamma\pi + \frac{\gamma^2\pi^2}{2}]$(知识保护强度中等偏弱情况),这时承包商的最优外部选择是拒绝邀约,用剽窃来的无价值的创新思想开展新的商业性创新活动,保留效用为 $\bar{\mu}(\vartheta) = 0$;

(3)当知识产权保护强度为中间值,且 $\vartheta \in [\vartheta_*, \bar{\vartheta}]$ 时,即 $I \in [\vartheta\gamma\pi + \frac{\gamma^2\pi^2}{2}, \tilde{\vartheta}\gamma\pi + \frac{\gamma^2\pi^2}{2}]$,则开展新的商业性创新活动将会带来正收益,$\bar{\mu}(\vartheta) > 0$;

(4)当知识产权保护强度为极大值时,这时 $I \geqslant \gamma\bar{\vartheta}\pi + \frac{\gamma^2\pi^2}{2}$,$\bar{\mu}(\vartheta) = 0$,对应于一个强知识产权保护制度。在知识产权保护强度为极大值的情况下,承包商不可能剽窃外包商的创新思想,且模仿建立一个新的商业性创新活动。

---

① Arnold U. New dimensions of outsourcing: A combination of transaction cost economics and the core competencies concept[J]. European Journal of Purchnsing & Supply Management, 2000(6): 23-29.

这时,合同关系内部的知识信息的披露较容易,而研发外包中的信息泄露风险得以避免。

5.5.1 知识产权保护强度为极小值情况下的合同方案

首先考虑当知识产权保护强度为极小值时,即 $I \leqslant \underline{\lambda}\vartheta\pi + \dfrac{\gamma^2\pi^2}{2}$ 时的合同方案。

将 $E^*(\vartheta|\omega(\vartheta)) = \vartheta$ 代入公式(5-2)得

$$V(\vartheta) \leqslant (\vartheta + \omega(\vartheta))\pi - \frac{1}{2}\omega^2(\vartheta) + \omega(\vartheta)(E(\vartheta|C(\vartheta)) - \vartheta) - E(\underline{\mu}(\vartheta)|C(\vartheta))$$

$$\leqslant (\vartheta + \omega(\vartheta))\pi - \frac{1}{2}\omega^2(\vartheta) - \underline{\mu}(\vartheta)$$

对 $V(\vartheta)$ 取最大值,有

$$V(\vartheta) = (\vartheta + \omega(\vartheta))\pi - \frac{1}{2}\omega^2(\vartheta) - \underline{\mu}(\vartheta)$$

上式对 $V(\vartheta)$ 求导,并将公式(5-4)代入,得

$$\dot{V}(\vartheta) = \pi - \omega(\vartheta) = (1 + \dot{\omega}(\vartheta))\pi - \omega(\vartheta)\dot{\omega}(\vartheta) - \dot{\underline{\mu}}(\vartheta)$$

$$\Rightarrow (\pi - \omega(\vartheta))\dot{\omega}(\vartheta) = \dot{\underline{\mu}}(\vartheta) - \omega(\vartheta)$$

即

$$\dot{\omega}(\vartheta) = \frac{\dot{\underline{\mu}}(\vartheta) - \omega(\vartheta)}{\pi - \omega(\vartheta)} \tag{5-5}$$

由公式(5-5)可知,当 $\omega(\vartheta) \leqslant \pi$ 时,$\dot{\omega}(\vartheta) < 0$,$\omega(\vartheta)$ 单调递减。因此,所有可能的均衡合约须满足 $0 \leqslant \omega(\vartheta) \leqslant \pi$。

当外包商的类型为 ϑ 时,其对应的均衡合约 $(a(\vartheta),\omega(\vartheta))$ 明显优于任何脱离外包博弈的合约,即满足 $V^*(\vartheta) = \max\limits_{\omega(\vartheta)} V(\vartheta)$。

公式(5-2)也可转化为

$$(\vartheta+\omega(\vartheta))\pi-\frac{1}{2}\omega^2(\vartheta)-\bar{\mu}(\vartheta)-V(\vartheta)\geqslant 0 \quad (5\text{-}6)$$

且由公式(5-5)得

$$V(\vartheta)\leqslant(\theta+\omega(\vartheta))\pi-\frac{1}{2}\omega^2(\vartheta)-\bar{\mu}(\vartheta)$$

对 $V(\vartheta)$ 取最大值,得

$$V(\vartheta)=(\vartheta+\omega(\vartheta))\pi-\frac{1}{2}\omega^2(\vartheta)-\bar{\mu}(\vartheta)$$

根据显示原理,研发外包中的外包商可以只考虑设计直接机制问题,即

$$V(\vartheta)=(\vartheta+\omega(\vartheta))(\pi-\omega(\vartheta))+a(\vartheta)$$

可得, $a(\vartheta)$ 的最大值为

$$\begin{aligned}a(\vartheta)_{\max}&=V(\vartheta)-(\vartheta+\omega(\vartheta))(\pi-\omega(\vartheta))\\ &=(\vartheta+\omega(\vartheta))\pi-\frac{1}{2}\omega^2(\vartheta)-\bar{\mu}(\vartheta)-(\vartheta+\omega(\vartheta))(\pi-\omega(\vartheta))\\ &=\vartheta\omega(\vartheta)+\frac{1}{2}\omega^2(\vartheta)-\bar{\mu}(\vartheta)\end{aligned}$$

所以, $V^*(\vartheta)=\max\limits_{\omega(\vartheta)}V(\vartheta)$,满足下列不等式

$$a(\vartheta)+(\pi-\omega(\vartheta))(\vartheta+\omega(\vartheta))\geqslant\max\limits_{\{\omega\in[0,\pi],a\leqslant\underline{\vartheta}\omega+\frac{\omega^2}{2}-\underline{\mu}\}}\{a+(\pi-\omega)(\vartheta+\omega)\} \quad (5\text{-}7)$$

事实上,假定违约是不太可能实现,根据激励相容条件 $V(\vartheta)\geqslant\tilde{V}(\vartheta,\hat{\vartheta})$, $\forall\hat{\vartheta}\in\Theta$,则拥有最劣创新思想类型的外包商能够提供的最优合同为

$$\begin{aligned}\omega(\underline{\vartheta})&=\operatorname*{argmax}_{\omega\in[0,\pi]}\left\{(\underline{\vartheta}+\omega)\pi-\frac{1}{2}\omega^2-\underline{\mu}(\vartheta)\right\}\\ &=\operatorname*{argmax}_{\omega\in[0,\pi]}\left\{\underline{\vartheta}\pi+\omega(\pi-\frac{\omega}{2})-\underline{\mu}(\vartheta)\right\}\end{aligned}$$

对上式求极值,得

$$\omega(\underline{\vartheta})=\pi \quad (5\text{-}8)$$

由 $\dot{\omega}(\vartheta) = \dfrac{\dot{\mu}(\vartheta) - \omega(\vartheta)}{\pi - \omega(\vartheta)}, \forall \vartheta \in \Theta$ 可知

对于所有的 ϑ,若 $\dot{\mu}(\vartheta) \in \{0, \gamma\pi\}$,又有 $\omega(\vartheta) \leqslant \pi$,则 $\dot{\omega}(\vartheta) < 0$,即 $\omega(\vartheta)$ 是单调递减的。

所以,当 $I \leqslant \lambda \underline{\vartheta} \pi + \dfrac{\gamma^2 \pi^2}{2}$,以上结论恒成立,

当 $a = \underline{\vartheta} \overline{\omega} + \dfrac{\overline{\omega}}{2} - \underline{\mu}(\vartheta)$ 时,计算出最优退出外包博弈均衡为

$$\omega^{out}(\vartheta) = \pi - (\vartheta - \underline{\vartheta})$$

定义 ϑ 类型时,退出博弈的效用函数

$$V^{out}(\vartheta) = (\pi - \omega^{out}(\vartheta))(\vartheta + \omega^{out}(\vartheta)) + \underline{\vartheta}\omega^{out}(\vartheta) + \dfrac{(\omega^{out}(\vartheta))^2}{2} - \overline{\mu}(\vartheta)$$

则有 $\dot{V}^{out}(\vartheta) = \pi - \omega^{out}(\vartheta)$

由于 $V^{out}(\vartheta) = V(\vartheta)$,则对于任何的 ϑ,只要满足 $\omega(\vartheta) \leqslant \omega^{out}(\vartheta)$,则公式 (5-7) 恒成立。设必存在类型 τ,满足 $\omega(\tau) = \omega^{out}(\tau)$,且必有 $\dot{\omega}(\tau) \geqslant \dot{\omega}^{out}(\tau)$。

当 $I \leqslant \gamma \underline{\vartheta} \pi + \dfrac{\gamma^2 \pi^2}{2}, \mu = \lambda \pi \vartheta + \dfrac{\gamma^2 \pi^2}{2}$,设 $\omega(\vartheta) = \omega^{out}(\vartheta)$,则

$$\dot{\omega}(\vartheta) = \dfrac{\dot{\mu}(\vartheta) - \omega(\vartheta)}{\pi - \omega(\vartheta)} = \dfrac{\gamma\pi - \omega(\vartheta)}{\pi - \omega(\vartheta)} = \dfrac{\gamma\pi - \omega^{out}(\vartheta)}{\pi - \omega^{out}(\vartheta)}$$

要使 $\dot{\omega}(\vartheta) \leqslant \dot{\omega}^{out}(\vartheta)$,须满足 $\dfrac{\gamma\pi - \omega^{out}(\vartheta)}{\pi - \omega^{out}(\vartheta)} \leqslant -1$,可得 $\omega^{out}(\vartheta) \geqslant \dfrac{(1+\gamma)\pi}{2}$

则 $\overline{\vartheta} - \underline{\vartheta} = \pi - \omega^{out}(\vartheta) \leqslant \pi - \dfrac{(1+\gamma)\pi}{2} = \dfrac{(1-\gamma)\pi}{2}$

可见,当 $I \leqslant \gamma \underline{\vartheta} \pi + \dfrac{\gamma^2 \pi^2}{2}$,即在满足 $\overline{\vartheta} - \underline{\vartheta} \leqslant \dfrac{(1-\gamma)\pi}{2}$ 的条件下,对应于知识产权保护强度为极小值时,以上研发外包合同所获得的结论均成立。由此得出以下结论:

结论 1 当知识产权保护强度为极小值时,即 $I \leqslant \lambda \underline{\vartheta}\pi + \dfrac{\gamma^2 \pi^2}{2}$,在满足 $\overline{\vartheta} - \underline{\vartheta} \leqslant \dfrac{1-\gamma}{2}\pi$ 的条件下,最优独立合约为

$$\omega(\vartheta) \leqslant \omega^*(\vartheta) = \pi, \forall \vartheta \in \Theta$$

且

$$\dot{\omega}(\vartheta) = \frac{\overline{\mu}(\vartheta) - \omega(\vartheta)}{\pi - \omega(\vartheta)}, \forall \vartheta \in \Theta, \omega(\underline{\vartheta}) = \pi \tag{5-9}$$

其中：

(1) $V(\vartheta) \leqslant (\vartheta + \omega(\vartheta))\pi - \frac{1}{2}\omega^2(\vartheta) + \omega(\vartheta)[E(\vartheta|C(\vartheta)) - \vartheta] - E(\overline{\mu}(\vartheta)|C(\vartheta))$;

(2) 固定费用 $a(\vartheta)$ 满足 $a(\vartheta) = \vartheta\omega(\vartheta) + \frac{\omega^2(\vartheta)}{2} - \overline{\mu}(\vartheta)$；

(3) $\omega(\vartheta)$ 单调递减且恒为正值。

因此，当 $I \leqslant \gamma \underline{\vartheta}\pi + \frac{\gamma^2\pi^2}{2}$ 时，有 $\omega^{out}(\vartheta) \geqslant \frac{(1+\gamma)\pi}{2}$。由于合约关系内承包商执行努力水平激励同时反映了外部的边际激励，当 I 较低时，$\omega(\vartheta) > \lambda\pi$。因此，承包商与外包商的合作研发创新将比脱离外包合约关系开展新的商业性创新活动，带来更大的边际激励报酬。即在知识产权保护极小值情况下，该合约设计不但可以有效避免外包商的逆向选择问题，还可以有效避免承包商获得创新思想后脱离合约关系，同时激励其最优努力水平。

5.5.2 知识产权保护强度中等偏弱情况下的合同方案

当知识产权保护强度为中间值，且 $\vartheta \in [\underline{\vartheta}, \vartheta_*]$ 时，即 $I \in [\tilde{\vartheta}\gamma\pi + \frac{\gamma^2\pi^2}{2}, \overline{\vartheta}\gamma\pi + \frac{\gamma^2\pi^2}{2}]$（对应于知识保护强度中等偏弱情况），这时承包商的最优外部选择是拒绝邀约，用剽窃来的无价值的创新思想开展新的商业性创新活动，其保留效用为

$$\overline{\mu}(\vartheta) = 0, \vartheta \in [\underline{\vartheta}, \vartheta_*]$$

当外包商的创新思想很劣时，披露的信息可能是仅比 ϑ_* 差一点，其有夸大思想的动机以提高承包商的预付金额，避免外包商夸大创新思想得行为，只能将大部分的创新回报收益留给外包商，将较少的一部分红利留给承包商，同

时向承包商索取一大笔足够大的预付款以使承包商的保留效用为零。

为了进一步理解博弈合约设计中 $\mu(\vartheta)$ 的凸性结果,考虑 ϑ 为共同知识情况下,承包商的期望收益 V^* 为

$$V^*(\vartheta)=\vartheta\pi+\frac{\pi^2}{2}-\max\{0,\gamma(\vartheta-\vartheta_*)\pi\}$$

该函数对 ϑ 是凹性的,在不同 ϑ 值的不对称信息下,V^* 不同,信息租金也不同。$\mu(\vartheta)$ 的凸性刚好与 $V(\vartheta)$ 的凹性相抗衡。外包商发现基本上不可能设计一个激励相容合约以获取创新所有的收益,同时降低承包商的保留效用。博弈均衡合约依赖于上述两目标相互影响的强度,为了更好地描述该博弈合约的细节,引入一些符号。设 $\omega_0(\vartheta)$ 为公式(5-9)的解,即当 $\mu(\vartheta)\equiv 0$ 时,对 $\vartheta\in[\underline{\vartheta},+\infty]$,恒有 $\omega_0(\vartheta)=\pi$。同时定义 $\omega_\infty(\vartheta|\vartheta_*)$ 为对所有的 $\vartheta\in[\underline{\vartheta},+\infty]$,当 $\mu(\vartheta)=\vartheta\gamma\pi+\frac{\gamma^2\pi^2}{2}$,且 $\omega_\infty(\vartheta|\vartheta_*)=\omega_0(\vartheta_*)$ 时,公式(5-9)的解。

从结论1可以看出,$\omega_0(\vartheta)$ 是严格递减的,当 $\vartheta\to\infty$ 时,$\omega_0(\vartheta)=0$。因此,必存在一 ϑ 值,使得 $\omega_0(\widetilde{\vartheta})=\gamma\pi$,对于 $\widetilde{\vartheta}$ 值,承包商在合同关系内部边际激励与合约外一样。

当 $\vartheta_*\in[\underline{\vartheta},\widetilde{\vartheta}]$ 或 $I\in[\underline{\vartheta}\gamma\pi+\frac{\gamma^2\pi^2}{2},\widetilde{\vartheta}\gamma\pi+\frac{\gamma^2\pi^2}{2}]$ 时的激励问题其中 $\widetilde{\vartheta}$ 满足 $\omega(\widetilde{\vartheta})=\gamma\pi$。当 $\vartheta_*\in[\underline{\vartheta},\widetilde{\vartheta}]$,$\omega_0(\vartheta_*)\geqslant\gamma\pi$ 时,外包商能提供完全分离(Seperating)合约,承包商仍然将推测外包商的创新思想价值。与上相同,令 $E^*(\vartheta|\omega(\vartheta))=\vartheta$。

由公式(5-8)可知,对于 $\dot{\omega}(\vartheta)=\frac{\mu(\vartheta)-\omega(\vartheta)}{\pi-\omega(\vartheta)}$,当 $\vartheta=\vartheta_*$ 时,$\omega(\vartheta)$ 不连续,即 $\omega(\vartheta)$ 在 $\vartheta=\vartheta_*$ 处存在断点。

当 $\underline{\vartheta}\gamma\pi+\frac{\gamma^2\pi^2}{2}\leqslant I\leqslant\widetilde{\vartheta}\gamma\pi+\frac{\gamma^2\pi^2}{2}$ 时,同上结论1,因为 $\omega(\vartheta)=\omega^{out}(\vartheta)$,则有

$$\dot{\omega}(\vartheta)\leqslant\omega^{out}(\vartheta)\Leftrightarrow\dot{\omega}(\vartheta)=\frac{\gamma\pi-\omega(\vartheta)}{\pi-\omega(\vartheta)}\leqslant -1\Leftrightarrow\omega(\vartheta)\geqslant\frac{(\gamma+1)\pi}{2}$$

因为 $\omega_0(\vartheta_*)\geqslant\gamma\pi$,故取 $\omega(\vartheta)\geqslant\frac{(\gamma+1)\pi}{2}$,进而有 $\overline{\vartheta}-\underline{\vartheta}\leqslant\frac{(1-\gamma)\pi}{2}$。故可

得如下结论。

结论 2 当知识产权保护强度为中等偏弱时，即 $\vartheta\in[\underline{\vartheta},\vartheta_*]$，$I\in[\underline{\vartheta}\gamma\pi+\dfrac{\gamma^2\pi^2}{2},\bar{\vartheta}\gamma\pi+\dfrac{\gamma^2\pi^2}{2}]$，在满足 $\bar{\vartheta}-\underline{\vartheta}\leqslant\dfrac{1-\gamma}{2}\pi$，且 $\omega_0(\vartheta_*)\geqslant\gamma\pi$ 的条件下，最优外包合约为

$$\omega(\vartheta)=\begin{cases}\omega_0(\vartheta),\vartheta\in[\underline{\vartheta},\vartheta_*]\\ \omega_\infty(\vartheta\mid\vartheta_*),\vartheta\in[\vartheta_*,\bar{\vartheta}]\end{cases} \tag{5-10}$$

其中：

(1)对所有的 ϑ 值，$(\vartheta+\omega(\vartheta))\pi-\dfrac{1}{2}\omega^2(\vartheta)-\mu(\vartheta)-V(\vartheta)\geqslant 0$；

(2)$\omega(\underline{\vartheta})=\pi,\omega(\vartheta_\ell)=\omega_0(\vartheta_*)$。

上述结论表明，当知识产权保护强度为中等偏弱时，界限类型 ϑ_* 与 $\bar{\vartheta}$ 离得足够近，即几乎所有的创新思想都足够好让承包商开展该研发项目的商业性创新活动。在该情况下，均衡收益随着 ϑ 连续递减，外包商的收益保持凸性。

5.5.3 知识产权保护强度中等偏强情况下的合同方案

下面考虑当 $\vartheta_*\in[\tilde{\vartheta},\bar{\vartheta}]$ 或 $I\in[\tilde{\vartheta}\gamma\pi+\dfrac{\gamma^2\pi^2}{2},\bar{\vartheta}\gamma\pi+\dfrac{\gamma^2\pi^2}{2}]$ 时的激励问题（对应于知识产权保护强度为中等偏强的情况）。当 $\omega_0(\vartheta)<\gamma\pi,\vartheta_*\in[\tilde{\vartheta},\bar{\vartheta}]$ 时，拥有较优创新思想的外包商将支配一系列完全分离的可信合约，且对于某些类型，也将包含部分混合（Pooling）合约[①]。

定义 T 为混合区域的下界，$\bar{\omega}$ 为对应的奖金，则为了避免违背 $[\vartheta_*,T]$ 上的激励相容条件，必须满足 $T<\vartheta_*$。若 $V^b(\cdot)$ 表示带混合合同时外包商的收益，$V^s(\cdot)$ 表示带分离合同时外包商的收益，假设 $E^b(x)=E(\vartheta\mid\vartheta\geqslant\pi)$。

---

① David M., Jean-christophe P., Wilfried S.Z.Contracting for an innovation under bilateral asymmetric information[J].The Journal of Industrial Economics,2010,58(2):324—348.

当 $\omega_0(\vartheta) < \gamma\pi$，有 $I \in [\tilde{\vartheta}\gamma\pi + \frac{\gamma^2\pi^2}{2}, \bar{\vartheta}\gamma\pi + \frac{\gamma^2\pi^2}{2}]$，对于 $I > \frac{\gamma^2\pi^2}{2} + \gamma\pi[\bar{\vartheta} + \pi(\gamma - \ln\gamma - 1)]$，由于公式(5-10)中的 $\omega^*(\vartheta)$ 在 $[\vartheta_*, \bar{\vartheta}]$ 上单调递增，所以在分离均衡情况下的激励相容约束将发生变化，最优方案中须包含一个混合(Pooling)的区域。则有：

$$V^s(\vartheta) = \vartheta\pi + \omega_0(\vartheta)\pi - \frac{[\omega_0(\vartheta)]^2}{2} - \bar{u}(\vartheta)$$

$$V^b(\vartheta) = \vartheta\pi + \bar{\omega}\pi - \frac{\bar{\omega}^2}{2} + \bar{\omega}[E^b(\vartheta) - \vartheta] - \max\{0, E^b(\vartheta) - \vartheta_*\}\gamma\pi$$

当 $\vartheta = T$ 时，优化组合 $(T, \bar{\omega})$ 须满足激励条件(5-3)，即 $\dot{\omega}(\vartheta) \leqslant 0$。因此有 $\bar{\omega} \leqslant \omega_0(T)$。如果 $\bar{\omega}$ 为不可支配的激励合约，则 $\bar{\omega} = \arg\max_{\bar{\omega} \leqslant \omega_0(T)} V^b(T)$。

由于 $\omega_0(T) < \gamma\pi$ 且 $E^b(T) \geqslant T$，显然，$V^b(T)$ 在 $\bar{\omega} = \omega_0(T)$ 时是递增的，即

$$\frac{\partial V^b(T)}{\partial \bar{\omega}}\bigg|_{\bar{\omega}=\omega_0(T)} = \pi - \omega_0(T) + E^b(T) - T > 0$$

$$\Rightarrow \bar{\omega}^* = \omega_0(T)$$

由于 $T < \bar{\vartheta}_\ell, \bar{\mu}(T) = 0$，显然当 $\vartheta = T$ 时，激励相容具有收益的连续性，如下：

$$V^s(T) = V^b(T)$$

$$\Leftrightarrow \omega_0(T)(\pi - \frac{\omega_0(T)}{2}) = \bar{\omega}\pi - \frac{\bar{\omega}^2}{2} + \bar{\omega}[E^b(T) - T] - \max\{0, E^b(T) - \vartheta_*\}\gamma\pi$$

$$\Leftrightarrow \omega_0(T)[E^b(T) - T] = \max\{0, E^b(T) - \vartheta_*\}\gamma\pi$$

$$\Leftrightarrow \omega_0(T) = \frac{\max\{0, E^b(T) - \vartheta_*\}\gamma\pi}{E^b(T) - T}$$

因为 $\omega_0(T) > 0$，所以上式等式右边恒为正。即

$$\omega_0(T) = \frac{[E^b(T) - \vartheta_*]\gamma\pi}{E^b(T) - T}$$

$$\Rightarrow \omega_0(T)[E^b(T) - T] = [E^b(T) - \vartheta_*]\gamma\pi \tag{5-11}$$

因此，均衡结果为 $\bar{\omega} = \omega_0(T), T = T^*$。

又如结论 1 所示,$\omega^{out}(\vartheta)=\pi-(\bar{\vartheta}-\underline{\vartheta})$,$\omega(\vartheta)\leqslant\omega^{out}(\vartheta)$。由于 $\omega_0(T^*)<\gamma\pi$

有 $\dot{\omega}(\vartheta)=\dfrac{\gamma\pi-\omega^{out}(\vartheta)}{\pi-\omega^{out}(\vartheta)}\leqslant-1$

$$\Rightarrow \omega^{out}(\vartheta)\geqslant\dfrac{\gamma+1}{2}\pi$$

则 $\pi-(\bar{\vartheta}-\underline{\vartheta})\geqslant\dfrac{\gamma+1}{2}\pi$

$$\Rightarrow \bar{\vartheta}-\underline{\vartheta}\leqslant\dfrac{1-\gamma}{2}\pi$$

由上述分析过程可得下述结论:

结论 3 在知识产权保护强度为中等偏强的情况下,即 $\vartheta_*\in[\tilde{\vartheta},\bar{\vartheta}]$,$I\in[\tilde{\vartheta}\gamma\pi+\dfrac{\gamma^2\pi^2}{2},\bar{\vartheta}\gamma\pi+\dfrac{\gamma^2\pi^2}{2}]$ 时。假设 $E^b(\chi)=E(\vartheta|\vartheta\geqslant\chi)$,定义 $T^*\in(\tilde{\vartheta},\vartheta_*)$ 为公式 $\omega_0(T^*)[E^b(T^*)-T^*]=[E^b(T^*)-\vartheta_*]\gamma\pi$ 的唯一解,且满足 $\omega_0(T^\ell)<\lambda\pi$。则当 $\omega_0(\vartheta)<\gamma\pi$,满足 $\bar{\vartheta}-\underline{\vartheta}\leqslant\dfrac{1-\gamma}{2}\pi$,最优合同方案为

$$\omega(\vartheta)=\begin{cases}\omega_0(\vartheta),\vartheta\in[\underline{\vartheta},T^*]\\ \omega_0(T^*),\vartheta\in[T^*,\bar{\vartheta}]\end{cases} \tag{5-12}$$

其中:

(1) $V(\vartheta)\leqslant(\vartheta+\omega(\vartheta))\pi-\dfrac{1}{2}\omega^2(\vartheta)+\omega(\vartheta)[(E(\vartheta|C(\vartheta))-\vartheta]-E(\bar{\mu}(\vartheta)|C(\vartheta))$;

(2) 承包商期望的创新思想价值为 $E^*\left(\vartheta\middle|\omega(\vartheta)\right)=\begin{cases}\vartheta,\vartheta\in[\underline{\vartheta},T^*]\\ E^b(T^*),\vartheta\in[T^*,\bar{\vartheta}]\end{cases}$;

(3) 红利 $\omega(\vartheta)$ 是连续函数。

假设有足够多的信息类型使承包商不能开展该研发项目的商业性创新活动且获得利润,即 ϑ_* 足够大,那么红利将在 ϑ_* 的周围显著向下扭曲,甚至可能比承包商在外包合作关系外的努力边际回报 $\gamma\pi$ 小得多。

上述结论表明,在知识产权保护强度为中等偏强情况下,事后潜在的损失

主要是由承包商来承担,均衡合约中可以通过减少承包商获得的红利实现对外包商逆向选择行为的激励。这意味着承包商将被赋予足够低的费用去创造利润,拥有比这临界值高一些的创新思想的外包商将有强烈的动机隐瞒创新思想价值。同时由于均衡合约中包含一个比合作关系外边际回报低的红利,且该红利独立于创新思想的价值之外。这样,外包商将隐瞒其思想的价值,并采用商业机密代替知识产权的缺乏。

因此,在上述机制下,承包商相信外包商会履行邀约内容,也将不再关注剽窃创新思想,将执行最优努力水平,继续与外包商合作研发创新。

5.5.4 知识产权保护强度为极大值情况下的合同方案

最后考虑当知识产权保护强度为极大值时,即 $I \geqslant \gamma \bar{\vartheta} \pi + \dfrac{\gamma^2 \pi^2}{2}$ 情况下的合同方案。

由上述分析可知,对 $V(\vartheta)$ 取最大值,有

$$V(\vartheta) = (\vartheta + \omega(\vartheta))\pi - \frac{1}{2}\omega^2(\vartheta) - \bar{\mu}(\vartheta)$$

上式对 $V(\vartheta)$ 求导,并将公式(5-2)代入,得

$$(\pi - \omega(\vartheta))\dot{\omega}(\vartheta) = \dot{\bar{\mu}}(\vartheta) - \omega(\vartheta)$$

即

$$\dot{\omega}(\vartheta) = \frac{\dot{\bar{\mu}}(\vartheta) - \omega(\vartheta)}{\pi - \omega(\vartheta)}$$

当 $\omega(\vartheta) \leqslant \pi$ 时,$\dot{\omega}(\vartheta) < 0$,$\omega(\vartheta)$ 单调递减。因此,所有可能的均衡合约须满足 $0 \leqslant \omega(\vartheta) \leqslant \pi$。当外包商的类型为 ϑ 时,其对应的均衡合约 $(a(\vartheta), \omega(\vartheta))$ 明显优于任何脱离外包博弈的合约,即满足 $V^*(\vartheta) = \max\limits_{\omega(\vartheta)} V(\vartheta)$。

$a(\vartheta)$ 的最大值为

$$\begin{aligned}a(\vartheta)_{\max} &= V(\vartheta) - (\vartheta + \omega(\vartheta))(\pi - \omega(\vartheta)) \\ &= (\vartheta + \omega(\vartheta))\pi - \frac{1}{2}\omega^2(\vartheta) - \bar{\mu}(\vartheta) - (\vartheta + \omega(\vartheta))(\pi - \omega(\vartheta))\end{aligned}$$

$$=\vartheta\omega(\vartheta)+\frac{1}{2}\omega^2(\vartheta)-\bar{\mu}(\vartheta)$$

所以,$V^*(\vartheta)=\max_{\omega(\vartheta)}V(\vartheta)$,满足下列不等式

$$a(\vartheta)+(\pi-\omega(\vartheta))(\vartheta+\omega(\vartheta))\geqslant \max_{\{\omega\in[0,\pi],a\leqslant\vartheta\omega+\frac{\omega^2}{2}-\bar{\mu}(\vartheta)\}}\{a+(\pi-\omega)(\vartheta+\omega)\}$$

事实上,假定违约是不太可能实现,根据激励相容条件 $V(\vartheta)\geqslant\tilde{V}(\vartheta,\hat{\vartheta})$,$\forall \hat{\vartheta}\in\Theta$,则拥有最劣创新思想类型的外包商能够提供的最优合同为

$$\underline{\omega}(\vartheta)=\underset{\omega\in[0,\pi]}{\arg\max}\left\{(\underline{\vartheta}+\omega)\pi-\frac{1}{2}\omega^2-\bar{\mu}(\vartheta)\right\}$$

$$=\underset{\omega\in[0,\pi]}{\arg\max}\left\{\underline{\vartheta}\pi+\omega(\pi-\frac{\omega}{2})-\bar{\mu}(\vartheta)\right\}$$

对上式求极值,得

$$\underline{\omega}(\vartheta)=\pi$$

对于所有的 ϑ,$\forall\vartheta\in\Theta$,若 $\bar{\mu}(\vartheta)\in\{0,\gamma\pi\}$,又有 $\underline{\omega}(\vartheta)\leqslant\pi$,则 $\dot{\underline{\omega}}(\vartheta)<0$,即 $\underline{\omega}(\vartheta)$ 是单调递减的。所以,$I\geqslant\gamma\underline{\vartheta}\pi+\frac{\gamma^2\pi^2}{2}$ 时,以上结论恒成立,同时有当 $\bar{\mu}(\vartheta)=0$ 时,$\underline{\omega}(\vartheta)=\underset{\omega\in[0,\pi]}{\arg\max}\left\{\underline{\vartheta}\pi+\omega(\pi-\frac{\omega}{2})-\bar{\mu}(\vartheta)\right\}=\pi$。

当 $a=\underline{\vartheta}\omega+\frac{\omega}{2}-\bar{\mu}(\vartheta)$ 时,计算出最优退出外包博弈均衡为

$$\omega^{out}(\vartheta)=\pi-(\vartheta-\underline{\vartheta})$$

定义 ϑ 类型时,退出博弈的效用函数

$$V^{out}(\vartheta)=(\pi-\omega^{out}(\vartheta))(\vartheta+\omega^{out}(\vartheta))+\underline{\vartheta}\omega^{out}(\vartheta)+\frac{(\omega^{out}(\vartheta))^2}{2}-\bar{\mu}(\vartheta)$$

则有 $\dot{V}^{out}(\vartheta)=\pi-\omega^{out}(\vartheta)$

同样设必存在类型 τ,满足 $\omega(\tau)=\omega^{out}(\tau)$,且必有 $\dot\omega(\tau)\geqslant\dot\omega^{out}(\tau)$,那么,当 $I\geqslant\gamma\underline{\vartheta}\pi+\frac{\gamma^2\pi^2}{2}$,$\bar\mu=0$,设 $\omega(\vartheta)=\omega^{out}(\vartheta)$,则

$$\dot{\omega}(\vartheta)=\frac{\dot{\mu}(\vartheta)-\omega(\vartheta)}{\pi-\omega(\vartheta)}=\frac{-\omega(\vartheta)}{\pi-\omega(\vartheta)}=\frac{-\omega^{out}(\vartheta)}{\pi-\omega^{out}(\vartheta)}$$

要使 $\dot{\omega}(\vartheta) \leqslant \omega^{out}(\vartheta)$，须满足 $\frac{-\omega^{out}(\vartheta)}{\pi-\omega^{out}(\vartheta)} \leqslant -1$，可得 $\omega^{out}(\vartheta) \geqslant \frac{\pi}{2}$

则 $\bar{\vartheta}-\underline{\vartheta}=\pi-\omega^{out}(\vartheta) \leqslant \pi-\frac{\pi}{2}=\frac{\pi}{2}$

即当 $\bar{\vartheta}-\underline{\vartheta} \leqslant \frac{\pi}{2}$ 时，对于 $\forall \theta$，有 $\omega(\vartheta) \leqslant \omega^{out}(\vartheta)$。由此得出以下结论：

结论 4 当知识产权保护强度为极大值时，即 $I \geqslant \gamma \bar{\vartheta} \pi + \frac{\gamma^2 \pi^2}{2}$，在满足 $\bar{\vartheta}-\underline{\vartheta} \leqslant \frac{\pi}{2}$ 的条件下，最优独立合约为

$$\omega(\vartheta) \leqslant \omega^*(\vartheta)=\pi, \forall \vartheta \in \Theta$$

且

$$\dot{\omega}(\vartheta)=\frac{\dot{\mu}(\vartheta)-\omega(\vartheta)}{\pi-\omega(\vartheta)}, \forall \vartheta \in \Theta, \omega(\underline{\vartheta})=\pi \tag{5-13}$$

其中：

(1) $V(\vartheta) \leqslant (\vartheta+\omega(\vartheta))\pi - \frac{1}{2}\omega^2(\vartheta) + \omega(\vartheta)[(E(\vartheta|C(\vartheta))-\vartheta]-E(\bar{\mu}(\vartheta)|C(\vartheta))$；

(2) 固定费用 $a(\vartheta)$ 满足 $a(\vartheta)=\vartheta\omega(\vartheta)+\frac{\omega^2(\vartheta)}{2}-\bar{\mu}(\vartheta)$；

(3) $\omega(\vartheta)$ 单调递减且恒为正值。

由上述结论可知，当 $I \geqslant \gamma \bar{\vartheta} \pi + \frac{\gamma^2 \pi^2}{2}$ 时，$\omega^{out}(\vartheta) \geqslant \frac{\pi}{2}$。因此承包商在知识产权保护强度为极大值情况下获得的红利将向下"扭曲"更明显。当 I 较高时，$\omega(\vartheta)>0$。因此，承包商与外包商的合作研发创新将比脱离外包合约关系开展新的商业性创新活动，带来更大的边际激励报酬。即在知识产权保护极大值情况下，该合约设计不但可以有效避免外包商的逆向选择问题，还可以有效避免承包商获得创新思想价值信息后脱离合约关系，同时激励其最优努力水平。

5.6 本章小结

本章针对部分研发外包模式中承包商单边道德风险下同时考虑外包商逆向选择问题的双边信息不对称问题,运用机制设计理论,将研发外包的激励机制设计转化成一个连续型的多阶段不完全信息博弈问题,建立了具体的研发外包合约模型,并得出不同的知识产权保护强度对应的研发外包激励机制设计。研究结果表明,为了防止承包商过于夸大其创新思想价值,可以通过减少承包商获得的红利以实现均衡合约中对外包商最大限度显露信息的激励。在知识产权保护极大值情况下,当 $I \geqslant \underline{\gamma} \vartheta \pi + \frac{\gamma^2 \pi^2}{2}$ 时,$\omega^{out}(\vartheta) \geqslant \frac{\pi}{2}$;在知识产权保护极小值情况下,当 $I \leqslant \underline{\gamma} \vartheta \pi + \frac{\gamma^2 \pi^2}{2}$,$\omega^{out}(\vartheta) \geqslant \frac{(1+\gamma)\pi}{2}$,因此承包商在前者情况下获得的红利将比在后者情况下的向下"扭曲"更明显。由于合约关系内承包商执行努力水平激励同时反映了外部的边际激励,且当 I 较低时,$\omega(\vartheta) > \lambda\pi$;当 I 较高时,$\omega(\vartheta) > 0$。因此,承包商与外包商的合作研发创新将比脱离外包合同关系开展新的商业性创新活动,创造更大的边际激励报酬。在知识产权保护强度中等偏弱和中等偏强两种情况下,均可以引入补偿激励机制,使得承包商不再关注推测和剽窃创新过程中外包商的创新思想,执行最优努力水平。

本章仅考虑单边道德风险下同时考虑外包商隐匿信息的逆向选择问题,进一步研究可以考虑双边道德风险下同时考虑外包商逆向选择问题的激励机制设计问题。

第6章

合作外包模式下企业研发外包的激励机制

6.1 前言

随着知识经济的兴起,现代企业间的竞争规则大幅变化,逐渐从以物质和劳动为主体转向以知识为主体的竞争形态,这对企业的知识创新提出了更高的要求,已有研究表明,创新源于企业对知识资源的重新整合和创造,不仅要依靠自身占有的稀缺资源,还要积极从外部获取新的关键知识。因为任何企业都不可能拥有自身需要的一切知识资源,所有为了促进技术知识创新,越来越多的企业在自主研发之外开始选择合作研发创新。合作研发的目的在于通过契约或股权等合作方式,实现企业与其他企业、大学和科研院所之间的知识共享和优势资源互补,从而促进知识整合和知识创新,并最终降低企业成本和提高企业效益[①]。

然而,由于知识要素的投入难以精确计量,技术成果价值和研发机构的研发能力也难以确切量化,使得合作研发创新竞争优势的强弱,主要取决于机制能否降低或消除外包商和承包商之间的信息不对称,消除研发投资中的机会主义行为,故合作研发外包的机制设计极为重要,尤其是最初外包合作的契约安排。

因此,在第五章的研究基础上,本章进一步考虑合作研发外包下同时考虑

---

① 皮星,孟卫东,黄波.基于道德风险的校企合作创新序列机制设计:一种不可再协商契约的视角[J].科技进步与对策,2010,27(7):17-21.

双边道德风险和外包商的逆向选择问题。正如前文所述,当外包商项目为外包商企业的核心技术,且市场上该技术不成熟,外包商企业具有一定的独特优势,研发创新的成功具有较高的不确定性时,这时研发创新的成功不仅依赖于外包商的创新思想价值大小和承包商执行的努力水平,还需要外包商提供一定的技术知识支持并执行一定的知识技术投入,共同提高研发外包项目的成功率和创新度。即研发外包中外包商和承包商存在着合作创新关系,研发外包项目的产出绩效同时受到外包商和承包商的共同影响。然而研发外包项目执行中外包商与承包商的生产要素投入的无形性和不可验证性,引发了研发外包项目实施过程中的双边道德风险问题;同时,由于知识的非独占性,承包商剽窃利用与外包商的谈判中获得的创新思想,开展新的商业性创新活动,作为外包商的竞争对手直接进入外包商的行业,因此引发承包商的信息泄露风险问题;最后由于承包商可能出现隐藏行动的道德风险和信息泄露问题,外包商也可能在事先隐藏创新思想和价值信息,使得研发外包过程中信息共享受到较大影响,从而引发外包商隐匿信息的逆向选择问题。

双边道德风险问题的存在会导致外包商与承包商对研发项目的投入不足,致使研发外包项目执行成功率较低;外包商的逆向选择问题将引发知识共享风险,导致研发外包效率低下。因此对外包商而言,建立有效的外包合同,激励自身信息的披露和参与投入,并在考虑知识产权保护的同时,使得承包商执行最优努力水平且将信息泄露降到最低,对提高研发外包服务项目成功率和创新绩效、实现研发外包的双赢具有重要意义。

目前关于研发外包道德风险防范的研究主要集中于合作伙伴的优选、制度的改进、合同的完善以及政府的激励等[1]。如 Rotering(1990)[2]的实证研究表明,德国合作创新主要存在两种契约方式:授权协议和 RJV;赵兰香(1996)[3]从制度创新的角度分析了增值冲动、规模效应、剩余索取权分配以及组织监督成本等因素对研发外包的影响;Hagedoorn 等(2000)[4]研究发现,在

---

[1] 黄波,孟卫东,皮星.基于双边道德风险的研发外包激励机制设计[J].管理工程学报,2011,25(2):178-185.

[2] ROCTERING C., Forschungs-und Entwicklungskooperationen zwischen Unternehmen:Eine Empirische Analyse [R].Poeschel Stuuttgart,1990.

[3] 赵兰香.产学研合作与制度创新[J].科研管理,1996,17(6):13-17.

[4] HAGEDOORN J., LINK A.N., VONORTAS N.S.Research partnerships [J].Research Policy,2000,29(4-5):567-586.

美国制造业的研发外包中有90%是以非正式契约展开的;Amaldoss(2000)[①]研究了集中研发和并行研发联盟结构下,合作双方在平均分配和按投入比例分配方式下的投注策略。已有关于研发外包创新的合同设计中大多假设外包商不存在道德风险问题,因此,研发外包合同设计的主要任务是解决承包商单边道德风险的防范与激励问题。王安宇等(2006)基于关系契约的视角,系统分析了非正式契约在研发项目外包关系中的治理机制特征,并以此为基础,构建了一个外包商与承包商的多次重复博弈模型[②];吴华清等(2007)运用关系契约理论,研究了不同折现率下的研发外包合作的可能性,并重点分析了各合作区间的最优激励水平[③];王安宇(2008)又针对事前不对称信息、事后不对称信息、再谈判及不确定性等问题,系统分析了固定支付外包合同和成本附加支付研发外包在处理上述问题的效率方面存在的差异性,并提出两种合同的选择条件和适用范围[④];Silipo(2008)研究了几种合作契约和外部环境下影响企业合作创新动机的主要因素,并通过实证验证了其理论研究结果[⑤];Lai等(2009)建立了基于委托-代理理论的收益共享外包合同,实现研发外包成本的降低和承包商努力水平的激励[⑥]。上述研究对承包商道德风险的防范与激励起了十分重要的作用,但都假设研发外包中外包商不存在隐藏努力的道德风险问题,这与研发外包合作创新的实际特征不相吻合。而事实上,在研发外包的合作创新中,外包商和承包商都拥有各自的私人信息,外包双方在研发外包合作中的努力水平和资源投入量也均以自身利益最大化为目标进行决策,因而双方都有可能采取降低资源投入和隐藏努力水平的机会主义行为,即在研发外包的合作创新过程中存在明显的双边道德风险。

目前研发外包中关于双边道德风险问题的研究主要是考虑企业间的研发

---

① AMALDOSS W.Collaboration to compete [J].Marketing Science,2000,19(2):105-126.

② 王安宇,司春林,骆品亮.研发外包中的关系契约[J].科研管理,2006,27(6):102-108.

③ 吴华清,梁梁,古继宝.基于关系契约的长期合作创新机制研究[J].科学学研究,2007,25(2):141-146.

④ 王安宇.研发外包契约类型选择:固定支付契约还是成本附加契约[J].科学管理研究,2008,26(4):34-37.

⑤ Silipo D.B.Incentives and forms of cooperation in research and development[J].Research in Economics,2008,62(2):101-119.

⑥ Lai E L-C,Riezman R,Wang P.Outsourcing of innovation[J].Econ Theory,2009,38(3):485-515.

联盟或合作创新所产生的双边道德风险问题[①],如 Baker 等(2002)和 Robinson 等(2004)针对研发联盟中多任务委托代理中不可完全合同化的双边道德风险问题,建立了有效的非正式合同[②]。Chen(2005)通过实证分析,对三种 IT 产品的研发模式进行了系统的比较,并基于知识扩散和传递的具体特征,建立了研发外包的双边道德风险模型,还提出了知识共享的组织框架[③];Bandyopadhyay 等(2007)通过对合作与非合作下外包中的双边知识共享度和绩效的影响因素进行了系统的分析,分别建立了合作博弈模型和非合作博弈模型,结果表明外包双方的合作对提高知识共享度和产出绩效有着非常重要的影响[④]。Silipo(2008)研究显示企业合作研发的动机不但与合作合同和外部环境相关,还与合作双方的道德风险问题密切相关[⑤];孟卫东等(2008)建立了考虑技术风险的研发外包投资策略,对两种不同分配模式下并行联盟成员的双边道德风险问题进行了深入研究[⑥]。但斌等(2010)运用委托—代理理论,建立了研发外包合作创新中的存在双边道德风险问题的外包合

---

① Solak S.,Clarke J.B.,Johnson E.L.,et al.Optimization of R&D project portfolios under endogenous uncertainty[J].European Journal of Operational Research,2007(1): 420-433.

Sánchez-González G.,Herrera L.The influence of R&D cooperation on innovatory effort.Innovation:Management[J].Policy & Practice,2010,12(3):337-354.

李晓燕.离岸 IT 服务外包中的供应商创新研究——基于交易成本及协作视角[J].经济管理,2013(4):11-16.

② Baker G.,Gibbons R.,Murphy K.Relational contracts and the theory of the firm[J].Quarterly Journal of Economics,2002,117(1):39-83.

Robinson D.,Stuart T.Financial contracting in biotech strategic alliances[J].Working Paper,Duke University,2004.

③ Chen S.Task partitioning in new product development teams:A knowledge and learning perspective[J].Journal of Engineering and Technology Management,2005,22(4): 291-314.

④ Bandyopadhyay S.,Pathak.P.Knowledge sharing and cooperation in outsourcing projects-a game theoretic analysis[J].Decision Support System.2007,42(2):349-358.

⑤ Silipo D.B.Incentives and forms of cooperation in research and development[J].Research in Economics,2008,62(2):101-119.

⑥ 孟卫东,黄波,李宇雨.基于技术风险的并行研发联盟成员投资策略研究[J].软科学,2008,22(6):42-46.

同,并系统分析了合同相关参数的影响因素[1]。皮星等(2010)在不可再协商契约条件下,通过设计契约中的序列机制,实现校企合作双方真实披露其私人信息,从而减少机会主义行为,促使研发投资达到最优。其结果表明,合作创新序列机制能够提供诱因或威胁,促使研发外包双方自觉放弃投机行为,产生有效的交易结果,使双方的专用资产投资达到最优水平[2]。然而,在有些具有双重市场结构特征的产业中(如生物医药产业),外包商和承包商的研发外包关系往往是单次的,这时先前的外包交易不仅不会促进合作关系,反而可能会阻碍外包商与此承包商合作关系的再次形成[3]。黄波等(2011)对研发外包中存在双边道德风险的激励机制进行研究,研究表明,采用有效的市场手段和合理的利益分配方式可以有效激励外包双方如实显示信息并主动放弃机会主义行为,从而投入足够的资源或执行最优努力水平[4]。丁旭(2012)针对研发外包中的技术不确定性风险,从供应链纵向合作研发的视角,建立了基于技术风险的博弈模型,研究表明市场收益、不同的利益分配方式以及技术风险对研发外包中的双边道德风险问题均有着重要的影响,可以通过确定最优的利益分配方式,防范研发外包双方的道德风险问题,从而激励双方投入更多的研发资源,促进研发合作的成功[5]。程平等(2012)建立了考虑承包商参与分享产品市场收益的研发外包合同,其研究结果表明最优收益共享激励系数与外包商对研发成功的影响系数正相关,与承包商对研发成功的影响系数负相关,与产品市场、研发项目的固定支付及双方的成本系数无关;而最优固定支付与产品价格敏感系数及产品单位销售成本正相关,与研发外包双方的成本系数正相关,与合作创新产品的市场容量负相关[6]。李晓燕(2013)研究了基于技术风险的并行联盟成员的双边道德风险问题,并提出了不同分配方式下的研发投

---

[1] 但斌,宋寒,张旭梅.合作创新下考虑双边道德风险的研发外包合同[J].研究与发展管理,2010,22(2):89-95.

[2] 皮星,孟卫东,黄波.基于道德风险的校企合作创新序列机制设计:一种不可再协商契约的视角[J].科技进步与对策,2010,27(7):17-21.

[3] Archetti M.Contract theory for the evolution of cooperation:The right incentives attract the right partners[J].Journal of Theoretical Biology,2011,269(1):201-207.

[4] 黄波,孟卫东,皮星.基于双边道德风险的研发外包激励机制设计[J].管理工程学报,2011,25(2):178-185.

[5] 丁旭.供应链纵向合作研发中的利益分配方式研究[D].重庆:重庆大学,2012.

[6] 程平,陈艳.考虑合作创新产品市场的IT研发外包合同[J].系统工程理论与实践.2012,32(6):1261-1269.

资策略①。

针对同时存在逆向选择和道德风险的混合问题,Ta-delis(2002)以外包商为研究参考点,建立了一般动态均衡模型,并提出可以构建企业的声誉市场对承包商实现长期激励效应的研究结论②。Chen Fangruo(2005)和方厚政(2006)都认为,针对企业研发外包中的信息不对称风险,甄别契约可以较好地解决逆向选择问题和实现更高努力程度的激励③;Ding(2011)针对供应链纵向研发外包中的信息不对称问题,综合考虑不同利益分配方式下研发联盟成员的不同投资策略,构建了博弈模型,并进一步提出了防范逆向选择和道德风险混合问题的相应措施④。刘清海和史本山(2012)基于事前契约类型的选择对事后研发效率的影响分析,建立了研发外包的混合问题博弈模型。研究结果显示,尽管签订灵活价格的合同会产生双方争论并引发折扣成本,但其能有效避免承包商的道德风险,且事后研发效率明显高于研发前签订固定许可费用合同⑤。谢刚等(2013)针对多任务环境中考虑重复博弈的IT研发外包的混合委托-代理问题,构建了正式合同和关系合同,研究结果表明,正式合同和关系合同存在互补关系和替代关系,此外外包商对研发创新任务的期望值越高,将越倾向于采用关系合同来激励双方的最优行为⑥。

随后,越来越多的学者开始考虑研发外包中的信息泄露问题。如 Anton 和 Yao(1995)就提出外包商可以通过观测承包商创意的披露程度设计相应的

---

① 李晓燕.离岸 IT 服务外包中的供应商创新研究——基于交易成本及协作视角[J].经济管理,2013(4):11-16.

② Ta-delis S.The market for reputations as an incentive mechanism[J].Journal of Political Economy,2002,10(4):854-882.

③ Amit R.,Glosten L.,Muller E.Entrepreneurial ability,venture investments and risk sharing[J].Management Science,1990,36(10):1233-1246.

方厚政.企业合作创新的模式选择和组织设计研究[D].上海:上海交通大学,2006.

④ Ding X.,Meng W.D.,Huang B.,et a1.Mechanism design for R&D outsourcing with double-sided moral hazard and double-sided adverse selection[J].Advanced Materials Research,2011,(204-210):1569-1574.

⑤ 刘清海,史本山.研发外包契约选择:基于事后效率的研究[J].软科学,2012,26(5):136-140.

⑥ 谢刚,梅姝娥,熊强.IT 服务外包关系中的正式契约、关系契约及交互关系研究[J].华东经济管理,2013,27(3):115-118.

支付合同,来缓解信息泄漏问题①。Robinson 和 Stuart(2004)首先在研发外包中提出对研发项目终止权规定的合同性内容,且进一步通过实证显性的正式合同在现实中对于解决道德风险行为具有很大的局限性,外包商可以通过建立隐性机制(如声誉机制),关注外部研发单位在之前交易中已形成的声誉来更好地消除承包商的道德风险问题②。在这基础上,Lerner 和 Malmendier(2005)又进一步提升了不完全合同背景下外包商终止权的理论高度,系统论证了项目终止权的治理机制对解决承包商的项目交叉资助等道德风险问题的可行性,提出显性机制设计可以有效治理研发外包中的项目交叉资助等道德风险③。而 Bhattacharya 和 Guriev(2006)则指出,可以通过设计按一定比率支付的正式合同,让承包商共同分享创新收益,从而阻止承包商泄露外包商信息的行为,研究表明支付给承包商的创新成果收益提成的比率应使承包商通过信息泄露获得的总收入小于无信息泄露时获得的收益④。Heocht 等(2006)又从理论上论述了研发外包中因信息泄露企业将会面临着技术竞争优势丧失的风险⑤。Lai 等(2009)和 Ho(2009)的研究指出,可以通过在研发外包中引入竞争机制和惩罚措施或设计更复杂但更贴近实际问题的相机合同,来有效降低不完全信息下研发外包中的知识泄露⑥。费方域等(2009)也论证了可以通过加强知识产权保护强度来有效治理信息泄露问题⑦。Shirley(2009)则指出同时雇用两家承包商不但可以降低外包博弈均衡的成本支出,

---

① Anton J.,Yao D.Start-ups,spin-offs and internal projects[J].Journal of Law,Economics and Organization,1995,11(2):362-378.

② Robinson D.,Stuart T.Financial contracting in biotech strategic alliances[J].Working Paper,Duke University,2004.

③ Lerner J.,Malmendier U.Contractibility and the Design of Research Agreements[J].NBER Working Paper,No.11292,2005.

④ Bhattacharya S., Guriev S. Patents vs. trade secrets: knowledge licensing and spillover[J].Journal of the European Economic Association,2006,4(6):1112-1147.

⑤ Hoecht A.,et al.Outsourcing, information leakage and the risk of losing technology-based competencies[J].European Business Review,2006,18(5):395-412.

⑥ Lai E L-C,Riezman R,Wang P.Outsourcing of innovation[J].Econ Theory,2009,38(3):485-515.

Ho S.J.Information leakage in innovation outsourcing[J].R&D management,2009,39(5):431-443.

⑦ 费方域,李靖,郑育家等.企业的研发外包:一个综述[J].经济学(季刊),2009,4(3):1107-1161.

还能缓解信息泄露问题[①]。Sun(2010)研究发现企业研发能力、技术转化与信息泄露均具有较大影响[②]。之后,Solak(2010)进一步实证分析了信息泄露对研发创新的影响[③]。郭永辉(2011)针对企业研发外包过程中可能产生的信息泄露行为,提出了可以采取相应的知识产权保护对策缓解信息泄露风险[④]。丁旭(2012)指出在供应链纵向研发外包中,可以通过建立考虑信息泄露和投资溢出的研发外包博弈模型来治理由于信息交流和相关的人员流动所产生的信息泄露和投资溢出等问题[⑤]。杨治和张俊(2012)则论证了研发外包中承包商的信息泄露行为对研发外包合同的影响,并分别建立了无信息泄露和存在信息泄露两种情形下的合同选择机制。其研究结果表明,无信息泄露情景下,外包商可以选择固定支付合同或利润分享合同;存在信息泄露情景下,外包商最优的选择方式是利润分享合同[⑥]。倪飞和魏骅(2015)认为在制药企业的多周期研发外包中,信息泄露和隐藏项目这两类道德风险对研发外包的效率影响较大。研究表明,在研发第一阶段应采用固定支付和收益共享合同激励CRO企业,在研发第二阶段根据道德风险发生的概率,调整收益共享系数和决定是否配置控制权,从而降低CRO企业的信息泄露和隐藏风险[⑦]。杨治和刘雯雯(2015)以霍尼韦尔中国公司的研发外包活动为对象,对企业研发外包活动的过程及每个阶段内知识泄露的风险进行系统分析,并形成企业内外部治理机制的理论模型,为企业有效开展研发外包活动、避免知识泄露提供参考

---

① Shirley J. H. Information leakage in innovation outsourcing. R&D management, 2009,39(5):431-443.

② Sun Y. F. What matters for industrial innovation in China: R&D, technology transfer or spillover impacts from foreign investment? [J].International Journal of Business and Systems Rsearch,2010,4(5-6):621-647.

③ Solak S.,Clarke J.B.,Johnson E.L.,et al.Optimization of R&D project portfolios under endogenous uncertainty[J].European Journal of Operational Research,2007(1):420-433.

④ 郭永辉,冯媛.合作创新背景下的我国国防知识产政策分析[J].中国科技论坛,2011(9):50-55.

⑤ 丁旭.供应链纵向合作研发中的利益分配方式研究[D].重庆:重庆大学,2012.

⑥ 杨治,张俊.企业研发外包的控制机制:信息泄露下的支付合同选择[J].管理学报,2012,9(6):863-869.

⑦ 倪飞,魏骅.CRO企业研发外包道德风险评估与控制研究[J].中国新药杂志,2015,24(17):1941-1946.

依据[①]。

上述关于研发外包合同的研究虽然都考虑了双边道德风险问题,但未能结合实际情况,对双边道德风险下的研发外包合同与激励机制设计进行进一步的研究,或虽然建立了考虑双边道德风险问题的研发外包合同,但主要是针对外包商和承包商的隐藏努力程度的道德风险问题,而未能同时考虑承包商的信息泄露行为以及外包商事先隐匿创新思想信息的逆向选择问题。

鉴于此,本章从合作研发外包模式出发,研究同时考虑双边隐藏努力程度的道德风险问题、承包商的信息泄露的道德风险问题以及外包商事先隐匿创新思想信息的逆向选择问题的研发外包合同,以外包商为参考点,运用机制设计理论,通过设计一个有效的研发外包激励机制,激励自身信息的披露和参与投入,并在考虑知识产权保护的同时,使得承包商能提供最大努力且将信息泄露降到最低,为双边不对称信息下的研发外包合同或激励机制设计提供相关的理论支持。

6.2 问题描述与模型假设

6.2.1 问题描述

假设某项研发项目由外包商外包给承包商,外包项目为外包商企业的核心技术,市场上该技术不成熟,外包商企业具有创新思想潜在价值的私人信息和具有一定的独特优势,研发创新的成功具有较高的不确定性,研发创新的成功不仅依赖于外包商的创新思想价值的大小和承包商执行的努力水平高低,还需要外包商提供相关知识技术支持并执行一定的知识技术投入,共同提高研发项目的成功率和创新度。

在合作研发创新模式下,当且研发创新的成功具有较高的不确定性时,这时在合作研发的双边关系中,面临着以下四个主要的合同风险:

(1)承包商执行的努力水平具有不可验证性,由此引发了承包商隐藏努力

---

① 杨治,刘雯雯.企业研发外包中知识泄露风险的案例研究[J].管理学报,2015,12(8):1109-1117.

水平的道德风险问题。

(2)知识作为一种公共物品,当创新的不确定得以解决后,潜在的承包商已从与外包商的谈判中获取创新思想的大部分信息,也将不再仅满足于以一种公平的价格获得信息,即承包商存在可能剽窃外包商的创新思想的信息泄露问题。

(3)创新思想或商业理念为外包商的私人信息,往往很难转化成在合同中描述的技术知识,由于承包商可能出现隐藏行动的道德风险和信息泄露问题,外包商也可能在事先隐藏创新思想和价值信息,使得研发外包过程中信息共享受到较大影响,从而引发外包商隐匿信息的逆向选择问题。

(4)在合作研发外包过程中,由于知识技术投入的不可观测性,外包商同样存在隐藏努力程度的道德风险问题。

外包商和承包商的研发合同关系活动分为以下五个阶段(图6-1):

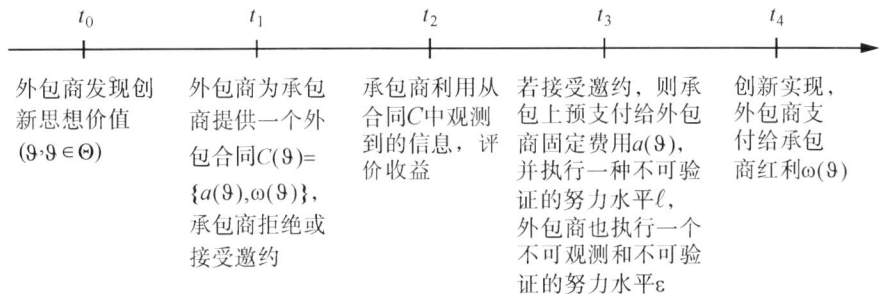

图 6-1 合作外包模式下的研发外包时间顺序

(1)在 t_0 时刻,外包商发现创新思想价值 $(\vartheta, \vartheta \in \Theta)$。

(2)在 t_1 时刻,外包商为承包商提供一个外包合同 $C(\vartheta) = \{a(\vartheta), \omega(\vartheta)\}$,承包商拒绝或接受邀约(其中 $a(\vartheta)$ 为承包商预付给外包商的固定费用,$\omega(\vartheta)$ 为创新实现时,外包商支付给承包商的红利)。

(3)在 t_2 时刻,承包商利用从合同 C 中观测到的信息,更新相应的对由条件期望值 $E(\vartheta|C(\vartheta))$ 所体现的创新思想信息的确认程度,并评价剽窃信息和脱离研发合作关系的收益。若违约,外包结束,外包商获得零支付,承包商获得 $E(\bar{\mu}(\vartheta)|C(\vartheta))$ 的支付。

(4)在 t_3 时刻,若承包商接受邀约,则需要预先支付给外包商一固定费用 $a(\vartheta)$,并执行一种不可验证的努力水平 ∞,外包商也执行一个不可观测和不可验证的努力水平 ε。

(5)在 t_4 时刻,创新实现,外包商支付给承包商红利 $\omega(\vartheta)$。

6.2.2 模型假设

(1)外包商和承包商均为风险中性,即研发外包双方的货币期望收入与期望效用等价。

(2)技术和信息。外包商的创新思想价值 ϑ,满足 $\Theta=[\underline{\vartheta},\bar{\vartheta}]$,其中创新思想价值越大,对应的 ϑ 值越大。共同知识的累积贡献率为 $F(.)$,非负密度 $f=F'$,$E(.|.)$ 表示条件期望运算符。

外包商拥有 ϑ 的私人信息,假设 ϑ 为可以被操控强化或弱化的软信息,即外包商可能夸大或隐藏其创新思想。

假设外包商不能独立推行开发项目,但能执行一个不可观测和不可验证的努力 ε,以提高创新成功的可能性。承包商的努力水平 ℓ 是一个对创新过程起关键作用且不可验证的技术投入要素。外包商的创新思想价值与双方的专业技术存在外部边际互补。即创新价值(π)获得的可能性为 $P(\vartheta,\ell,\varepsilon)=\vartheta+\ell+\delta\varepsilon$,其中 δ 为外包商的努力程度与创新成果的影响系数,$\delta\in[0,1]$。根据经济学一般理论,假设外包商的成本效用函数与承包商相同,承包商 $\varphi(\ell)=\frac{1}{2}\ell^2$;外包商执行的努力水平的非货币成本 $\varphi(\varepsilon)=\frac{1}{2}\varepsilon^2$。

(3)合同参数。外包商提供给承包商的合同包含一个承包商预付的固定费用 $a(\vartheta)$,以便承包商可以获得外包商的创新思想。研发创新成功时承包商将获得红利 $\omega(\vartheta)$。

(4)强制性参与条件。承包商若退出与外包商的研发合作关系,将获得一个与创新思想(ϑ)相关的保留效用 $\bar{\mu}(\vartheta)$。事实上,一旦承包商得知创新思想是否存在价值,即有可能违约且使用这一披露的知识直接作为竞争对手进入外包商所在的行业,开始新的商业性创新活动。尽管这样做需要一定的复制基础和人力资本投资,也可能导致未保持商业机密的名誉损失和中断合同赔款等。为此,将承包商中断合同,开展新的商业性创新活动的额外成本记为 I。

由于外包商的人力资本是研发创新过程中的关键,为了更符合实际情况,假设研发创新关系内的创新思想的边际值大于关系外的边际值,即 $\gamma<1$。即由于承包商在人力资本方面的缺失,其在研发合作关系之外将获得较低的回

报,所以外包商和承包商将势必在合同中寻求到一些共同的利益。因此,有

$$\bar{\mu}(\vartheta) = \max\left\{0, \max_{\ell}(\vartheta+\ell)\gamma\pi - \frac{\ell^2}{2} - I\right\}$$

$$= \max\left\{0, \vartheta\gamma\pi + \frac{\gamma^2\pi^2}{2} - I\right\}$$

当 $I \leqslant \gamma\pi\vartheta + \frac{\gamma^2\pi^2}{2}$ 时,$\bar{\mu}(\vartheta) = \gamma\pi\vartheta + \frac{\gamma^2\pi^2}{2} - I > 0$,$\forall \vartheta \in \Theta$,对应一个弱知识产权保护制度;当 $I \geqslant \gamma\vartheta\pi + \frac{\gamma^2\pi^2}{2}$ 时,$\bar{\mu}(\vartheta) = 0$,对应一个强知识产权保护制度[①]。当知识产权保护强度为极大值时,承包商不可能剽窃外包商的创新思想,且模仿建立一个新的商业性创新活动。这时,合同关系内部的知识信息的披露较容易,而研发外包中的信息泄露风险得以避免。

6.3 合作外包模式下研发外包的基准模型

作为研究基准,首先给出完全信息下不考虑信息泄露的双边道德风险模型。假定外包商的创新思想价值 ϑ 是共同知识,则合约设计的主要问题是外包商和承包商不可验证的努力水平。

对于一个给定的线性合约 (a, ω),对 $\forall (\vartheta, \hat{\vartheta}) \in \Theta^2$,则外包商和承包商选择努力水平的纳什均衡的求解过程如下:

外包商的期望效用为

$$\tilde{V}(\vartheta, \hat{\vartheta}) = (\vartheta + \ell(\hat{\vartheta}) + \delta\varepsilon(\vartheta))(\pi - \omega(\hat{\vartheta})) + a(\hat{\vartheta}) - \frac{1}{2}\varepsilon^2(\vartheta)$$

承包商的期望效用为

$$U(\hat{\vartheta}) = [E(\vartheta|C(\hat{\vartheta})) + \ell(\hat{\vartheta}) + \delta\varepsilon(\hat{\vartheta})]\omega(\hat{\vartheta}) - a(\hat{\vartheta}) - \frac{1}{2}\ell^2(\hat{\vartheta})$$

---

① Arnold U. New dimensions of outsourcing: A combination of transaction cost economics and the core competencies concept[J]. European Journal of Purchnsing & Supply Management, 2000(6): 23-29.

则外包商和承包商执行最优努力水平的纳什均衡为

$$\varepsilon(\hat{\vartheta}) = \underset{\varepsilon}{\operatorname{argmax}} \left\{ (\vartheta + \ell(\hat{\vartheta}) + \delta\varepsilon(\hat{\vartheta}))(\pi - \omega(\hat{\vartheta})) + a(\hat{\vartheta}) - \frac{1}{2}\varepsilon^2(\hat{\vartheta}) \right\}$$

$$\ell(\hat{\vartheta}) = \underset{\ell}{\operatorname{argmax}} \left\{ [E(\vartheta \mid C(\hat{\vartheta})) + \ell(\hat{\vartheta}) + \delta\varepsilon(\hat{\vartheta})]\omega(\hat{\vartheta}) - a(\hat{\vartheta}) - \frac{1}{2}\ell^2(\hat{\vartheta}) \right\}$$

进一步可得

$$\varepsilon = \delta(\pi - \omega), \ell = \omega \tag{6-1}$$

在完全信息下,考虑双边道德风险问题时,由于存在经典的搭便车行为,承包商的努力水平比不考虑外包商参与度时的低。这时外包商执行自身努力水平也必须保留一定份额的创新收益,承包商不再是剩余利润的索取者,最优合约包含一个奖金 $\omega^*(\vartheta) = \dfrac{\pi}{1+\delta^2}$。

6.4 合作外包模式下考虑双边信息不对称的研发外包合同

下面考虑信息不对称的情况,对 $\forall (\vartheta, \hat{\vartheta}) \in \Theta^2$,有

外包商的期望效用为

$$\widetilde{V}(\vartheta, \hat{\vartheta}) = (\vartheta + \ell(\hat{\vartheta}) + \delta\varepsilon(\hat{\vartheta}))(\pi - \omega(\hat{\vartheta})) + a(\hat{\vartheta}) - \frac{1}{2}\varepsilon^2(\vartheta)$$

承包商的期望效用为

$$U(\hat{\vartheta}) = [E(\vartheta \mid C(\hat{\vartheta})) + \ell(\hat{\vartheta}) + \delta\varepsilon(\hat{\vartheta})]\omega(\hat{\vartheta}) - a(\hat{\vartheta}) - \frac{1}{2}\ell^2(\hat{\vartheta})$$

$$\geqslant E(\bar{\mu}(\vartheta) \mid C(\hat{\vartheta}))$$

这时外包商和承包商努力水平的纳什均衡不变,即 $\varepsilon = \delta(\pi - \omega), \ell = \omega$。外包商的期望效用函数可以表示如下:

$$V^*(\vartheta) = \max_{\omega(\vartheta)} V(\vartheta)$$

对给定的 $\vartheta \in \Theta$,其中

$$\omega^*(\vartheta) \in \underset{\omega(\vartheta)}{\arg\max} V(\vartheta) \tag{6-2}$$

外包商的问题就是选择 $\omega^*(\vartheta) \in \underset{\omega(\vartheta)}{\arg\max} V(\vartheta)$，最大化上述期望效用函数。但外包商还面临着来自承包商的两个约束。第一个约束是参与约束（participation constraint），即承包商从合同中得到的期望效用不能小于不接受合同能得到的最大期望效用，参与约束又称个人理性约束（individual rationality constraint）；第二个约束是代理人的激励相容约束（incentive compatibility constraint），即在任何激励合同下，承包商总是选择使外包商的期望效用最大化的行动。参与约束和激励相容约束的数学表达式如下。

（1）参与约束

由于承包商对合同 $C(\hat{\vartheta})$ 的选择推断出 ϑ 后所采取的行动是可观测的，因此外包商可以根据观测到的承包商的行动实施奖惩。为此，外包商可以设计"强制合同"（forcing contract），即最大程度获得承包商机会成本的所有过剩净收益[①]。结合上一章的分析过程，考虑外包商的参与程度，合作研发外包的强制性参与约束需满足以下条件

$$V(\vartheta) \leqslant (\vartheta + \omega(\vartheta))\pi + \omega(\vartheta)(E(\vartheta \mid \omega(\vartheta)) - \vartheta) - \frac{1+\delta^2}{2}\omega^2(\vartheta) + \frac{\delta^2 \pi^2}{2} - E(\bar{\mu}(\vartheta) \mid \omega(\vartheta)) \tag{6-3}$$

（2）激励相容约束

设 $\ell(\hat{\vartheta})$ 表示外包商选择合同 $C(\hat{\vartheta})$ 时，承包商的努力水平；$\tilde{V}(\vartheta, \hat{\vartheta})$ 表示外包商的信息类型为 ϑ，但选择合同 $C(\hat{\vartheta})$ 时的期望收益，则有

$$\ell(\hat{\vartheta}) = \underset{\ell}{\arg\max}\left\{(E(\vartheta \mid C(\hat{\vartheta})) + \ell)\omega(\hat{\vartheta}) - \frac{\ell^2}{2} - a(\hat{\vartheta})\right\} = \omega(\hat{\vartheta})$$

这时外包商的期望收益为

$$\tilde{V}(\vartheta, \hat{\vartheta}) = (\vartheta + \ell(\hat{\vartheta}))(\pi - \omega(\hat{\vartheta})) + a(\hat{\vartheta})$$

根据显示原理，研发外包中的外包商可以只考虑设计直接机制问题，即

---

① 让-雅克.拉丰，大卫.马赫蒂摩.激励理论（第一卷）委托代理模型[M].北京：中国人民大学出版社，2002，110-180.

$$V(\vartheta)=(\vartheta+\omega(\vartheta))(\pi-\omega(\vartheta))+a(\vartheta)$$

因为 $\omega\equiv\omega(\hat{\vartheta})$,则激励相容条件为 $V(\vartheta)=\max\limits_{\hat{\vartheta}\in\Theta}\tilde{V}(\vartheta,\hat{\vartheta})$ 或 $V(\vartheta)\geqslant\tilde{V}(\vartheta,\hat{\vartheta})$,由于 $\omega(\vartheta)$ 是单调递减的,因此有

$$\dot{\omega}(\vartheta)\leqslant 0 \tag{6-4}$$

$V(\vartheta)$ 对 ϑ 求微分,得

$$\dot{V}(\vartheta)=\pi-\omega(\vartheta) \tag{6-5}$$

上述表明,为了避免外包商过于夸大其信息类型,使其显露的创新思想价值信息更具激励相容性和可靠性,需保证 $V(\vartheta)$ 是凸函数,且减少承包商的边际激励系数。

因此,合作外包模式下研发外包的合约模型可以表述如下

$$\omega^{*}(\vartheta)\in\underset{\omega(\vartheta)}{\arg\max}V(\vartheta) \tag{6-2}$$

s.t.

$$(IR) V(\vartheta)\leqslant(\vartheta+\omega(\vartheta))\pi+\omega(\vartheta)(E(\vartheta|\omega(\vartheta))-\vartheta)-\frac{1+\delta^2}{2}\omega^2(\vartheta)+$$
$$\frac{\delta^2\pi^2}{2}-E(\bar{\mu}(\vartheta)|\omega(\vartheta)) \tag{6-3}$$

$$(IC)\dot{\omega}(\vartheta)\leqslant 0 \tag{6-4}$$

$$(IC)\dot{V}(\vartheta)=\pi-\omega(\vartheta) \tag{6-5}$$

6.5 模型求解、合同性质分析及机制设计

公式(6-3)对 $\omega(\vartheta)$ 求偏导得

$$\dot{\omega}(\vartheta)=\frac{\dot{\bar{\mu}}(\vartheta)-\omega(\vartheta)}{\pi-(1+\delta^2)\omega(\vartheta)} \tag{6-6}$$

第 6 章 合作外包模式下企业研发外包的激励机制

定义 $\tilde{\omega}_0(\vartheta)$ 为当 $\underline{\mu}(\vartheta)=0$ 时公式(6-6)的解,则 $\tilde{\omega}_0(\vartheta)=\dfrac{\pi}{1+\delta^2}$,$\vartheta\in[\underline{\vartheta},$ $\infty]$;定义 $\tilde{\omega}_\infty(\vartheta|\vartheta^*)$ 为当 $\underline{\mu}(\vartheta)=\vartheta\gamma\pi+\dfrac{\gamma^2\pi^2}{2}$ 时公式(6-6)的解,则 $\tilde{\omega}_\infty(\vartheta|\vartheta^*)=\tilde{\omega}_0(\vartheta^*)$。定义 $\tilde{\tilde{\vartheta}}$,满足 $\tilde{\omega}_0(\tilde{\tilde{\vartheta}})=\gamma\pi$。

令 $E(\vartheta|\omega(\vartheta))=\vartheta$,对公式(6-3)中的 $V(\vartheta)$ 取最大值,则可得 $V(\vartheta)=(\vartheta+\omega(\vartheta))\pi-\dfrac{1+\delta^2}{2}\omega^2(\vartheta)+\dfrac{\pi^2\delta^2}{2}-\underline{\mu}(\vartheta)$。

上式对 ϑ 求微分结合公式(6-3)和公式(6-5),可知当且仅当 $\omega(\vartheta)\leqslant\dfrac{\pi}{1+\delta^2}$ 时,$\omega(\vartheta)$ 是递减的。这时退出博弈的条件修正为

$$\vartheta(\pi-\omega(\vartheta))+(1-\delta^2)\pi\omega(\vartheta)-\dfrac{2-\delta^2}{2}\omega^2(\vartheta)+\dfrac{\delta^2\pi^2}{2}+a(\vartheta)$$
$$\geqslant\max_{(a,\omega)\in C}\left\{\vartheta(\pi-\omega)+(1-\delta^2)\pi\omega(\vartheta)-\dfrac{2-\delta^2}{2}\omega^2+\dfrac{\delta^2\pi^2}{2}+a\right\} \quad (6\text{-}7)$$

其中 $C=\left\{(a,\omega)\,\middle|\,\omega\in[0,\pi],a\leqslant\vartheta\omega+\dfrac{1}{2}\omega^2+\omega\delta^2(\pi-\omega)-\underline{\mu}(\vartheta)\right\}$。

求解公式(6-7)的右边多项式,得

当 $a=\vartheta\omega+\dfrac{1}{2}\omega^2+\omega\delta^2(\pi-\omega)-\underline{\mu}(\vartheta)$ 时,$\omega^{out}(\vartheta)=\dfrac{1}{1+\delta^2}[\pi-(\vartheta-\underline{\vartheta})]$。

这时,拥有最劣创新思想的外包商的最优合约为 $\omega(\underline{\vartheta})=\omega^{out}(\underline{\vartheta})=\dfrac{\pi}{1+\delta^2}$,其中隐含 $V^{out}(\underline{\vartheta})=V(\underline{\vartheta})$,由于 $\dot{V}^{out}(\vartheta)=\pi-\omega^{out}(\vartheta)$,当 $\omega(\vartheta)\leqslant\omega^{out}(\vartheta)$ 时,公式(6-7)恒成立。但由于 $\omega(\underline{\vartheta})=\omega^{out}(\underline{\vartheta})$,因此,不等式(6-7)的充分条件为 $\dot{\omega}(T)\geqslant\dot{\omega}^{out}(T)$。

(1)当 $I\geqslant\gamma\vartheta\pi+\dfrac{\gamma^2\pi^2}{2}$,$\omega(\vartheta)=\omega^{out}(\vartheta)$ 时,

$$\dot{\omega}(\vartheta)\leqslant\dot{\omega}^{out}(\vartheta)$$
$$\Leftrightarrow\dot{\omega}(\vartheta)=\dfrac{-\omega(\vartheta)}{\pi-(1+\delta^2)\omega(\vartheta)}=\dfrac{-\omega^{out}(\vartheta)}{\pi-(1+\delta^2)\omega^{out}(\vartheta)}\leqslant\dot{\omega}^{out}(\vartheta)=-1$$
$$\Leftrightarrow\omega^{out}(\vartheta)\geqslant\dfrac{\pi}{2+\delta^2}$$

187

即 $\omega^{out}(\vartheta)=\dfrac{1}{1+\delta^2}[\pi-(\bar{\vartheta}-\underline{\vartheta})]\geqslant\dfrac{\pi}{2+\delta^2}$

$\Leftrightarrow \bar{\vartheta}-\underline{\vartheta}\leqslant\dfrac{\pi}{2+\delta^2}$

因此，当 $\bar{\vartheta}-\underline{\vartheta}\leqslant\dfrac{\pi}{2+\delta^2}$ 时，对 $\forall \vartheta\in\Theta$，有 $\omega(\vartheta)\leqslant\omega^{out}(\vartheta)$。

(2) 当 $I\leqslant\gamma\underline{\vartheta}\pi+\dfrac{\pi^2\gamma^2}{2}$ 时，$\omega(\vartheta)=\omega^{out}(\vartheta)$ 时

$\dot{\omega}(\vartheta)\leqslant\dot{\omega}^{out}(\vartheta)$

$\Leftrightarrow \dot{\omega}(\vartheta)=\dfrac{\gamma\pi-\omega^{out}(\vartheta)}{\pi-(1+\delta^2)\omega^{out}(\vartheta)}\leqslant\dot{\omega}^{out}(\vartheta)=-1$

$\Leftrightarrow \omega^{out}(\vartheta)\geqslant\dfrac{(\gamma+1)\pi}{2+\delta^2}$

即 $\omega^{out}(\vartheta)=\dfrac{1}{1+\delta^2}[\pi-(\bar{\vartheta}-\underline{\vartheta})]\geqslant\dfrac{(\gamma+1)\pi}{2+\delta^2}$

$\Leftrightarrow \bar{\vartheta}-\underline{\vartheta}\leqslant\dfrac{[1-(1+\delta^2)\gamma]\pi}{2+\delta^2}$

显然，$\bar{\vartheta}-\underline{\vartheta}\leqslant\dfrac{[1-(1+\delta^2)\gamma]\pi}{2+\delta^2}\leqslant\dfrac{\pi}{2+\delta^2}$。令 $\dfrac{[1-(1+\delta^2)\gamma]\pi}{2+\delta^2}=0$，可得 $\hat{\delta}=\sqrt{\dfrac{1-\gamma}{\gamma}}$，其中 $\hat{\delta}$ 为满足等式 $\dfrac{\pi}{1+\delta^2}=\gamma\pi$ 成立的 δ 值。因此，当 $\delta\geqslant\hat{\delta}=\sqrt{\dfrac{1-\gamma}{\gamma}}$ 时，$\bar{\vartheta}-\underline{\vartheta}\leqslant 0$，对 $\forall\vartheta\in\Theta$，不等式 $\omega(\vartheta)\leqslant\omega^{out}(\vartheta)$ 显然不成立。

可见，当 $\delta\leqslant\hat{\delta}$，且 $I\geqslant\gamma\underline{\vartheta}\pi+\dfrac{\pi^2\gamma^2}{2}$ 时，公式(6-6)的解是激励相容；$\delta\leqslant\hat{\delta}$，且 $\vartheta_*\in[\tilde{\tilde{\vartheta}},\tilde{\vartheta}]$，$I\in[\tilde{\tilde{\vartheta}}\gamma\pi+\dfrac{\pi^2\gamma^2}{2},\tilde{\vartheta}\gamma\pi+\dfrac{\pi^2\gamma^2}{2}]$ 时，可能存在解的混合区域；当 $\delta\leqslant\hat{\delta}$，且 $I<\gamma\tilde{\tilde{\vartheta}}\pi+\dfrac{\pi^2\gamma^2}{2}$ 时，公式(6-6)的解不变。当 $\delta>\hat{\delta}$，且 $I\geqslant\gamma\underline{\vartheta}\pi+\dfrac{\pi^2\gamma^2}{2}$，公式(6-6)的解是激励相容；当 $\delta>\hat{\delta}$，且 $I<\gamma\pi\bar{\vartheta}+\dfrac{\gamma^2\pi^2}{2}$，可能存在解的混合区域。

在现实中，由于外包商的参与资源限制，合同将产生混同。令 $\tilde{\tilde{\vartheta}}=\underline{\vartheta}+\pi$

$[(1+\delta^2)\gamma - \log((1+\delta^2)\gamma - 1)]$,已得 $\hat{\delta} = \sqrt{\frac{(1-\gamma)}{\gamma}}$,$\bar{\vartheta} - \underline{\vartheta} \leqslant \frac{[1-(1+\delta^2)\gamma]\pi}{2+\delta^2}$。因此,结合上述分析过程,根据知识产权保护强度和外包商的努力程度对创新成果的影响大小,即根据 δ 及 I 的取值区间对合约求解结果的影响,按照合同方案的不同特征,归为三种情况进行讨论。

6.5.1 完全分离合同方案

由上述分析,可以总结得出以下结论。

结论 1 当 $\delta \leqslant \hat{\delta}$,且 $I \leqslant \tilde{\tilde{\vartheta}}\gamma\pi + \frac{\pi^2\gamma^2}{2}$ 时,均衡合同中包含一个完全分离的红利:$\omega(\underline{\vartheta}) = \frac{\pi}{1+\delta^2}$,其中 $\tilde{\omega}_0(\vartheta) \in [\min\{\max\{\vartheta_*, \underline{\vartheta}\}, \bar{\vartheta}\}, \max\{\min\{\vartheta_*, \bar{\vartheta}\}, \underline{\vartheta}\}]$,$\tilde{\omega}_\infty(\vartheta, \vartheta_*) \in [\max\{\min\{\vartheta_*, \bar{\vartheta}\}, \underline{\vartheta}\}, \bar{\vartheta}]$,承包商对创新价值的期望值 $E(\vartheta | C(\vartheta)) = \vartheta$,$V(\vartheta) \leqslant (\vartheta + \omega(\vartheta))\pi + \omega(\vartheta)(E(\vartheta | \omega(\vartheta)) - \vartheta) - \frac{1+\delta^2}{2}\omega^2(\vartheta) + \frac{\delta^2\pi^2}{2} - E(\underline{\mu}(\vartheta) | \omega(\vartheta))$ 恒成立。

结论 2 当 $\delta \leqslant \hat{\delta}$,且 $I \geqslant \bar{\vartheta}\gamma\pi + \frac{\pi^2\gamma^2}{2}$ 时,均衡合同中包含一个完全分离的红利:$\omega(\underline{\vartheta}) = \frac{\pi}{1+\delta^2}$,其中 $\tilde{\omega}_0(\vartheta) \in [\min\{\max\{\vartheta_*, \underline{\vartheta}\}, \bar{\vartheta}\}, \max\{\min\{\vartheta_*, \bar{\vartheta}\}, \underline{\vartheta}\}]$,$\tilde{\omega}_\infty(\vartheta, \vartheta_*) \in [\max\{\min\{\vartheta_*, \bar{\vartheta}\}, \underline{\vartheta}\}, \bar{\vartheta}]$,承包商对创新价值的期望值 $E(\vartheta | C(\vartheta)) = \vartheta$,$V(\vartheta) \leqslant (\vartheta + \omega(\vartheta))\pi + \omega(\vartheta)(E(\vartheta | \omega(\vartheta)) - \vartheta) - \frac{1+\delta^2}{2}\omega^2(\vartheta) + \frac{\delta^2\pi^2}{2} - E(\underline{\mu}(\vartheta) | \omega(\vartheta))$ 恒成立。

结论 3 当 $\delta > \hat{\delta}$,且 $I \geqslant \gamma\bar{\vartheta}\pi + \frac{\pi^2\gamma^2}{2}$ 时,均衡合同中包含一个完全分离的红利:$\omega(\underline{\vartheta}) = \frac{\pi}{1+\delta^2}$,其中 $\tilde{\omega}_0(\vartheta) \in [\min\{\max\{\vartheta_*, \underline{\vartheta}\}, \bar{\vartheta}\}, \max\{\min\{\vartheta_*, \bar{\vartheta}\}, \underline{\vartheta}\}]$,$\tilde{\omega}_\infty(\vartheta, \vartheta_*) \in [\max\{\min\{\vartheta_*, \bar{\vartheta}\}, \underline{\vartheta}\}, \bar{\vartheta}]$,承包商对创新价值的期望值 E

$(\vartheta|C(\vartheta))=\vartheta, V(\vartheta) \leqslant (\vartheta+\omega(\vartheta))\pi+\omega(\vartheta)(E(\vartheta|\omega(\vartheta))-\vartheta)-\frac{1+\delta^2}{2}\omega^2(\vartheta)+\frac{\delta^2\pi^2}{2}-E(\bar{\mu}(\vartheta)|\omega(\vartheta))$ 恒成立。

6.5.2 部分混合合同方案

接下来考虑当 $\delta \leqslant \hat{\delta}$,且 $\vartheta_* \in [\tilde{\bar{\vartheta}}, \bar{\vartheta}], I \in [\tilde{\bar{\vartheta}}\gamma\pi+\frac{\pi^2\gamma^2}{2}, \bar{\vartheta}\gamma\pi+\frac{\pi^2\gamma^2}{2}]$ 时,最优合同的求解问题。由上述分析可知,当 $\delta \leqslant \hat{\delta}$,且 $\vartheta_* \in [\tilde{\bar{\vartheta}}, \bar{\vartheta}], I \in [\tilde{\bar{\vartheta}}\gamma\pi+\frac{\pi^2\gamma^2}{2}, \bar{\vartheta}\gamma\pi+\frac{\pi^2\gamma^2}{2}]$ 时,可能产生解的混合区域。重新定义 T 为混合区域的下限,在 $\vartheta=T$ 时,$\bar{\omega} \leqslant \tilde{\omega}_0(T)$。外包商的效用函数可以重新定义为

$$V^s(\vartheta)=(\vartheta+\tilde{\omega}_0(\vartheta))\pi-\frac{1+\delta^2}{2}\omega_0^{\ 2}(\vartheta)+\frac{\delta^2\pi^2}{2}-\bar{\mu}(\vartheta)$$

$$V^b(\vartheta)=\vartheta\pi+\omega\pi-\frac{1+\delta^2}{2}\omega^2+\omega[E^b(\vartheta)-\vartheta]+\frac{\delta^2\pi^2}{2}-\max\{0,E^b(\vartheta)-\vartheta_*\}\gamma\pi$$

则可得满足激励条件的最优解,如下

由于 $\frac{\partial V^b(T)}{\partial \omega}\bigg|_{\omega=\tilde{\omega}_0(T)}=\pi-\frac{1+\delta^2}{2}\tilde{\omega}_0(T)+E^b(T)-T>0$,因此,当 $\bar{\omega}^*=\tilde{\omega}_0(T)$,收益效用在 $\vartheta=T$ 处连续,且 $\tilde{\omega}_0(T)=\frac{\max\{0,E^b(T)-\vartheta_*\}\gamma\pi}{E^b(T)-T}$,可得

$$\tilde{\omega}_0(T)[E^b(T)-T]=[E^b(T)-\vartheta_*]\gamma\pi \tag{6-8}$$

上式隐函数表明 $T=\hat{T}$ 为 δ 的一个 $\hat{T}(\delta)$ 函数,退出博弈限制 $\bar{\vartheta}-\vartheta \leqslant \frac{[1-(1+\delta^2)\gamma]\pi}{2+\delta^2}$,由于 $\tilde{\omega}_0(\hat{T}) < \max\left\{\gamma\pi, \frac{\pi}{1+\delta^2}\right\}$,因此 $\omega^{out}(\vartheta) > \pi\max\left\{\gamma, \frac{1}{1+\delta^2}\right\}$,即 $\omega^{out}(\vartheta)=\frac{1}{1+\delta^2}[\pi-(\bar{\vartheta}-\vartheta)] > \pi\max\left\{\gamma, \frac{1}{1+\delta^2}\right\}$,进一步可得 $\bar{\vartheta}-\vartheta \leqslant [1-(1+\delta^2)\gamma]\pi$。该条件比上述条件更松。因此,结合公式(6-8),可得以下结论。

结论 4 当 $\delta < \hat{\delta}$，且 $\vartheta_* \in [\underline{\tilde{\vartheta}}, \bar{\vartheta}]$，$I \in [\underline{\tilde{\vartheta}}\gamma\pi + \frac{\pi^2\gamma^2}{2}, \bar{\vartheta}\gamma\pi + \frac{\pi^2\gamma^2}{2}]$ 时，均衡结果包含一个连续的红利：当 $\vartheta \in [\underline{\vartheta}, \hat{T}]$ 时，$\omega(\vartheta) = \tilde{\omega}_0(\vartheta)$；当 $\vartheta \in [\hat{T}, \bar{\vartheta}]$ 时，$\omega(\vartheta) = \tilde{\omega}_0(\hat{T})$。这时承包商的价值期望为 $E^*[\vartheta|\omega(\vartheta)] = \begin{cases} \vartheta, \vartheta \in [\underline{\vartheta}, \hat{T}] \\ E^b(\hat{T}), \vartheta \in [\hat{T}, \bar{\vartheta}] \end{cases}$，其中 $\hat{T} \leqslant T^*$。

6.5.3 完全混合合同方案

最后考虑当 $\delta > \hat{\delta}$ 且 $I < \gamma\pi\bar{\vartheta} + \frac{\gamma^2\pi^2}{2}$ 时，最优合同的求解问题。由上述分析可知当 $\delta > \hat{\delta}$，且 $I < \gamma\pi\bar{\vartheta} + \frac{\gamma^2\pi^2}{2}$，可能存在解的混合区域。因此，必须设计一个完全混合战略合同。定义对 $\forall \vartheta \in \Theta$，有 $\omega(\vartheta) = \bar{\omega} \in [0, \pi]$，$E(\vartheta|\bar{\omega}) = \bar{E}$。

则需满足

$$V^b(\vartheta) = \vartheta(\pi - \bar{\omega}) + \bar{\omega}(\pi + \bar{E}) - \frac{1}{2}(1+\delta^2)\bar{\omega}^2 + \frac{\delta^2\pi^2}{2} - \bar{E}[\mu(\vartheta)]$$
$$\geqslant V^{out}(\vartheta) \tag{6-9}$$

公式(6-9)的充分条件是 $V^b(\bar{\vartheta}) \geqslant V^{out}(\bar{\vartheta})$ 且 $V^b(\underline{\vartheta}) \geqslant V^{out}(\underline{\vartheta})$。

当 $V^b(\underline{\vartheta}) \geqslant V^{out}(\underline{\vartheta})$ 时，取 $\max[V^b(\bar{\vartheta}) - V^{out}(\bar{\vartheta})]$，得

$$\bar{\omega}^* = \frac{\pi + \bar{E} - \underline{\vartheta}}{1+\delta^2}$$

因为 $\bar{E} < \underline{\vartheta}$，所以 $\bar{\omega}^* = \frac{\pi + \bar{E} - \underline{\vartheta}}{1+\delta^2} < \frac{\pi}{1+\delta^2}$。

又因为 $\frac{d\tilde{\omega}(\vartheta)}{d\delta} < 0$，所以 $\bar{\omega}^* < \omega^{out}(\vartheta)$，即 $\bar{\omega}^* < \gamma\pi$。

因此由上述分析，可得以下结论：

结论 5 当 $\delta > \hat{\delta}$ 且 $I < \gamma\pi\bar{\vartheta} + \frac{\gamma^2\pi^2}{2}$ 时，对 $\forall \vartheta \in \Theta$，均衡合同包含一个完全

混合红利 $\omega(\vartheta) = \dfrac{\pi + E - \bar{\vartheta}}{1 + \delta^2} < \lambda\pi$。

可见,当外包商的努力程度对研发创新存在价值时,红利的向下"扭曲"将会进一步恶化。为承包商提供较低的激励不但可以减少外包商过于夸大创新思想的价值,还可以提高外包商自身的努力水平。

6.6 本章小结

本章针对合作研发创新外包模式中双边道德风险下同时考虑外包商逆向选择问题的信息不对称问题,运用机制设计理论,将研发外包机制设计转化成一个多阶段的不完全信息博弈,建立了具体的研发外包合约模型,并实现了对模型的求解,得到了合同的性质。研究结果表明,双边道德风险提高了补偿激励的可能性,在双边道德风险的框架下,外包商必须保留相当大的一部分边际效用以执行最优努力水平,因此无法为承包商提供比剽窃创新思想开展新的商业性创新活动得到的更大的边际激励。同时,由于外包商投入资源的有限性,根据 δ 及 I 的取值区间对合约求解结果的影响,均衡合约存在完全分离合同、部分混合合同和完全混合合同方案。当外包商努力水平对研发项目的相对影响较小,则均衡合同会使其披露的信息更多些;当外包商的努力水平带来的相对影响较大且知识产权保护较弱时,混合合同方案将产生。

第7章

研发外包中激励机制设计的相关管理对策

7.1 研发外包中技术知识的界面管理

7.1.1 建立良好的信任与沟通机制

与传统的外包合作关系不同,研发外包以关系为导向,重视双赢,是一种超越合同的,以相互信任为基础的合作关系。信任是研发外包合作,尤其是伙伴型外包关系运作的一个重要支撑,它能减少外包双方的交易成本,降低外包风险,促使双方谋求共同利益,提高企业的快速反应能力,减少重复选择外包合作者和收集详细情报所消耗的成本,鼓励更好的投资决策。然而由于研发外包中技术知识流向和流量的不对称性,承包商常存在着较大技术知识外溢的风险。为了防止这种技术知识外溢的发生,避免由于承包商投机行为所带来的伤害,外包商通常会采用相应的知识保护手段和政策,比如申请专利保护知识产权,控制掌握核心知识的技术和管理人员,减少对承包方企业内部人员的培训等,但这在客观上也降低了与承包商的合作效率。为了与承包商更好地合作,减少外包商由于防止技术知识外溢而采取的过分防范措施,建立外包商对承包商的信任机制显得尤为重要。外包合作中的信任是一种降低不确定性的有效机制,降低了外包商转移技术知识的风险,从而促进了技术知识共享的发生,并且通过信任机制,可以在伙伴双方之间发展起一种共享的价值、信念和目标,实现双方目标与文化的内化①。信任是一种关系协调机制,是研发外包合作过程中双方在面向不确定性的未来时所表现出的彼此间的承诺和相互依赖,在相当程度上能规避合作双方之间弱连接关系所产生的脆弱性。因此在研发外包的技术知识界面管理的过程中,信任促进了承包商技术知识转移的动机,有利于外包商对技术知识的获取和吸收;同时,可以进一步通过与承包商建立长期伙伴关系,使承包商更加关注未来收益,从而在实施短期机会主义行为时有所顾忌。

沟通是企业间或企业内部及时分享正式或非正式信息的过程,是企业间或企业内部的一种互动关系,是为解决问题以及促进合作效率而采取的一种行为②。沟通不仅是维系研发外包中合作双方的支撑手段,更是实现信息共享的直接途径。通过加强沟通,可以减少研发外包中的冲突和摩擦,促进信息的顺畅流通;其次,沟通有利于创造一个友好的学习氛围,促进隐性知识的共享,以及帮助企业成员之间建立统一的价值观和思维方式,提高双方的亲密程度,使得技术知识拥有者更乐意将其技术知识与之分享;最后,信息不对称是机会主义行为发生的重要条件,外包商相信在充分的沟通下对方的机会主义行为会减少,在一定程度上也能化解和消除企业技术知识共享的顾虑,从而减少过分的保护和防范措施,利于对方技术知识的获取。

7.1.2 构建有效的技术知识共享路径

技术知识共享路径是指使新技术知识得以转移、吸收和整合的常规交互性途径。技术知识共享路径的存在是研发外包得以存在的基础,而有效的技术知识共享路径,能促进研发外包中不同主体或单元间交互部分的知识流动,也是技术知识界面科学管理的根本目的。例如,国际上不少大银行将信息系统业务外包给银行领域外的专业化公司 IBM、EDS 等,是因为它们之间有着良好的技术知识共享路径使这种外包得以实现并达到预期目标③。

外包商企业建立技术知识共享路径的措施有:

---

① 李西垚,李垣.外包中的知识管理——浅析中国企业如何通过外包提高创新能力[J].科学学与科学技术管理,2008,29(2):128-132.

② 李西垚,李垣.外包中的知识管理——浅析中国企业如何通过外包提高创新能力[J].科学学与科学技术管理,2008,29(2):128-132.

③ 谢庆华,黄培清.R&D 外包的决策模型、创新风险及关系治理[J].研究与发展管理,2008,20(4):89-95.

(1) 合理设计企业间的技术知识界面和企业内部的技术知识界面。如利用"凹凸槽"原理[①]，建立技术知识的"互嵌式"关系，强化自组织过程，提高技术知识共享的程度，减少协调成本，实现整合增效的研发目标。

(2) 建立技术知识共享和吸收的激励机制。既包括对内部员工的激励，也包括对承包商的激励，对内部员工的激励可以使企业员工更愿意吸收利用外部成果并进行二次创新，对承包商的激励可以激励知识的创造，缺少任何一方面都可能导致研发外包的创新失败，使得外包商得不到"业界最佳"技术，进而影响到企业的创新效率。

(3) 搭建完善的技术知识共享平台。如利用信息技术工具与承包商建立信息交换专网[②]，定期或不定期开展不同层次的、正式或者非正式的多形式的面对面的相关人员的交流，不仅能促进显性知识的共享，也会促进隐性知识、意会知识的共享；委派专人或成立由各方面专家组成的监管组定期或不定期地走访承包商，及时获取承包商的进展情况，进一步明确企业的技术创新要求，实现对承包商的持续监督，可以缓解外包商所处的信息劣势，减少道德风险的发生。

(4) 设置边界协调人。设置边界协调人可以有效扫清企业内部信息交流障碍及与承包商的交流障碍，能有效评估承包商的技术知识水平，减少"逆向选择"问题的发生，进一步夯实企业边界技术知识基础，防止技术知识的多维扩散和不必要的技术知识外溢，降低机会主义行为的发生，使外部成果转化成企业自身的核心技术能力。

7.1.3 提升企业的组织学习能力

组织学习和技术知识管理是两个相互交融相互促进的过程。技术知识管理是在明确技术知识流动和增值过程之后，科学地对技术知识的识别与获取、技术知识的组织与存储、技术知识的交流与共享及技术知识的应用与创新进行管理；而组织学习是要求组织能营造学习习惯和学习气氛，通过建立学习型组织，有效促进学习的持续性，进而保证技术知识创新和组织成长的连续性。

---

① 宋寒.不对称信息下考虑客户企业参与的服务外包合同[D].重庆:重庆大学,2010.
② 谢庆华,黄培清.R&D外包的决策模型、创新风险及关系治理[J].研究与发展管理,2008,20(4):89-95.

二者之间相辅相成,相互促进不可分割①。由于研发外包中各种技术转移的效应是潜在的、有条件的,价值链上的提升并不会自然生成,它由可能性变为现实性需要在广泛的组织学习的基础上发生的。通过组织学习,组织中的员工可以树立一种明确的学习意识,可以在外包中随时准备获取新技术知识。进一步,企业通过密切关注自己的学习过程,建立起一种学习型组织,使学习行为融入技术知识管理的每个阶段,使企业获得的新技术知识较快地在企业内部得到扩散和利用,提高企业的技术知识水平,从而提高组织对于技术知识的吸收能力。可见,积极培养和发展组织学习能力,可以使外包商能够更好地利用其边界外部的技术知识,不但有利于界面间的技术知识管理,而且可以增加自身的技术知识存量,进一步提升自身的研发和创新能力。

可见,在当前第五代 R&D 管理的系统集成环境的背景下,基于本书第三章中对研发外包中技术知识的形成机理的分析,发现研发外包中外包商与承包商之间、外包商内部存在明显的技术知识界面,得出信息黏滞导致的不对称问题、信息不对称引发的"逆向选择"和"道德败坏"及文化冲突问题是影响研发外包中技术知识界面有效管理的主要原因,因此从技术知识共享、外包伙伴关系及组织的学习能力三大运作要素出发,提出了通过有效建立良好的信任与沟通机制、构建有效的技术知识共享路径和进一步提升企业的组织学习能力,可以较好地实现研发外包中相关技术知识界面的科学管理,从而有效实现研发外包普遍存在的外包商企业内部知识创造激励和知识共享激励。

7.2 企业研发外包的政策激励

尽管创新是企业行为,但它也不排除政府的政策激励、制度规范和对企业创新活动的引导和影响。这种激励、规范、引导和影响对企业研发外包具有不可替代的作用②。

(1)建立适用研发外包的法律、规章及制度机制。R&D 合作在本质上是

---

① 李西垚,李垣.外包中的知识管理——浅析中国企业如何通过外包提高创新能力[J].科学学与科学技术管理,2008,29(2):128-132.

② 王大洲,关士续.关于产业 R&D 合作的几个认识问题[J].自然辩证法研究,1997,13(3):41-45.

一种交易,任何市场交易都是有成本的。而对技术创新和研发外包而言,交易成本就更为高昂。根据科斯原理(Coarse Theorem),在交易成本不为零时,制度是重要的。研发外包本身是一项试图降低交易成本的制度安排(当然,这会带来其他类型的交易成本),而这种制度安排的顺利达成和有效运作又需要第三方的合理规制。这里的第三方规制包括经济中普遍适用的法律、规章,还包括专用于研发合作的制度机制。有了这种制度机制,研发外包合作便更易形成。事实上,在市场经济高度成熟的国家,经济和技术命令早已使其政府行为发生了重要变化。自20世纪80年代以来,积极鼓励和引导R&D合作的角色,大多是由政府来扮演的。政府需要从政策的层面界定研发外包业的行业范围、发展规划、政策架构、组织保障等。

同时,不断完善的知识产权保护制度和严格的执法体系将成为保护和激励研发的重要前提和基础,故需要强化研发外包知识产权的风险防范措施。在进一步优化知识产权法律政策环境的基础上,搭建研发外包知识产权公共服务平台,为研发外包各方提供及时、快捷、专业的知识产权保护和运用的信息服务。进一步优化知识产权的法律政策环境,加大对侵权案件的查处力度,建立知识产权的风险防范机制,建立完备的商业秘密保护制度,采取技术性保密防范措施,规范约束外包商和承包商双方的权利、义务,试点实行技术产品责任追踪制度,以解决研发外包中的"囚徒困境"问题。政府在提供完善的市场契约制度保障基础上,还应尽快完善社会信用体系建设,通过推进信用服务市场发展,强化社会信用监管机制,推进信用体系示范工程建设等,努力构建诚实守信的市场环境。

(2)完善研发外包企业的各项奖励制度。由于历史原因,我国企业的科技能力大多不强,社会绝大部分科技资源都配置在企业之外,因此,产学研合作势在必行。政府应鼓励高等院校、科研机构积极进入研发外包市场,与研发外包主体开展多层次的互动合作,给予包括政策在内的各种优势资源的扶持和集聚,努力提高科研机构科研水平和科技储备,构建知识外溢来源和技术创新成果转化基地,使其成为未来研发外包的生力军。此外,集群对研发外包的吸引力呈现递增趋势,国内行业整合也已开始显现,政府一方面要加强相关信息的可获得性,另一方面要出台激励政策,鼓励产学研关联,推动研发外包集群优势的形成。

经过十余年的改革,我国企业已获得相当的自主性,在这种情况下,企业的讨价还价能力大为增强,政府对企业的控制力则越来越多地表现为资金纽带上,负载资金收益的政府政策(如拨款、低息贷款、税收减免),往往激起企业积极的反应。因此,可以从调整政府可以控制的R&D经费的分配入手,以资金为杠杆,制定向企业倾斜的R&D合作计划,利用这些计划拉动企业强化内部技术能力,并激励高等院校及科研院所在其研究导向中更加体现市场需求;同时,继续实行和完善企业技术创新的各项奖励制度(如税收减免等),以强化利润对企业研究开发活动的牵引力,使产学研合作关系形成良性循环。因此,政府需要在现有扶持服务外包税收减免、财政补贴优惠政策的基础上,尽快制定针对研发外包企业的相关优惠政策,要从鼓励本地企业技术创新和研发产业发展的角度出发,专门制定一些针对研发外包企业的税收优惠及财政补贴政策,特别是那些从事合同研发以及投资研发外包的企业,要给予更大力度的政策优惠,包括免征企业所得税、延迟期限或投资抵减税收等[①]。

(3)构建优秀人才的激励机制。大量高素质创新人才的存在是推动研发外包发展的重要保障。高层次人才的付出是超常创造性的劳动,并且为全社会带来超常价值的回报。因此,必须给予他们体现劳动差异的激励机制。可以通过建立完善的人力资源制度,采取有竞争力的年薪、期权制、参与管理等有效的激励措施,改善工作环境和工作条件,增强吸引力和归属感,以吸引优秀技术人才。同时加强应用型人才的储备,以满足研发外包企业应用型人才的巨大需求;建立人才使用、人才流动的新机制,创造有利于激发人才潜力的发展环境,可以尝试将技术项目和人才流动结合起来,鼓励进行人才租赁等,实施股票期权计划,鼓励科研人才以知识产权参股、兴办联合实体或成立股份制企业等。国际人才流动性的加强,政府还可以出台各种优惠政策,吸引更多的海外留学人员归国创业,引进国际研发外包人员,特别是那些熟悉国际外包行业规则的高级管理人员。

7.3 本章小结

本章针对研发外包中普遍存在的内部创新风险及知识共享激励问题,在第三章内容的基础上,提出了基于集成管理的界面管理对策和企业研发外包的政策激励建议。

---

① 张赛飞,邓强,隆宏贤.广州研发外包发展现状分析及对策研究[J].科技管理研究,2015(14):11-15.

研究结果表明,在集成管理的背景下,可以通过建立良好的信任和沟通机制、构建有效的技术知识共享路径以及提升企业的组织学习能力,较好地实现研发外包中相关技术知识界面的科学管理,从而有效实现研发外包中普遍存在的外包商内部知识创造激励和知识共享激励。最后,考虑到政府的激励、规范、引导对企业研发外包的重要性,从政策激励的角度,提出政府可以通过建立适用研发外包的法律、规章及制度机制,完善研发外包企业的各项奖励制度以及构建优秀人才的激励机制等方面,进一步推动研发外包的发展。

第8章

研究结论与展望

8.1 本书的结论

本书在当前开放式创新环境下,结合研发外包的特殊性,将承包商的信息泄露行为纳入研发外包合同与激励机制设计的考虑范畴,在对研发外包中技术知识界面的形成机理进行系统分析的基础上,提出三种研发外包模式下的创新风险与激励问题,并针对现实交易环境中的信息不对称所引发的逆向选择问题、单边道德风险问题及双边道德风险问题,以提高研发外包成功率和研发外包项目的产出绩效为目标,研究了不对称信息下如何针对具体的研发外包模式设计有效的研发外包激励机制实现最优绩效的问题,得到了以下主要结论:

(1)通过对研发外包中技术知识界面及创新风险的形成机理进行分析,针对本书提出的三种研发外包模式,得出以下结论:完全研发外包模式下,研发外包过程中存在外包商内部创新风险、界面间的知识共享风险以及承包商的信息泄露和隐藏行动(努力程度)的两大道德风险问题;部分研发外包中存在外包商的内部创新风险和隐匿信息的逆向选择问题、界面间的知识共享风险、承包商的信息泄露和隐藏行动(努力程度)的两大道德风险问题以及知识产权风险;合作研发外包中存在外包商的内部创新风险和隐匿信息的逆向选择问题、界面间的知识共享风险、承包商的信息泄露风险、知识产权风险以及双边隐藏努力程度的道德风险问题。其中企业的内部创新风险和界面间的知识共享风险可以通过科学的界面管理得以避免,而其他的创新风险可以通过分析不同模式下研发外包的具体问题,建立有效的激励机制得以解决。

(2)研究了完全研发外包模式下基于合同的激励机制问题。针对研发外包中承包商同时存在信息泄露和隐藏努力程度的两类道德风险问题,运用委托—代理理论,从知识产权的所有权权属分配视角出发,分析了两种不同的知识产权权属模式下研发外包的激励机制设计。研究结果表明,承包商的最优努力水平与知识产权归属相关。在外包商拥有知识产权的模式下,虽然可以通过提高边际激励系数,激励承包商的最优努力水平,但由于创新知识的非独占性及研发外包合同的不完全性,仍无法防范承包商的信息泄露行为。在承包商拥有知识产权的模式下,外包商的期望利润将增加,承包商的边际激励系数虽然有所下降,但是可以通过获得边际许可效益进行补偿,在允许知识产权许可的情况下,由于边际许可效益与承包商的期望收益正相关,将研发创新成果的知识产权授权给承包商,不但可以进一步激励承包商的最优努力水平,还可以有效避免其信息泄露问题。

(3) 研究了部分研发外包模式下基于合同的激励机制问题。针对部分研发外包模式中承包商单边道德风险下同时考虑外包商逆向选择问题的双边信息不对称问题,运用机制设计理论,将研发外包机制设计转化成一个多阶段的不完全信息动态博弈,建立了具体的连续型研发外包合同模型,并得出不同的知识产权保护强度所对应的研发外包激励机制设计。研究结果表明,为了防止承包商过于夸大其创新思想价值,可以通过减少承包商获得的红利以实现均衡合同中对外包商最大程度显露信息的激励。在知识产权保护极值情况下,由于合同关系内承包商执行努力水平的激励同时反映了外部的边际激励,当 I 较低时,$\omega(\vartheta) > \lambda\pi$;当 I 较高时,$\omega(\vartheta) > 0$。因此,承包商与外包商的研发外包创新将比脱离外包合同关系开展新的商业性创新活动,带来更大的边际激励报酬。在知识产权保护强度中等的情况下,可以引入补偿激励机制,使得承包商不再关注推测和剽窃创新过程中外包商的创新思想,执行最优努力水平。

(4) 研究了合作研发外包模式下基于合同的激励机制问题。在部分研发外包合同的基础上,研究针对合作研发创新外包模式中双边道德风险下同时考虑外包商逆向选择问题的信息不对称问题,运用机制设计理论,将研发外包机制设计转化成一个多阶段连续型的不完全信息动态博弈,建立了具体的研发外包合同模型,并实现了对模型的求解,得到了合同的性质。研究结果表明,双边道德风险提高了强补偿激励的可能性,在双边道德风险的框架下,外包商必须保留相当大的一部分边际效用以执行最优努力水平,因此无法为承包商提供比剽窃外包商的创新思想开展新的商业性创新活动得到的更大的边际激励。同时,由于外包商投入资源的有限性,均衡合同存在完全分离合同、部分混合合同和完全混合合同方案。当外包商努力水平对研发项目的相对影响较小时,均衡合同会使其披露的信息更多些;当外包商的努力水平带来的相对影响较大且知识产权保护较弱时,混合合同将产生。

(5)针对研发外包中普遍存在的企业内部创新风险和界面间的知识共享风险,从技术知识共享、外包伙伴关系及组织的学习能力三大运作要素出发,提出通过建立良好的信任和沟通机制、构建有效的技术知识共享路径和进一步提升企业的组织学习能力,可以较好地实现研发外包中相关技术知识界面的科学管理,从而减少或规避内部创新风险和知识共享风险。并结合研发外包的创新特质,提出相应的政策激励。

8.2 研究展望

本书结合研发外包的特殊性,基于当前开放式创新环境,研究了不对称信息下不同研发外包模式的激励机制设计问题,存在一定的不足和局限性,以下几个问题需要在后续的研究中进一步考虑:

(1)外包交易环境问题。本书主要考虑一对一交易环境下的研发外包问题,而实际上一对多、多对一和多对多的交易环境可能更贴近于实际研发外包市场交易的复杂特征。在一对多的外包交易环境下,外包商同时与多个承包商建立研发外包合作关系,承包商之间存在价格和服务方面的竞争,这时外包商需要通过设计有效的研发外包合同诱导这种合理的竞争;在多对一外包交易环境下,一个承包商同时与多个外包商建立研发外包合作关系,而这些外包商可能是处于同一个市场环境中的竞争对手,因此外包商需要通过设计有效的研发外包合同激励承包商,从而获得竞争优势;在多对多的外包交易环境下,外包商和承包商都将面临着竞争,这将使得研发外包问题更加复杂。

(2)双边信息泄露问题。本书主要以在位企业(外包商)为主要参考点,因此重点关注承包商泄露外包商信息的情景,并将信息泄漏假设为外包商在外包决策时所要权衡的关键(成本)因素之一。而在研发外包的合作过程中,由于双方的信息交流是必需的,故此时双方对不愿披露的信息也就很难做到有效保护从而双方的信息都有可能被对方所私占,即信息泄漏在研发合作的过程中可能是双边的。因此研发外包中考虑双边信息泄露问题也将是本书的进一步研究方向。

（3）多周期外包问题。本书的模型仅考虑一次博弈的结果,而实际上研发外包是一个重复博弈的过程,且在实际的多周期外包中,每个周期的起始状态往往不一致。显然,多周期研发外包合同的签订不会是一个完全重复的博弈过程,外包商在制定新的外包合同时,需要充分考虑上次的合作经历、新的服务成本等因素,在重复博弈中也需要进一步引入惩罚变量和声誉变量以减少信息泄露问题,从而增加研发外包的可能性和成功率。

（4）政府激励措施问题。在研发外包中,外包商企业是一个独立的经济实体或"完全理性人",其决策的目标是实现自身利益的最大化。然而,对整个社会福利来说,企业的决策往往可能不是最优的选择,"市场失灵"现象将产生。这时,政府需要通过采用财政、税收激励或政府采购等激励措施,充分发挥政府的宏观调控职能,对企业的决策进行帕累托改进,提高整个社会的福利。因此,后续研究将进一步考虑研发外包中政府的最优激励措施选择。